U0801753

专为小微企业量身定制

小微施工企业

会计、纳税、审计一本通

周龙腾 编著

中国宇航出版社

·北京·

图书在版编目(CIP)数据

小微施工企业会计、纳税、审计一本通 / 周龙腾编著. -- 北京：中国宇航出版社，2015. 7

ISBN 978-7-5159-0965-3

Ⅰ. ①小… Ⅱ. ①周… Ⅲ. ①中小企业-施工企业-基本建设会计②中小企业-施工企业-税收管理③中小企业-施工企业-审计 Ⅳ. ①F407.967.2②F810.423③F239.63

中国版本图书馆 CIP 数据核字(2015)第 155282 号

策划编辑 董 琳　　**责任校对** 陈晓敏
责任编辑 董 琳　　**封面设计** 薄 荷

出版发行 **中国宇航出版社**

社 址 北京市阜成路 8 号　**邮 编** 100830
(010)60286808　(010)68768548

网 址 www.caphbook.com

经 销 新华书店

发行部 (010)60286888　(010)68371900
(010)60286887　(010)60286804(传真)

零售店 读者服务部
(010)68371105

承 印 北京中新伟业印刷有限公司

版 次 2015 年 7 月第 1 版
2015 年 7 月第 1 次印刷

规 格 787 × 1092

开 本 1/16

印 张 16.5

字 数 381 千字

书 号 ISBN 978-7-5159-0965-3

定 价 35.00 元

前言

国家经济持续稳定增长，离不开数量众多的小企业，小企业已成为经济发展的大趋势。在欧美日等经济发达国家和地区，大企业发展的同时，小企业也大量存在，几乎都占本国企业总数的99%左右。21世纪，我国将从经济大国走向经济强国，小企业的支撑作用在此时显得十分重要。

改革开放以来，随着我们对非公经济地位、作用认识的不断深化，各级政府采取强有力的措施，鼓励、支持、引导多种所有制经济健康快速发展，大量中小企业如雨后春笋般涌现出来，成为支撑我国经济快速增长不可忽视的力量。

因此，为规范小企业确认、计量和报告行为，促进小企业可持续发展，发挥小企业在国民经济和社会发展中的重要作用，财政部于2011年10月18日发布了《小企业会计准则》，于2013年1月1日起在小企业范围内施行，鼓励小企业提前执行。

小企业的会计岗位设置简单，人员较少，因此需要复合型人才，要求会计人员了解会计岗位的方方面面，这对于会计人员来说是一个挑战。与其他商业企业、建筑业企业以及房地产企业会计核算相比，施工企业与普通生产企业的区别体现在：施工企业“产品”生产投入的成本高、生产周期较长、施工点相对分散、施工过程涉及范围广、不易被移动，和成本回收时间较长等方面。

本书聚焦我国小企业中的施工企业，在紧密结合实战的原则上，用凝练的语言，配以清晰明了的插图，深入浅出地向您展示小型施工企业会计核算的各个方面。针对工作中可能出现的各种情景，逐步讲解应对和处理流程，轻松扫除那些难解的障碍，为初涉会计职业的人士提供很好的学习载体。

对于本书的编写尽管我们已经殚精竭虑，但由于水平有限、时间紧迫，不周之处在所难免，希望大家谅解。我的联系邮件是 suoxh@ 126. com。欢迎大家联系，我们一定竭诚为您解答。

最后，对一贯支持我们的广大读者朋友和对本书的出版做出努力的朋友一并表示感谢。

作　者

2015 年 7 月

目录

第一章　推开会计之门
——施工企业会计基础知识

第一节　施工企业会计

一、施工企业会计概述

（一）什么是会计

在日常生活中，“会计”这个名词至少包含两种含义：第一种，会计是指在各种经济组织中从事会计工作的人员，即会计工作人员。第二种，会计是指对经济活动进行确认、计量、记录和核算的管理行为，即会计行为。在本书中，如没有特殊说明，会计则是指各类经济组织中的会计行为。

（二）哪些企业属于小企业

《中小企业划型标准规定》将中小企业划分为中型、小型、微型三种类型，具体标准根据企业从业人员、营业收入、资产总额等指标，结合行业特点制定。

本规定适用的行业包括：农、林、牧、渔业，工业（包括采矿业，制造业，电力、热力、燃气及水生产和供应业），建筑业，批发业，零售业，交通运输业（不含铁路运输业），仓储业，邮政业，住宿业，餐饮业，信息传输业（包括电信、互联网和相关服务），软件和信息技术服务业，房地产开发经营，物业管理，租赁和商务服务业，其他未列明行业（包括科学研究和技术服务业，水利、环境和公共设施管理业，居民服务、修理和其他服务业，社会工作，文化、体育和娱乐业等）。

各行业划型标准为：

（1）农、林、牧、渔业。营业收入 20 000 万元以下的为中小微型企业。其中，营业收入 500 万元及以上的为中型企业，营业收入 50 万元及以上的为小型企业，营业收入 50 万元以下的为微型企业。

（2）工业。从业人员 1 000 人以下或营业收入 40 000 万元以下的为中小微型企业。其中，从业人员 300 人及以上，且营业收入 2 000 万元及以上的为中型企业；从业人员 20 人及以上，且营业收入 300 万元及以上的为小型企业；从业人员 20 人以下或营业收入 300 万元以下的为微型企业。

（3）建筑业。营业收入 80 000 万元以下或资产总额 80 000 万元以下的为中小微型企业。其中，营业收入 6 000 万元及以上，且资产总额 5 000 万元及以上的为中型企业；营业收入 300 万元及以上，且资产总额 300 万元及以上的为小型企业；营业收入 300 万元以下或资产总额 300 万元以下的为微型企业。

(4)批发业。从业人员 200 人以下或营业收入 40 000 万元以下的为中小微型企业。其中，从业人员 20 人及以上，且营业收入 5 000 万元及以上的为中型企业；从业人员 5 人及以上，且营业收入 1 000 万元及以上的为小型企业；从业人员 5 人以下或营业收入 1 000 万元以下的为微型企业。

(5)交通运输业。从业人员 1 000 人以下或营业收入 30 000 万元以下的为中小微型企业。其中，从业人员 300 人及以上，且营业收入 3 000 万元及以上的为中型企业；从业人员 20 人及以上，且营业收入 200 万元及以上的为小型企业；从业人员 20 人以下或营业收入 200 万元以下的为微型企业。

(6)零售业。从业人员 300 人以下或营业收入 20 000 万元以下的为中小微型企业。其中，从业人员 50 人及以上，且营业收入 500 万元及以上的为中型企业。

(7)住宿业和餐饮业。从业人员 300 人以下或营业收入 10 000 万元以下的为中小微型企业。其中，从业人员 100 人及以上，且营业收入 2 000 万元及以上的为中型企业。

(8)信息传输业。从业人员 2 000 人以下或营业收入 100 000 万元以下的为中小微型企业。

注：(6)、(7)、(8)3 条，从业人员 10 人及以上，且营业收入 100 万元及以上的为小型企业；从业人员 10 人以下或营业收入 100 万元以下的为微型企业。

(9)软件和信息技术服务业。从业人员 300 人以下或营业收入 10 000 万元以下的为中小微型企业。从业人员 10 人及以上，且营业收入 50 万元及以上的为小型企业；从业人员 10 人以下或营业收入 50 万元以下的为微型企业。

(10)仓储业。从业人员 200 人以下或营业收入 30 000 万元以下的为中小微型企业。

注：(8)、(9)、(10)3 条，其中，从业人员 100 人及以上，且营业收入 1 000 万元及以上的为中型企业。

(11)邮政业。营业收入 2 000 万元及以上的为中型企业。

注：(10)、(11)2 条，从业人员 20 人及以上，且营业收入 100 万元及以上的为小型企业；从业人员 20 人以下或营业收入 100 万元以下的为微型企业。

交通运输业和邮政业从业人员 1 000 人以下或营业收入 30 000 万元以下的为中小微型企业。其中，从业人员 300 人及以上，且营业收入 3 000 万元及以上的为中型企业。

(12)房地产开发经营。营业收入 200 000 万元以下或资产总额 10 000 万元以下的为中小微型企业。其中，营业收入 1 000 万元及以上，且资产总额 5 000 万元及以上的为中型企业；营业收入 100 万元及以上，且资产总额 2 000 万元及以上的为小型企业；营业收入 100 万元以下或资产总额 2 000 万元以下的为微型企业。

(13)物业管理。从业人员 1 000 人以下或营业收入 5 000 万元以下的为中小微型企业。其中，从业人员 300 人及以上，且营业收入 1 000 万元及以上的为中型企业；从业人员 100 人及以上，且营业收入 500 万元及以上的为小型企业；从业人员 100 人以下或营业收入500万元以下的为微型企业。

(14)租赁和商务服务业。从业人员300人以下或资产总额120 000万元以下的为中小微型企业。其中，从业人员100人及以上，且资产总额8 000万元及以上的为中型企业；从业人员10人及以上，且资产总额100万元及以上的为小型企业；从业人员10人以下或资产总额100万元以下的为微型企业。

(15)其他未列明行业。从业人员300人以下的为中小微型企业。其中，从业人员100人及以上的为中型企业；从业人员10人及以上的为小型企业；从业人员10人以下的为微型企业。

在本书中如无特殊说明，施工企业均指的是经营规模较小、不公开发行股票和债券、从事建筑工程、设备安装工程以及其他专项工程施工的企业，包括各类小型建筑安装公司、小型机械化施工公司、小型基础工程公司、小型装修和装饰工程公司等。

(三)施工企业会计核算的特点

施工企业在会计核算中，具有生产分级核算的特点。准确把握施工企业的会计核算特点，对于我们更好地掌握施工企业会计核算程序、方法与惯例有重要的作用。具体来说，施工企业的会计核算具有以下的特点：

(1)以《小企业会计准则》为会计核算的标准，会计核算可以适度从简。同现行的《企业会计准则》相比较，《小企业会计准则》具有会计处理简便和核算工作快捷等优点。对于不公开发行股票和债券的小企业而言，在不影响会计信息质量的前提下，采用《小企业会计准则》大大加快了会计核算工作的效率，降低了企业的财务成本。因此，对于小型施工企业而言，采用《小企业会计准则》是非常明智的。

(2)施工企业需要分级核算，以避免集中核算造成会计核算与施工生产相脱节的现象。对于施工企业而言，我国一般采取三级核算体制(即公司、工区和施工队)或者两级核算体制(即公司与工区)。

(3)施工企业的会计核算需要单独计算每项工程成本，分阶段进行工程成本核算和工程价款核算。对于小型施工企业而言，由于其产品的多样性、施工生产的单件性和施工企业建筑产品的多样性，只能将工程的实际成本与预算成本进行比较。施工企业有必要把已完成预算定额规定的工程内容作为“已完工程”，以分期计算预算成本和实际成本并及时与建设单位进行工程价款的中间结算。工程全部竣工后，再进行清算。另外，对于跨年度施工的工程，施工企业一般采用完工百分比法分别计量和确认各年度的工程价款结算收入和工程施工费用，以确定各年度的经营成果。

为便于记忆，我们将施工企业的会计核算特点进行整理，如图1-1所示。

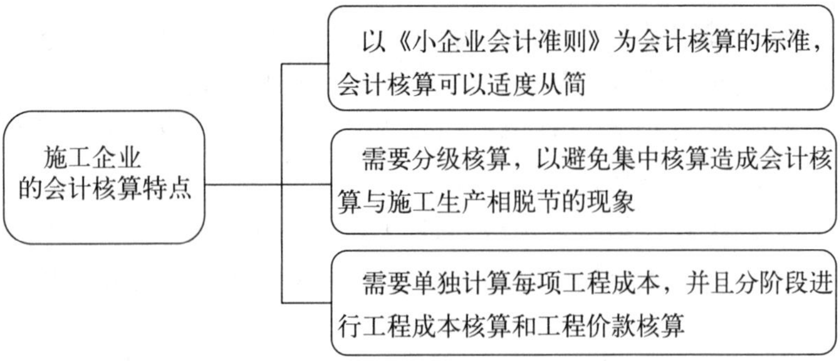

图1－1　施工企业的会计核算特点

二、施工企业会计的职能

会计的职能是指会计在经济管理过程中所具有的内在功能，而会计的作用则是在会计运行过程中会计职能的内在表现。现代会计具有会计核算与会计监督两大职能。

（一）会计核算

会计核算职能，即会计反映职能，是指会计以货币为主要计量单位，通过确认、计量、记录、计算和报告等环节，对特定会计对象（或称特定会计主体）的经济活动进行记账、算账和报账，为各有关方面提供会计信息的功能。

传统意义上的会计核算主要是指对会计主体已经发生或已经完成的经济活动进行的事后核算，也就是会计工作中记账、算账和报账的总称。其基本内容是：以货币为主要量度，对企业、机关、事业单位或其他经济组织的生产经营活动或预算执行的过程与结果进行连续的、系统的记录，定期编制会计报表，形成一系列财务和成本指标，据以考核经营目标或计划的完成情况，为经营决策的制定和国民经济计划的综合平衡提供可靠的信息和资料。其基本方法主要有设置账户和账簿、复式记账、填制和审核凭证、登记账簿、成本计算、财产清查和编制会计报表等。

现代会计的核算职能不仅仅是对经济活动进行事后核算，还包括事前核算与事中核算。事前核算的主要形式是进行预算、参与计划、参加决策；事中核算的主要形式是在计划或预算的执行过程中，随时反映计划或预算的执行情况，以便对经济活动进行控制，使其按计划或预期的目标进行。

（二）会计监督

会计监督职能，即会计控制职能，是指会计人员在进行会计核算的同时，通过预测、决策、控制、分析和考评等具体方法，对特定会计对象所发生的经济业务的合法性、合理性进行审查。会计监督是会计的基本职能之一，同时又是经济监督的重要组成部分。具体监督内容如图1－2所示。

根据《中华人民共和国会计法》和其他有关会计法规的规定，会计人员进行会计监督的对象和内容是本单位的经济活动。

会计的核算职能与监督职能是相辅相成的，只有在对经济业务活动进行正确核算的基础上，才可能提供可靠资料作为监督依据。同时，也只有搞好会计监督，保证经济业务按规定的要求进行并且达到预期的目的，才能发挥会计核算的作用。

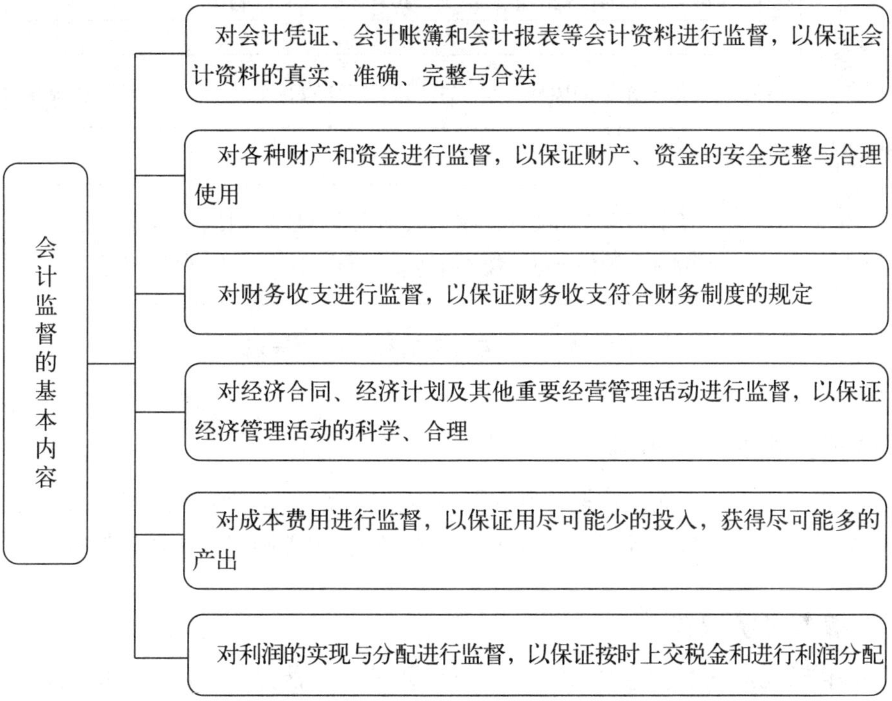

图 1－2　会计监督的基本内容

三、施工企业会计的作用

会计的作用是会计职能的外在化，它是会计的内在职能在一定条件下的外在转化。施工企业会计具有以下作用。

（一）反映经济活动

会计信息系统所提供的信息具有连续、系统、全面、综合的特点，不仅能反映出一个会计主体的财务状况、财务状况的变化及其经营成果，而且能够以货币形式再现企业的生产经营活动，为经济管理提供了很大的方便。

（二）控制经济活动

会计对经济活动的控制，具体表现在以下三个方面，如图 1－3 所示。

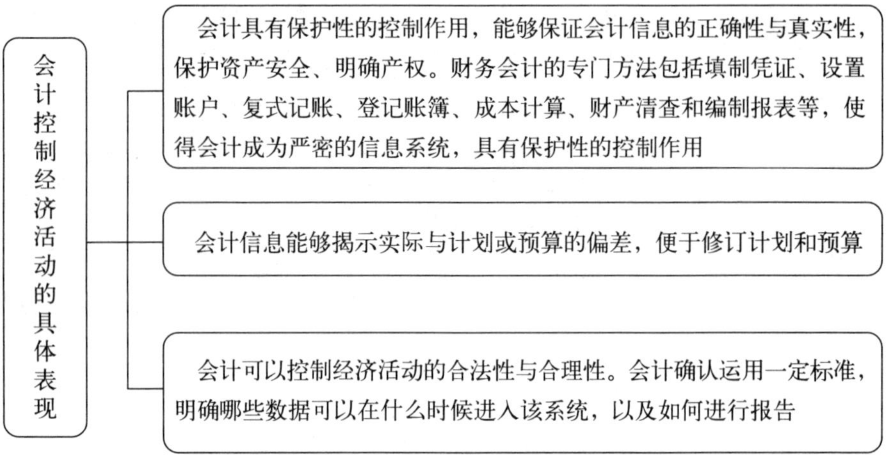

图 1－3　会计控制经济活动的具体表现

（三）评价企业经营业绩

具体说来，会计可以通过定期编制财务报表，揭示一个企业的财务及其变动情况和最终经营业绩，可以通过对财务报告的分析肯定成绩、找出差距并提出改进措施。

（四）参与经济决策

会计提供数据收集、信息预测，建立目标并讨论各种方案，从而能够选择出最优方案。据估计，企业在经营管理中所需要的信息有70%以上来自会计信息系统。当然，在整个决策过程中，会计只能支持决策而无法代替决策，会计所起的是“参谋”作用，即“参与”。

（五）预测经济前景

企业为了确定恰当的经营管理目标，必须收集大量历史的和当前的信息。通过财务会计报告中具有预测价值的历史信息，能够预测企业的经营前景。特别应注意的是，在西方国家，还明确规定在财务会计报告以外的其它报告中应披露预测信息，在我国也进行了相应的规定。

第二节　从会计准则说起——《小企业会计准则》简介

一、《小企业会计准则》的主要内容

《小企业会计准则》主要由十个部分构成。具体内容如图 1－4 所示。

《小企业会计准则》的主要内容

第一部分：总则	主要规定了该准则的依据和适用范围
第二部分：资产	主要规定了资产的定义、分类及具体内容，包括流动资产、长期投资、固定资产和生产性生物资产、无形资产和长期待摊费用
第三部分：负债	主要规定了负债的定义、分类及具体内容，包括流动负债和非流动负债
第四部分：所有者权益	主要规定了所有者权益的定义、分类及具体内容，包括实收资本（或股本）、资本公积、盈余公积和未分配利润
第五部分：收入	主要规定了收入的定义、分类及具体内容，包括销售商品收入和提供劳务收入
第六部分：费用	主要规定了费用的定义、分类及具体内容，包括营业成本、营业税金及附加、销售费用、管理费用、财务费用等
第七部分：利润及利润分配	主要规定了利润及利润分配的具体内容，包括利润的计算过程及所得税的计算
第八部分：外币业务	主要规定了外币业务的具体内容，包括外币交易和外币财务报表折算的相关介绍
第九部分：财务报表	主要规定了财务报表的定义及组成部分，包括资产负债表、利润表、现金流量表及附注的相关介绍
第十部分：附则	微型企业执行本准则的要求、本准则的实施时间和《小企业会计制度》的废止时间

图1－4　《小企业会计准则》的主要内容

二、《小企业会计准则》的适用范围

《小企业会计准则》总则第二条规定，本准则适用于在中华人民共和国境内依法设立的、符合《中小企业划型标准规定》所规定的小型企业标准的企业。

下列三类小企业除外：

(1)股票或债券在市场上公开交易的小企业。

(2)金融机构或其他具有金融性质的小企业。

(3)企业集团内的母公司和子公司。

前面所称企业集团、母公司和子公司的定义与《企业会计准则》的规定相同。

在掌握了《小企业会计准则》适用范围的基本规定之后，还应该注意以下几点问题，如图1－5所示。

《小企业会计准则》适用范围应注意的问题

- 执行本准则的小企业，本准则未作规范的交易或者事项，可以参照《企业会计准则》中的相关规定进行处理
- 执行《企业会计准则》的小企业，不得在执行《企业会计准则》的同时，选择执行本准则的相关规定
- 执行本准则的小企业公开发行股票或债券的，应当转为执行《企业会计准则》；因经营规模或企业性质变化导致不符合本准则第二条规定而成为大中型企业或金融企业的，应当从次年1月1日起转为执行《企业会计准则》
- 已执行《企业会计准则》的上市公司、大中型企业和小企业，不得转为执行本准则

图1－5　《小企业会计准则》适用范围应注意的问题

第三节　会计核算的基本前提和一般原则

一、会计核算的基本前提

会计核算的基本前提即会计假设，是指组织会计核算工作应当具备的前提条件。会计核算的基本前提包括四个方面：会计主体、持续经营、会计分期和货币计量。详细内容如表1－1和图1－6所示。

表1－1　会计核算的基本前提

项目	内容
会计主体	会计主体亦称会计实体，是指会计工作为其服务的特定单位或组织。会计主体具有实体性、独立性和整体性的特点

（续表）

项目	内容
持续经营	持续经营是指在正常情况下，企业按照既定的经营方针、目标和形式无限期地经营下去，即在可预见的未来该会计主体不会停业或破产清算
会计分期	根据持续经营前提，企业的生产经营活动将持续不断地经营下去。为了及时地获得会计信息，充分发挥会计的反映和监督职能，应当合理地划分会计期间即进行会计分期。通过会计分期，能够确认某个会计期间的经营成果及某个会计期末的财务状况
货币计量	企业的经济活动千差万别，财产物资种类繁多，选择合理、实用又简化的计量单位对于提高会计信息质量具有至关重要的作用。货币计量是指用币值稳定的货币作为会计的计量手段，将会计主体的经济活动和财务数据转化为按统一货币单位反映的会计信息

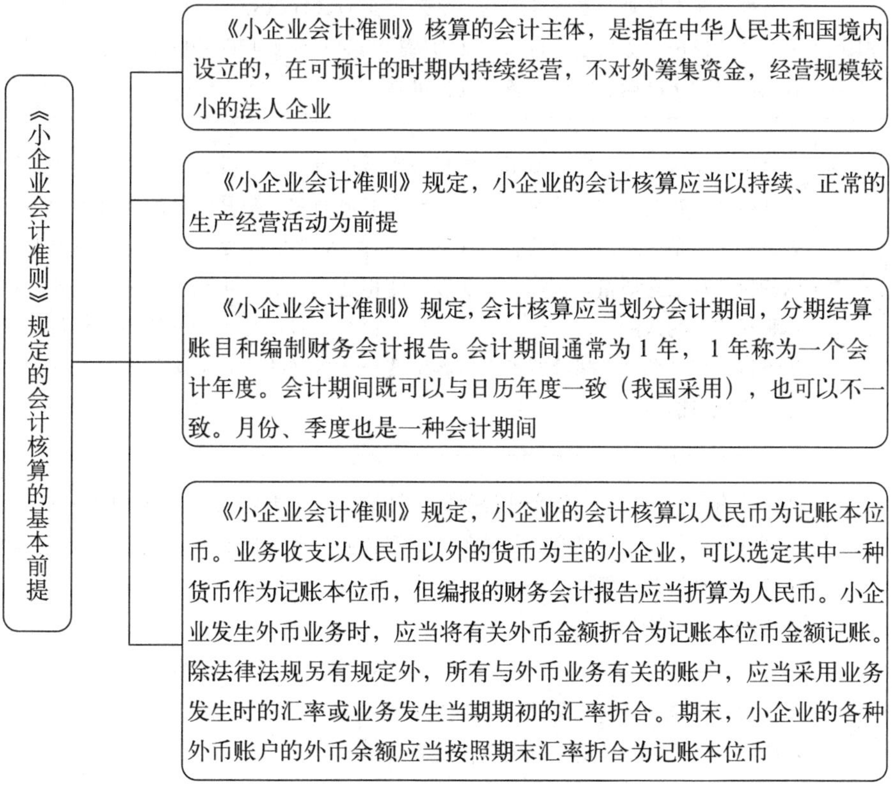

图 1－6　《小企业会计准则》规定的会计核算的基本前提

表 1－1 中的四项基本前提，具有相互依存、相互补充的关系。会计主体确立了会计核算的空间范围，持续经营与会计分期确立了会计核算的时间长度，而货币计量则为会计核算提供了必要的、可能的计量手段。

二、会计核算的一般原则

会计核算的一般原则又称一般准则或一般要求，是进行会计账务处理、编制会计报表所依据的一般规则和准绳，是进行会计核算的基本要求。根据《小企业会计准则》的规定，会计的一般原则共十三项，按以下两大类划分。

（一）会计信息质量要求的一般原则

会计信息质量要求的一般原则如表1－2所示。

表1－2　会计信息质量要求的一般原则

原则	内容
可靠性原则	又称真实性原则、客观性原则，是指企业的会计核算应当以实际发生的交易或事项以及证明经济业务发生的合法凭证为依据，如实反映其财务状况和经营成果，做到内容真实、数字准确、手续齐备、资料可靠
实质重于形式原则	是指企业应当按照交易或事项的经济实质进行会计核算，而不应仅以法律形式作为会计核算的依据。在会计实务中，交易或事项的实质与其法律形式或人为形式的明显表象并不总是一致的。当两者出现不一致时，应当依据实质重于形式的原则进行判断，以确保会计信息质量。例如，企业以融资租赁的方式从出租方租入的固定资产，虽然不是承租方购入的资产，但由于租期长、租金超过或接近固定资产购买价，承租方承担了该项资产的主要风险，所以应将融资租赁资产作为承租方的资产，并按一定折旧方法提取折旧
相关性原则	又称有用性原则，是指企业提供的会计信息应当能够反映企业的财务状况、经营成果和现金流量，以满足有关利益各方了解企业财务状况和经营成果的需要。相关性有预测价值和反馈价值两个基本质量标志。相关性原则属于历史范畴，它随着企业内外环境的变化而变化
谨慎性原则	谨慎性要求企业对交易或者事项进行会计确认、计量和报告应当保持应有的谨慎，不应高估资产或者收益、低估负债或者费用
可比性原则	是指企业的会计核算应当按照会计准则规定，提供口径一致、相互可比的会计信息，为国家进行宏观调控、投资者进行投资、债权人进行财务和风险分析等提供依据
及时性原则	是指会计事项的处理必须于经济业务发生时及时进行会计处理，不得提前或延后。具体而言，要求会计人员做到：及时收集会计信息，本期会计事项应在本期内进行，会计报告应在规定时间及时编制送报

（续表）

原则	内容
可理解性原则	又称清晰性、可辨认性或明晰性原则，是指企业的会计核算和编制的财务会计报告应当清晰明了，便于理解和运用。明晰性有两层意思：一是会计信息简单、扼要，二是会计信息明了、准确。坚持明晰性原则，有利于会计信息使用者准确、完整地把握会计信息所要说明的内容，也有利于审计人员查账和验证工作的开展
重要性原则	是指企业的会计核算应当遵循重要性原则，在会计核算过程中对交易或事项应当区别其重要性程度，采用不同的核算方法，有简有详、繁简适当、区别对待。对资产、负债、损益等有重大影响，且会影响财务会计报告使用者做出合理判断的重大会计事项，必须按照国家有关规定在财务会计报告中予以充分、准确的披露。对不影响会计信息真实性和不至于误导财务会计报告使用者做出错误判断的会计事项，则可适当简化，不必详细报告

(二)会计确认、计量的一般原则

会计确认、计量的一般原则如表 1－3 所示。

表 1－3　会计确认、计量的一般原则

原则	内容
权责发生制原则	是指企业的会计核算应当以权责发生制为基础，凡在当期已经实现的收入和已经发生或应当负担的费用，不论款项是否收付，都应作为当期的收入和费用；凡是不属于当期的收入和费用，即使款项已在当期收付，也不应作为当期的收入和费用。权责发生制是与收付实现制相对应的一种记账原则，它适用于企业会计，能够真实地反映企业某一特定会计期间的财务状况和经营成果
配比原则	是指企业在进行会计核算时，收入与其成本、费用应当相互配比，同一会计期间内的各项收入与其相关的成本、费用应当在该会计期间内确认。配比原则与权责发生制原则既有联系又有区别。两者都是为了正确计算收益和成本，但权责发生制是为了正确地确认收入和费用，而配比原则是为了正确地确认收益，在正确确认收入和费用的基础上进一步确认收益，两者不能相互代替
历史成本原则	又称实际成本原则，是指企业的各项资产在取得或购建时应当按照实际成本计量。其后，各项资产账面价值的调整应按照《小企业会计准则》的规定执行。除法律、法规和国家统一会计准则另有规定外，企业不得自行调整其账面价值。历史成本计量数据真实可靠，具有客观性和可验证性
划分收益性支出与资本性支出的原则	是指企业的会计核算应当合理划分收益性支出与资本性支出的界限。凡支出的效益少于或不超过本年度(或一个营业周期)的，应当作为收益性支出；凡支出的效益作用于几个会计期间(或几个营业周期)的，应当作为资本性支出

（续表）

原则	内容
谨慎性原则	又称稳健性、审慎性原则，是指在资产、负债的计价及损益确认时，如果有两种或两种以上的方法或金额可供选择时，应选择不高估资产或收益，不少计负债或费用的方法。不预计任何可能的收益，但应合理预计可能发生的损失和费用

三、会计要素

会计要素是建立会计系统理论和实务的重要基础，是会计报表的基本构成内容。我国《小企业会计准则》将企业会计要素划分为资产、负债、所有者权益、收入、费用与利润六大要素。资产、负债和所有者权益是反映企业财务状况的会计要素，也称为静态会计要素，构成资产负债表的基本框架。收入、费用及利润是反映企业经营成果的会计要素，也称为动态会计要素，构成利润表的基本框架。

（一）资产

资产是指过去的交易或事项形成的、并由企业拥有或控制的资源，该资源预期会给企业带来经济利益流入。资产具有三个基本特征，如图 1－7 所示。

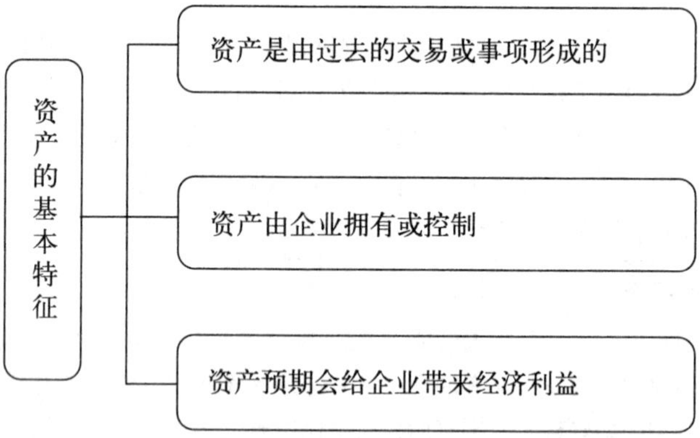

图 1－7　资产的基本特征

按照我国《小企业会计准则》的规定，资产应按流动性分为流动资产和非流动资产。施工企业的非流动资产，是指流动资产以外的资产，主要包括长期投资、固定资产、无形资产及长期待摊费用等。具体内容如图 1－8 所示。

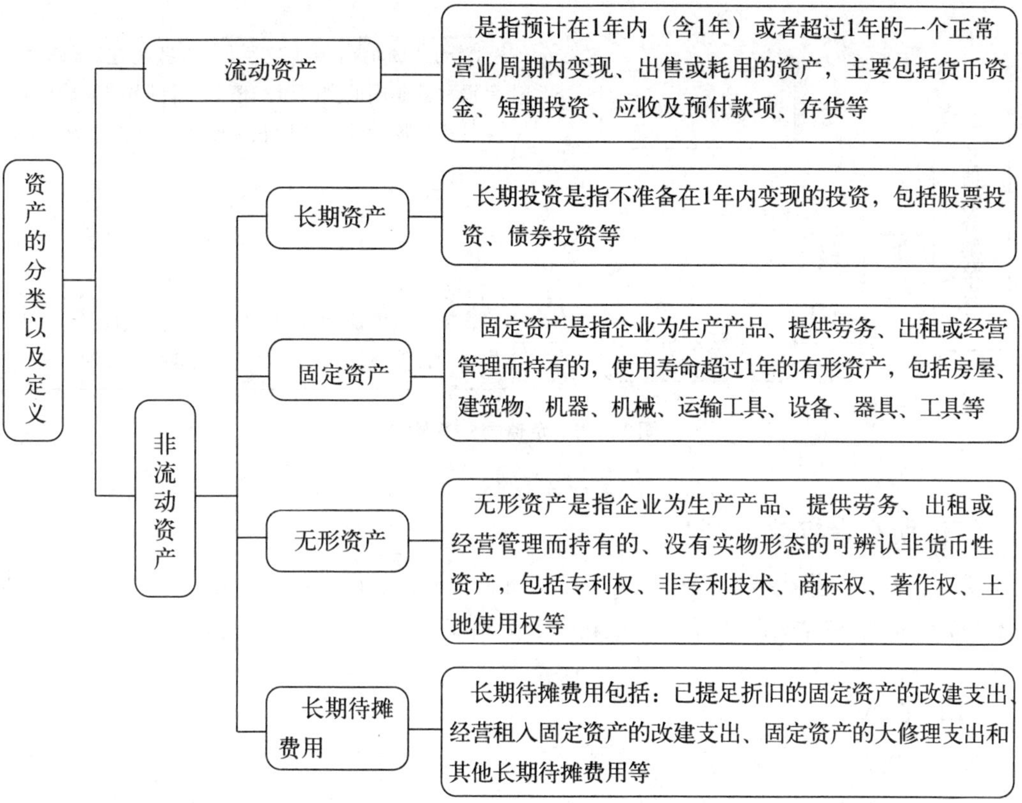

图 1－8　资产的分类以及定义

（二）负债

负债是指过去的交易或者事项形成的，预期会导致经济利益流出企业的现时义务。其基本特征如图 1－9 所示。

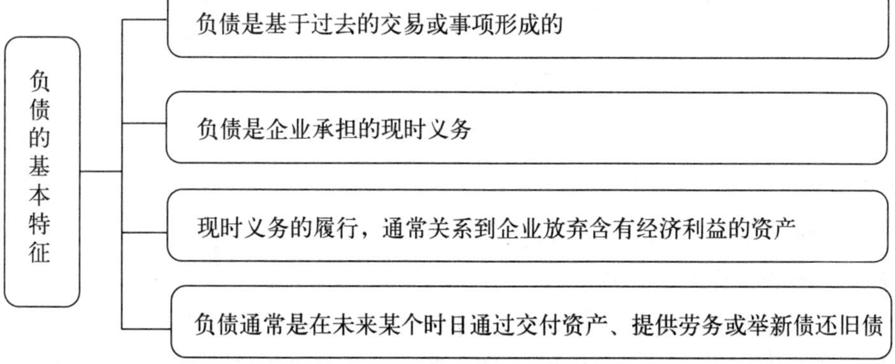

图 1－9　负债的基本特征

企业的负债按其流动性分为流动负债和非流动负债，如图 1－10 所示。

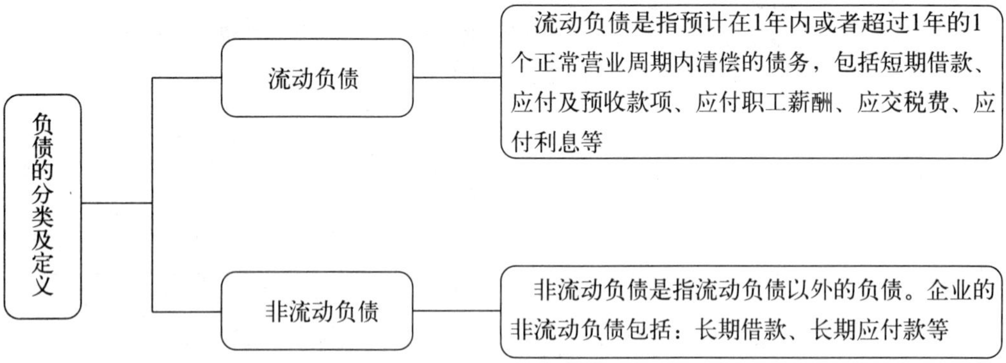

图1－10　负债的分类及定义

（三）所有者权益

所有者权益是指企业资产扣除负债后由所有者享有的剩余权益。所有者权益包括实收资本（或股本）、资本公积、盈余公积和未分配利润等。

（四）收入

收入是指企业在日常生产经营活动中形成的、会导致所有者权益增加、与所有者投入资本无关的经济利益的总流入，包括销售商品收入和提供劳务收入，如图1－11所示。

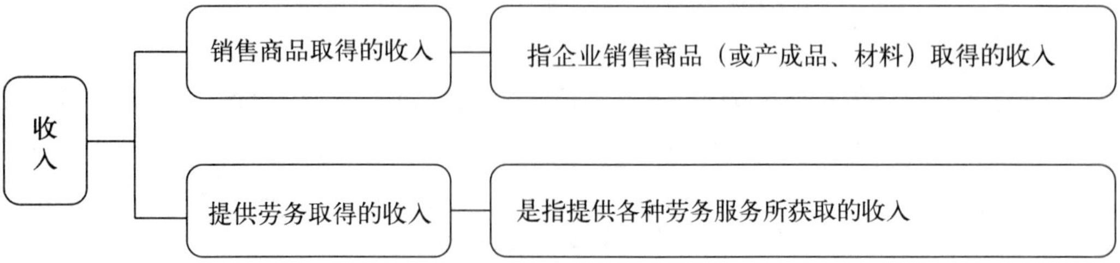

图1－11　收入的构成

（五）费用

费用是指企业在日常生产经营活动中发生的、会导致所有者权益减少、与向所有者分配利润无关的经济利益的总流出。

企业一定时期的费用由生产成本和期间费用两部分构成。生产成本由直接材料、直接人工和制造费用三个成本项目构成。期间费用包括管理费用、财务费用和销售费用三项。费用产生于过去的交易或事项，它可表现为资产的减少或负债的增加。

(六)利润

利润是指企业在一定会计期间的经营成果，包括营业利润、利润总额和净利润。营业利润是指营业收入减去营业成本、营业税金及附加、销售费用、管理费用、财务费用，加上投资收益(或减去投资损失)后的金额；利润总额是指营业利润加上营业外收入，减去营业外支出后的金额；净利润是指利润总额减去所得税费用后的金额。

四、会计核算方法

会计核算方法是对企业已发生的经济活动进行完整、连续、系统的核算和监督所应用的方法。

(一)会计核算的具体方法

会计核算的具体方法如表 1 -4 所示。

表 1 -4　会计核算的具体方法

核算方法	具体内容
设置会计科目	会计科目就是对会计对象的具体内容进行分类核算的项目。设置会计科目就是事先在设计会计准则时规定这些项目，然后根据它在账簿中开立账户，分类、连续地记录各项经济业务
复式记账	复式记账是对每一项经济业务都要以相等的金额，在相互关联的两个或两个以上账户中进行记录的记账方法。这种记账方法能够全面、清晰地反映出经济业务的来龙去脉，可以检查有关业务的记录是否正确
填制和审核凭证	会计凭证是记录经济业务、明确经济责任的书面证明，是登记账簿的重要依据。所有凭证都要经过会计部门和有关部门的审核。只有经过审核无误的会计凭证，才能作为记账的依据。填制和审核会计凭证可以为经济管理提供真实可信的数据资料，也是实行会计监督的一个重要方面
登记账簿	账簿是用来全面、连续、系统地记录各项经济业务的簿籍。登记账簿就是将发生的经济业务，序时、分类地记入有关账簿。登记账簿必须以会计凭证为根据，并定期进行结账、对账，为编制会计报表提供完整而系统的会计数据
成本计算	成本计算是指在生产经营过程中，按照一定对象归集和分配发生的各种费用支出，以确定该对象的总成本和单位成本的一种专门方法。通过成本计算，可以反映和监督各项费用的发生是否符合节约原则，了解成本水平并为成本分析提供资料

（续表）

核算方法	具体内容
财产清查	财产清查，就是通过对实物、现金的实地盘点和对银行存款、债权债务的查对，来确定财产物资、货币资金和债权债务的实存数，并查明账面结存与实存数是否相符的一种专门方法。若发现账实不符，应查明原因，经过批准手续调整账目，使账实相符
编制会计报表	会计报表是根据账簿记录定期编制的、总括反映企业在一定时期财务状况和经营成果的书面文件。会计报表为人们了解和观察企业的生产经营情况，衡量和评价企业的财务状况和经营成果，提供必要的依据

（二）会计核算方法之间的相互关系

上述七种会计核算方法密切结合，形成完整的会计方法体系。经济业务发生后，经办人员要填制或取得凭证，经会计人员审核整理后，按照设置的会计科目，运用复式记账法编制记账凭证并据以登记账簿、计算成本、进行财产清查，在账实相符的基础上编制会计报表。

第二章　货币资金是企业的“血液”——施工企业货币资金的会计核算

第一节　库存现金

库存现金是指由财务或会计部门的出纳人员保管的货币。库存现金是流动性最强的资产，企业应严格遵守国家有关现金管理准则，正确进行现金收支的核算，监督现金使用的合法性与合理性，防止现金管理中各种违法乱纪行为的发生。

一、现金管理准则

根据国务院发布的《现金管理暂行条例》的规定，现金管理准则主要包括以下内容。

(一)现金的使用范围

在施工企业中，下列款项支出可用现金来支付，如图 2－1 所示。

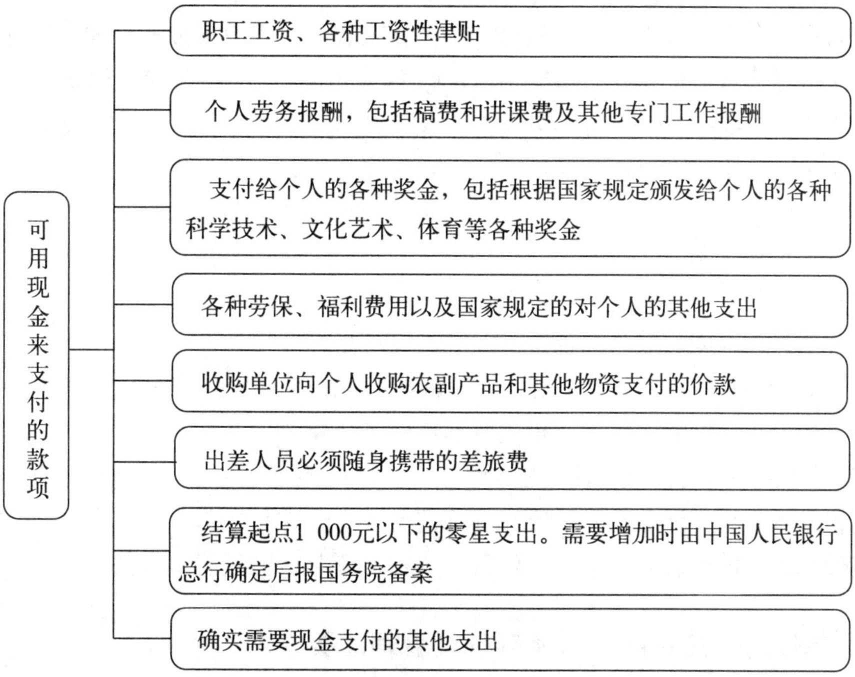

图 2－1　可用现金来支付的款项

(二)库存现金的限额

库存现金的限额是指为了保证日常零星开支的需要，允许施工企业留存现金的最高数额。各施工企业现金库存限额应根据企业规模、业务量、日常零星开支现金需要量以及企业距离开户银行远近等条件予以核定。开户银行根据施工企业的实际情况，一般按照3~5天日常零星开支的需要确定库存现金的限额。边远地区和交通不便地区施工企业的库存现金限额，可多于5天，但不得超过15天的日常零星开支。核定后的库存现金限额，施工企业必须严格遵守，超过部分应于当日终了前存入银行。需要增加或减少库存现金限额的施工企业，应向开户银行提出申请，由开户银行核定。

(三)现金收支的规定

施工企业的收支规定应该注意以下几点：

第一，开户单位收入现金应于当日送存开户银行。当日送存确有困难的，由开户银行确定送存时间。

第二，施工企业支付现金，可以从本单位库存现金中支付或从开户银行中提取，不得从本单位的现金收入中直接支付，即不得“坐支”，因特殊情况需要“坐支”现金的单位应事先报经开户银行审查批准，由开户银行核定坐支范围和限额，坐支单位应按月向开户银行报送坐支金额及其使用情况。

第三，施工企业从开户银行提取现金时，应如实写明提取现金的用途，由本单位财会部门负责人签字盖章，并经开户银行审查批准后予以支付。此外，不准用不符合财务准则的凭证顶替库存现金，即不得“白条顶库”；不准谎报用途套取现金；不准用银行账户代其他单位和个人存入或支取现金；不准用单位收入的现金以个人名义存入储蓄；不准保留账外公款，即不得“公款私存”，不得设置“小金库”等。银行对于违反上述规定的单位，将按照违规金额的一定比例予以处罚。

(四)库存现金保管准则

库存现金的保管需要做到以下几点：

第一，超过库存限额以外的现金应在下班前送存银行。

第二，为加强对现金的管理，除工作时间需要的少量备用金可放在出纳人员的抽屉以外，其余均应放入出纳专用的保险柜内，不得随意存放。

第三，限额内的库存现金当日核对清楚后，一律放在保险柜内，不得放在办公桌内过夜。

第四，库存现金的纸币和铸币应实行分类保管。出纳人员应对库存票币分别按照纸币的票面金额和铸币的币面金额，以及整数(大数)和零数(小数)分类保管。

(五)单位内部控制准则对库存现金管理的要求

1. 钱账分管准则

出纳人员不得兼管稽核、会计档案保管和收入、费用、债权、债务账目的登记工作。

要注意现金总账不能由出纳登记而应由会计登记；另外还可以让出纳登记一些和库存现金、银行存款不产生对应关系的账簿，比如累计折旧等明细账。

2. 库存现金开支审批准则

现金开支审批准则一般应包括以下内容：明确本单位库存现金开支范围；明确各种报销凭证，规定各种库存现金支付业务的报销手续和办法；确定各种现金支出的审批权限。

3. 库存现金日清月结准则

日清的具体内容包括：清理各种现金收付款凭证，检查单证是否相符；登记和清理日记账；现金盘点。月结的具体内容：在最后一笔经济业务记录下面通栏划单红线，结出本月发生额和余额，在摘要栏内注明本月合计字样，在下面再通栏划单红线。

（六）期末对账

现金日记账的核对主要包括以下三项内容。

1. 现金日记账与现金收付款凭证核对

收、付款凭证是登记现金日记账的依据，账目和凭证应该完全一致。核对的项目主要有：核对凭证编号；复查记账凭证与原始凭证，看两者是否完全相符；查对账证金额与方向的一致性。检查如发现差错，要立即按规定的方法更正，确保账证完全一致。

2. 现金日记账与现金总分类账的核对

现金日记账是根据收、付款凭证逐笔登记的，现金总分类账是根据收、付款凭证汇总登记的，记账的依据是相同的，记录的结果应该完全一致。但由于两个账簿是由不同人员分别记账的，可能发生差错。出纳应定期出具“出纳报告单”与总账会计进行核对，找出错误后应立即按规定的方法加以更正，做到账账相符。

3. 现金日记账与库存现金的核对

首先结出当天现金日记账的账面余额，再盘点库存现金的实有数，看两者是否完全相符。一般是通过库存现金实地盘点法查对，应按“库存现金实有数＝现金日记账账存余额＋未记账的收款凭证金额－未记账的付款凭证金额”的公式进行核对。清查完毕，要编制库存现金盘点报告表。

（七）企业现金的财务管理

1. 现金管理的目标

现金是企业资产中流动性最强的资产，持有一定数量的现金是企业开展正常生产活动的基础，是防止企业出现支付危机的必要条件。同时，现金又是获利能力最弱的一项资产，过多地持有现金会降低资产的获利能力。现金的管理要与持有现金的动机联系起来考虑，企业持有现金的动机有如下几种。

（1）交易性动机，企业持有现金是为了满足日常生产经营的需要，企业在生产经营过程中需要购买原材料、支付各种费用，为了满足这种要求，企业应持有一定数量的现金。

(2)预防性动机，企业在现金管理时，要考虑到可能出现的意外情况，为了应付企业发生意外可能对现金的需要，企业需准备一定的预防性现金。

(3)投机性动机，企业的现金是与有价证券投资联系在一起的，即用多余的现金购买有价证券，需要现金时再将有价证券变现成现金。但是，有价证券的价格与利率的关系非常紧密，一般来说，利率的下降会使有价证券的价格上升；利率上升会使有价证券的价格下降。当企业持有大量现金要购买有价证券时，可能由于预测利率将要上升而停止购买有价证券，这样企业就会持有一定量的现金，即投机性现金需求。

针对企业持有现金的动机，我们可以看到，预防性动机和投机性动机持有的现金对于企业来讲不容易确定，现金管理主要指交易性现金的管理，其管理目标为：在满足需要的基础上尽量减少现金的持有量；加快现金的周转速度。

2. 现金管理的方法

准则管理。企业对现金的管理，首先要遵守国家有关现金的管理规定，其次要建立企业内部关于现金管理的准则。国家关于现金的管理准则主要包括：现金的使用范围，库存现金的限额，现金的存取规定等。企业内部现金管理准则包括：专人管理准则，现金登记准则，内部审计准则。

预算管理。以现金预算作为管理现金活动的标准，主要包括：现金收入管理，现金支出管理，现金余额管理等内容。利用预算管理能够提高企业的整体管理水平。

收支管理。收支管理主要包括两个方面：一是加速收款，采取一些技术手段尽量使现金回收的时间缩短；二是控制现金支出，在不影响企业信誉的情况下，尽可能推迟款项的支付，利用银行存款的浮游量(浮游量即企业和银行之间的未达账项)。现金管理的八不准：

(1)不准用不符合财务准则的凭证顶替库存现金；

(2)不准单位之间互相借用现金；

(3)不准谎报用途套取现金；

(4)不准利用银行账户代其他单位和个人存入或支取现金；

(5)不准将单位收入的现金以个人名义存入；

(6)不准保留账外公款；

(7)不准发行变相货币；

(8)不准以任何票券代替人民币在市场上流通。

二、库存现金的总分类核算

施工企业为了从总体上反映现金的收入、支出和结存情况，应设置“库存现金”总分类科目，借方登记现金的增加，贷方登记现金的减少，借方余额表示期末库存现金的金额。施工企业内部各部门周转使用的备用金，可通过“其他应收款”或“备用金”科目核算，不在“库存现金”科目中核算。

施工企业应设置“库存现金”科目进行现金收入与支出的核算。收取现金时，借记“库存现金”科目，贷记有关科目；支付现金时，借记有关科目，贷记“库存现金”科目。

三、库存现金的明细分类核算

为了系统、全面、连续、详细地反映有关现金的收支情况，应设置“现金日记账”。出纳人员根据审核无误的收款凭证和付款凭证，按照业务发生的先后顺序逐日逐笔登记现金日记账。每日终了，计算现金收入合计、现金支出合计及结余数并同库存现金数核对，保证账款相符。

现金日记账必须是订本账，一般采用三栏式账页，借方栏根据现金收款凭证登记，贷方栏根据现金付款凭证登记。但对于从银行提取现金的业务，因为只编制银行存款付款凭证，故此应根据银行存款付款凭证登记现金日记账的借方栏。每次办理完收付款业务后应及时结出账面余额。每日终了，将账面余额与库存现金数核对，月末与现金总账核对，做到账款相符、账账相符。

四、库存现金清查的核算

现金清查是指对库存现金的盘点与核对，包括出纳人员每日终了前进行的现金账款核对和清查小组进行的定期或不定期的现金盘点、核对。现金清查一般采用实地盘点法。清查小组清查时，出纳人员必须在场，清查的内容主要是检查是否有挪用现金、白条抵库、超限额留存现金以及账款是否相符等。

对于现金清查的结果，应编制现金盘点报告单，注明现金溢缺的金额，并由出纳人员和盘点人员签字盖章。如果有挪用现金、白条抵库的情况，应及时予以纠正。对于超限额留存的现金要及时送存银行。如果账款不符，应及时查明原因：如为现金短缺，属于应由责任人赔偿的部分借记“其他应收款”等科目，按实际短缺的金额扣除应由责任人赔偿的部分后的金额借记“管理费用”科目，按短缺的金额贷记“库存现金”科目；如为现金溢余，应按实际溢余的金额借记“库存现金”科目，属于应支付给有关人员或单位的贷记“其他应付款”科目，现金溢余金额超过应付给有关单位或人员的部分贷记“营业外收入”科目。

【例2-1】某施工企业在现金清查时，发现库存现金比账面余额多出300元，无法查明原因。

借：库存现金　　300

　　贷：营业外收入——现金溢余　　300

【例2-2】某施工企业现金清查后，发现库存现金比账面余额短缺400元，经查明，应由该出纳员赔偿金额150元，另外250元属于无法查明的其他原因。

借：管理费用——现金短缺　　250
　　其他应收款——×××　　150
　　贷：库存现金　　400

【例2-3】接【例2-2】，该企业收到出纳人员赔款150元。

借：库存现金　　150
　　贷：其他应收款——×××　　150

第二节　银行存款

银行存款是指施工企业存放于银行或其他金融机构的各种款项。按国家规定，企业除了留存少量库存现金以供日常零星开支需要外，其余现金都应存入银行。企业应当根据业务需要，按照规定在其所在地银行开设账户，运用所开设的账户进行存款、取款以及各种收支转账业务的结算。银行存款的收付应严格执行银行结算制度的规定。

一、银行存款账户的开立

(一)银行结算账户

1. 概念和种类

银行结算账户是指银行为存款人开立的办理资金收付的活期存款账户。银行结算账户按存款人不同分为单位银行结算账户和个人银行结算账户。单位银行结算账户按用途分为基本存款账户、一般存款账户、专用存款账户和临时存款账户。

2. 开立和使用

银行结算账户的开立和使用方法如下：

(1)基本存款账户，是指存款人因办理日常转账结算和现金收付需要开立的银行结算账户。存款单位的现金支取，只能通过基本存款账户办理。一个单位只能选择一家银行的一个营业机构开立一个基本存款账户，不得同时开立多个基本存款账户。

(2)一般存款账户，是指存款人因借款或者其他结算需要，在基本存款账户开户银行以外的银行营业机构开立的银行结算账户。该账户可以办理现金缴存，但不得办理现金支取业务。

(3)临时存款账户，是指存款人因临时需要并在规定期限内使用而开立的银行结算账户。存款人有设立临时机构、异地临时经营活动、注册验资情况的，可以申请开立临时存款账户。临时存款账户的有效期最长不得超过2年。

（4）专用存款账户，是指存款人按照法律、行政法规和规章，对有特定用途资金进行专项管理和使用而开立的银行结算账户。各银行结算账户的比较如表2－1所示。

表2－1　银行结算账户比较表

账户	开立是否需经中国人民银行核准	能否存入现金	能否支取现金
基本存款账户	核准	可以	可以
一般存款账户	备案	可以	不能
专用存款账户	预算单位专用存款账户、QFII专用存款账户：核准；其他：备案	不同账户，规定不同	不同账户，规定不同
临时存款账户	核准（因注册验资和增资验资的除外）	可以	可以

（二）银行印章管理

银行印章管理的要求如下：

（1）银行印章至少须有以下两枚：公司财务专用章和公司法人代表人名章（或财务部经理人名章）。

（2）银行印章保管：财务专用章和法人代表人名章（或财务部经理人名章）由财务部门一名主管保管；出纳人名章由出纳保管；银行印章不用时，应存放在保险柜中。

（3）不得乱用、错用银行印章，不能将银行印章提前预盖在空白支票等结算票据上。

（三）银行结算纪律

银行结算纪律的具体内容如下：

（1）银行账户由出纳管理。

（2）除按规定可用现金结算外的经济业务，均采用银行转账结算。

（3）银行结算票据如支票、汇票等由出纳统一签发和保管，签发支票须写明收款单位名称、用途、大小写金额及签发日期等，加盖银行预留印章后生效，付款用途必须真实填写。

（4）办理银行结算业务必须遵守银行规定，正确采用各种结算方式，结算凭证的附件必须齐全并符合规定。

（5）及时正确办理银行收付款结算业务。

（6）一般不签发空白支票，特殊情况由财务经理批准。

（7）不得利用银行账户代替其他单位和个人办理收付款事项，不得租赁或转让银行存款账户，不得签发空头支票和远期支票。

（8）对于违反财经政策、法规、公司规定及手续不完善的收支拒绝办理。

（9）出纳每月定期与银行核对账目，发现差错及时更正，每月终了3个工作日内由会计主管到银行拿取银行对账单，并编制“银行存款余额调节表”，未达账项由会计主管和出纳督促经办人在10天内处理完毕。

二、银行存款的总分类核算

为了总括反映银行存款的收付及其结存情况，应设置"银行存款"科目，向银行存入款项时借记"银行存款"科目，贷记有关科目；从银行支出款项时借记有关科目，贷记"银行存款"科目。具体银行结算方式介绍如表2－2所示。

表2－2　银行结算方式介绍

结算方式	具体介绍
支票	支票是出票人签发的，委托办理支票存款业务的银行在见票时无条件支付确定的金额给收款人或持票人的票据。支票分为现金支票、转账支票、普通支票、划线支票。施工企业开出支票时，根据支票存根，借记有关科目，贷记"银行存款"科目；收到支票并填制进账单到银行办理收款手续后，借记"银行存款"科目，贷记有关科目
汇兑	汇兑是汇款人委托银行将其款项支付给收款人的结算方式。单位和个人各种款项的结算均可使用汇兑结算方式。汇兑分为信汇、电汇两种，汇款人可自行选择。付款单位根据银行签发的汇款回单，借记有关科目，贷记"银行存款"科目；收款单位根据银行转来的收款通知，借记"银行存款"科目，贷记有关科目
托收承付	托收承付是根据购销合同由收款人发货后委托银行向异地付款人收取款项，由付款人向银行承认付款的结算方式。采用托收承付结算时，收款单位对于托收款项，根据银行的收账通知和有关的原始凭证编制收款凭证；付款单位对于承付的款项，应于承付时根据托收承付结算凭证的承付支款通知和有关发票账单等原始凭证编制付款凭证。付款企业承认付款后，根据有关凭证，借记"在途物资""应交税费——应交增值税"科目，贷记"银行存款"科目。销货企业收到银行转来的收款通知和有关托收结算凭证，借记"银行存款"科目，贷记"应收账款"等科目
委托收款	委托收款是收款人委托银行向付款人收取款项的结算方式。单位和个人凭已承兑商业汇票、债券、存单等付款人债务证明办理款项的结算，均可以使用委托收款结算方式。委托收款在同城、异地均可使用。委托收款结算款项的划回方式有邮寄和电报两种。付款单位接到银行付款通知、审查债务凭证后付出款项时，借记"应付账款"等科目，贷记"银行存款"科目。收款单位收到银行收款通知后，根据有关凭证借记"银行存款"科目，贷记"应收账款"等科目

三、银行存款的明细分类核算

为了全面、系统、连续、详细地反映有关银行存款的收支情况，施工企业应设置"银行存款日记账"，由出纳人员根据审核无误的银行存款收付款凭证，按照业务发生的先后顺序逐日逐笔登记。银行存款日记账必须是订本账，一般采用三栏式账页，借方栏根据银行存款收款凭证登记，贷方栏根据银行存款付款凭证登记。每日终了时，应计算银行存款收入合计、银行存款支出合计及结余数，定期与银行转来的对账单核对相符。

【例2-4】某施工企业用银行存款购入材料一批，价款60 000元，增值税10 200元，已通过银行付款，材料已验收入库。编制会计分录如下：

借：原材料	60 000	
应交税费——应交增值税(进项税额)	10 200	
贷：银行存款		70 200

【例2-5】某施工企业用银行存款50 000元购置一台新设备。编制会计分录如下：

借：固定资产	50 000	
贷：银行存款		50 000

【例2-6】某施工企业收到某购货方归还以前所欠货款20 000元。编制会计分录如下：

借：银行存款	20 000	
贷：应收账款		20 000

【例2-7】某施工企业向银行借款200 000元，已存入银行。编制会计分录如下：

借：银行存款	200 000	
贷：短期借款		200 000

【例2-8】某施工企业收到开户银行通知，收到上级国家资产管理部门投入资金500 000元。编制会计分录如下：

借：银行存款	500 000	
贷：实收资本		500 000

四、银行存款的清查

银行存款的清查是指施工企业银行存款日记账的账面余额与其开户银行转来的对账单的余额进行核对。双方余额不一致的原因除记账错误外，还可能存在未达账项。所谓未达账项，是指由于施工企业与银行取得有关凭证的时间不同，发生的一方已经取得凭证登记入账，而另一方由于未取得凭证尚未入账的款项。具体有以下四种情况，如图2-2所示。

未达账项存在的情况

- 银行已付款入账，施工企业尚未付款入账。如银行代施工企业支付的购料款，已登记施工企业银行存款的减少，而施工企业因未收到凭证尚未记账的款项
- 银行已收款入账，施工企业尚未收款入账。如银行收到外单位采用托收承付结算方式购货所付的款项，已登记入账，施工企业未收到银行通知而未入账的款项
- 施工企业已付款入账，银行尚未付款入账。如施工企业开出支票购货，根据支票存根已登记银行存款的减少，而银行尚未接到支票，未登记银行存款减少
- 施工企业已收款入账，银行尚未收款入账。如施工企业已将销售产品收到的支票送存银行，对账前银行尚未入账的款项

图 2－2　未达账项存在的情况

对上述未达账项应通过编制“银行存款余额调节表”进行检查核对。银行存款余额调节表，是在银行对账单余额与企业账面余额的基础上，各自加上对方已收、本单位未收账项数额，减去对方已付、本单位未付账项数额，以调整双方余额使其一致的一种调节方法。编制银行存款余额调节表时依据的计算公式如下：

企业账面存款余额＝银行对账单存款余额＋企业已收而银行未收账项－企业已付而银行未付账项＋银行已付而企业未付账项－银行已收而企业未收账项

银行对账单存款余额＝企业账面存款余额＋银行已收而企业未收账项－银行已付而企业未付账项＋企业已付而银行未付账项－企业已收而银行未收账项

通过核对调节，“银行存款余额调节表”上的双方余额相等，一般可以说明双方记账没有差错。如果经调节仍不相等，要么是未达账项未全部查出，要么是一方或双方记账出现差错，需要进一步采用对账方法查明原因，加以更正。调节相等后的银行存款余额是当日可以动用的银行存款实有数。对于银行已经划账而企业尚未入账的未达账项，要待银行结算凭证到达后，才能据以入账，不能以“银行存款余额调节表”作为记账依据。

【例 2－9】某施工企业 2014 年 12 月 31 日银行存款日记账的余额为 35 250 元，银行转来对账单的余额为 63 750 元。经逐笔核对，发现以下未达账项：

①企业送存转账支票 30 000 元，并已登记银行存款增加，但银行尚未记账。

②企业开出转账支票 22 500 元，但持票单位尚未到银行办理转账，银行尚未记账。

③企业委托银行代收某公司购货款 37 500 元，银行已收妥并登记入账，但企业尚未收到收款通知，尚未记账。

④银行代企业支付电话费 1 500 元，银行已登记企业银行存款减少，但企业未收到银行付款通知，尚未记账。

根据上述资料编制“银行存款余额调节表”，如表 2－3 所示。

表 2－3 银行存款余额调节表

项目	金额	项目	金额
银行存款日记账余额	35 250	银行对账单余额	63 750
加：银行已收、企业未收款	37 500	加：企业已收、银行未收款	30 000
减：银行已付、企业未付款	1 500	减：企业已付、银行未付款	22 500
调节后的存款余额	71 250	调节后的存款余额	71 250

第三节 其他货币资金

其他货币资金是指除现金、银行存款以外的各种货币资金，主要包括外埠存款、银行本票存款、银行汇票存款、信用证保证金存款、信用卡存款和存出投资款等。为了反映和监督施工企业其他货币资金的收支和结存情况，应设置“其他货币资金”账户，借方登记增加数，贷方登记减少数，期末借方余额反映施工企业实际持有的其他货币资金。同时，在“其他货币资金”总账下，应设置“外埠存款”“银行汇票”“银行本票”等明细科目，并按外埠存款的开户银行、银行汇票或本票的收款单位等设置明细账。

一、外埠存款的会计核算

外埠存款是指企业为了到外地进行临时或零星采购，汇往采购地所开立的采购专户的款项。施工企业将款项委托当地银行汇往采购地开立专户时，借记“其他货币资金”科目，贷记“银行存款”科目。收到采购人员交来供应单位发票等报销凭证时，借记“在途物资”“原材料”“库存商品”“应交税费——应交增值税(进项税额)”等科目，贷记“其他货币资金”科目。将多余的外埠存款转回当地银行时，根据银行的收账通知，借记“银行存款”科目，贷记“其他货币资金”科目。

【例 2－10】某施工企业到外地某市采购，汇往该市某银行办事处资金 78 000 元，采购员赴该市采购各种物资共 70 200 元，支取差旅费 5 000 元。采购结束，银行将余款转回采购企业开户银行(一般纳税企业增值税税率为 17%)。编制会计分录如下：

①汇出采购资金时。

借：其他货币资金——外埠存款 78 000

  贷：银行存款 78 000

②收到采购员交来的发票账单。

在途物资＝70 200÷(1＋17%)＝60 000(元)。

应交增值税＝60 000×17%＝10 200(元)。

借：在途物资　60 000
　　应交税费——应交增值税(进项税额)　10 200
　　其他应收款——某采购员　5 000
　　贷：其他货币资金——外埠存款　75 200

③收到银行转账通知，余款已转回。

借：银行存款　2 800
　　贷：其他货币资金——外埠存款　2 800

④采购员回来，报销差旅费。

借：管理费用　5 000
　　贷：其他应收款——某采购员　5 000

二、银行汇票存款的会计核算

银行汇票存款是指由施工企业为取得银行汇票按规定存入银行的款项。施工企业向银行申请办理银行汇票时，应填写“银行汇票委托书”，将款项交存出票银行。其会计处理如图2－3所示。

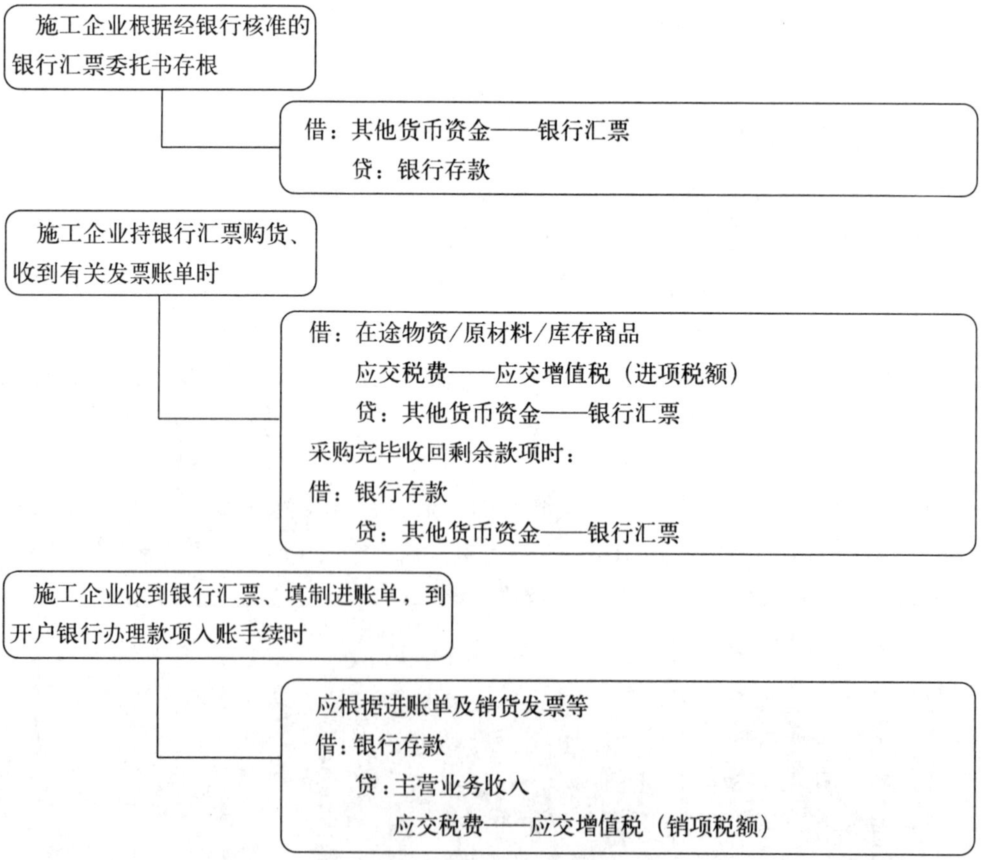

图2－3　银行汇票存款的账务处理

三、银行本票存款的会计核算

银行本票存款是指施工企业为取得银行本票按规定存入银行的款项。银行本票分为不定额本票和定额本票两种，采用银行本票进行结算时，施工企业应填写“银行本票委托书”，将款项交存银行。其会计处理如图 2－4 所示。

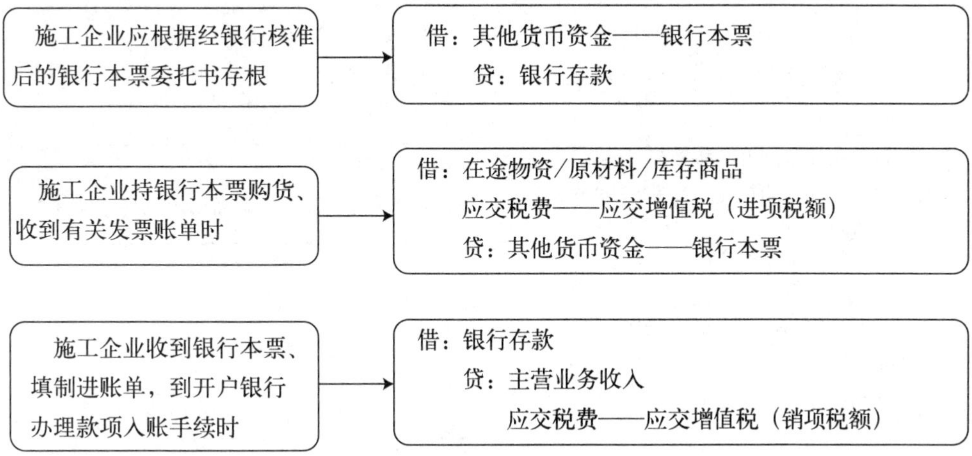

图 2－4　银行本票存款的账务处理

四、信用证保证金存款的会计核算

信用证保证金存款是指购货方或进出口人申请银行开立信用证时，按银行规定交存的一笔押金。其会计处理如图 2－5 所示。

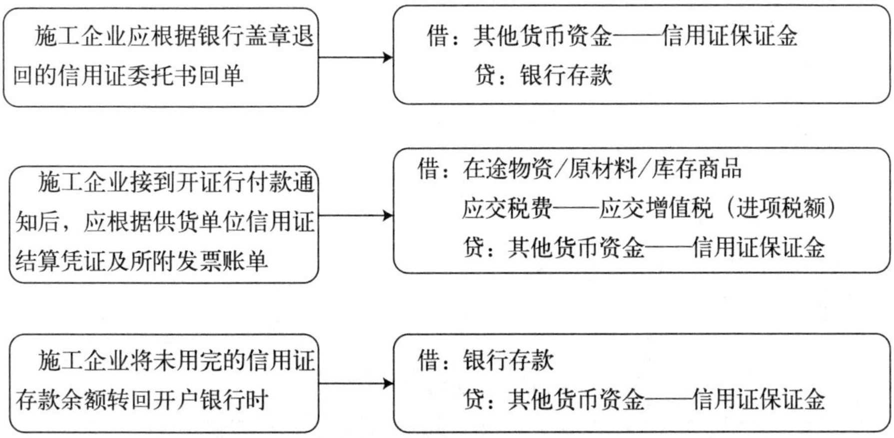

图 2－5　信用证保证金存款的会计处理

五、信用卡存款的会计核算

信用卡存款是指施工企业为取得信用卡而存入银行信用卡专户的款项。施工企业应填制“信用卡申请表”，连同支票和有关资料一并送存发卡银行，领取信用卡。其会计处理如图 2－6 所示。

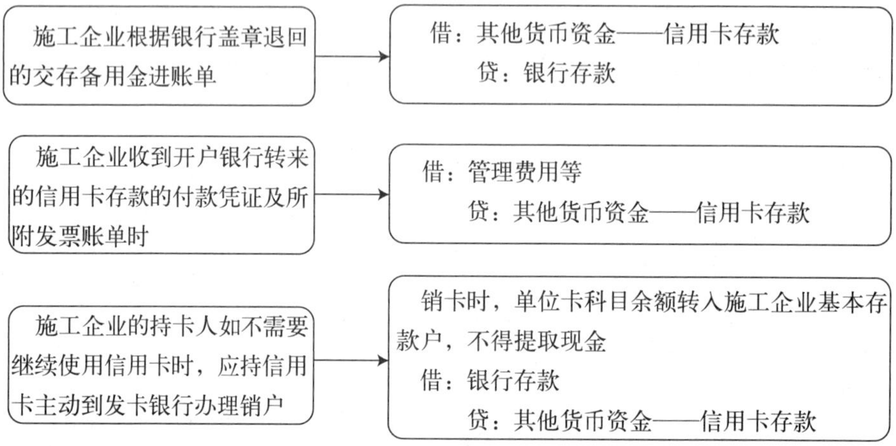

图 2－6　信用卡存款的会计处理

六、存出投资款的会计核算

存出投资款是指企业已存入证券公司但尚未进行短期证券投资的资金。其会计处理如图 2－7 所示。

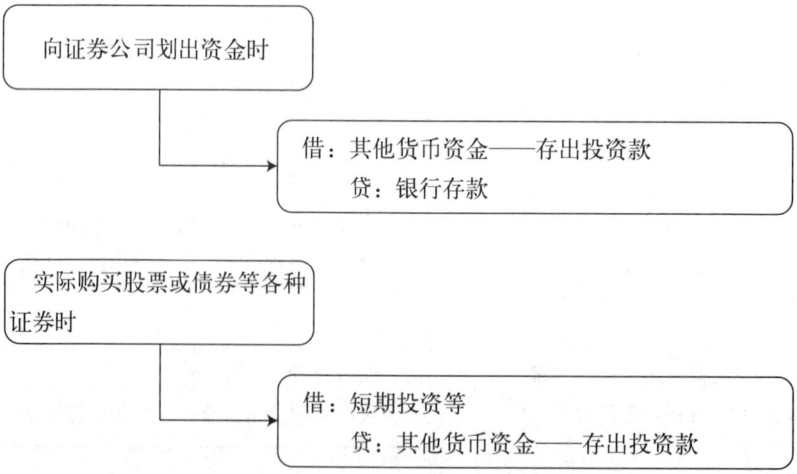

图 2－7　存出投资款的会计处理

第四节　货币资金的主要税务问题

一、更改凭证金额，套取现金收入

【例2－11】张某是某小型施工企业采购部主管，平时主要负责企业物资的采购工作。由于企业平时对物资管理不是非常严格，没有专门的人员认真进行过盘点，进货物资的数量和金额都由张某一人掌握。企业负责人李某为了增加成本、减少利润总额，授意张某利用职务之便，通过合作的商户找一些物品发票，对所附明细清单进行修改，将金额也改成较大的数额。企业负责人李某签字同意后报销下账。就这样，虽然实际并未发生票据上的支出，现金也瞒天过海轻易被套取出来，成本被轻易地增加了，从而减少了当年的应纳税所得额。

分析： 小型企业由于规模小、财务制度不健全，财务人员对报销把关不严，个别人便利用这一机会，将平时非公务或私人积累的一些车票、住宿费等单据混在正当票据中一起报销，套取现金。当然，也有部分企业故意报销一些非公务单据或是伪造单据，以达到增加费用、减少利润、偷逃税款的目的。或者，会计等其他经办人员利用工作上的便利条件或凭证上的漏洞，趁机更改发票、收据上的金额，贪污相应款项，或通过添加和虚构经济业务内容和金额，将现金据为己有。

二、未履行扣缴义务，偷逃个人所得税

【例2－12】税务人员检查某小型施工企业现金日记账，发现年末有一笔金额30 000元的现金付出，对应账户为“应付利润”，所填写的摘要是“利润按比例分成”。因是对个人支付的现金，怀疑有偷逃个人所得税的问题。经查实，此款项是支付给企业股东张某应分得的经营利润。账目中未发现代扣代缴个人所得税的记录。

分析： 现金支出中数额较大的对个人的支出(如工资、承包租赁提成、推销提成等)往往涉及代扣代缴个人所得税的问题。企业由于纳税意识不足的原因没有履行扣缴义务，致使个人所得税税款流失，在对“库存现金”账户的检查中是比较重要的一个方面。

三、私设“小金库”，隐匿应税收入

【例2－13】根据举报，某小型印刷厂春节前为本厂职工无偿分发了大量猪肉。税务检查人员就此线索检查了该印刷厂的财务账，并未发现问题。经了解，分发猪肉是由该厂食堂处理的。在检查该厂食堂账目中发现有分发猪肉的记录。经查询落实，是该厂多年向郊区某纸厂提供废旧纸张，所取得的现金数万元，一直存在该厂食堂账上。适逢春节，经领

导批准，以此款向养猪场购猪肉若干分给本厂职工，故该厂财务账上并无此项记录。

分析：废旧纸张属该小型印刷厂的废料，按会计制度规定，其销售收入应通过“其他业务收入”账户核算，并按税法规定申报缴纳增值税和企业所得税。而该厂将取得的现金收入挂在食堂账上形成了私设的“小金库”，在企业的“库存现金”账户上毫无痕迹，其手法较隐蔽，但还是在食堂的账目上留下了偷漏税的证据。有些纳税人索性把这类应税收入挂在外部关系单位的账上，其偷漏税手法则更为隐蔽。但无论如何隐蔽，只要抓住源头（如此例中的废旧纸张），运用查询的方法深入追查下去，总会查清问题。

四、以“往来账”转移收入，偷逃税款

【例2－14】税务检查人员2013年年初检查某小型施工企业的“库存现金”日记账，发现8月20日借方有一笔金额为6 800元的现金收入，其对应账户为“其他应付款”。因该笔业务无“摘要”，且账户对应关系异常，引起检查人员怀疑。经核对会计凭证，发现是销售废品的收入。由于没记入“其他业务收入”账户，而偷逃了增值税和企业所得税。

分析：小型企业出售废旧物品、残次品、下脚料、边角料及零星材料等物资，按税法规定，均属于销售货物，应作应税收入通过“其他业务收入”账户进行核算，申报增值税和企业所得税。但由于这类经济业务并非经常发生，其收入的现金一般金额较小，在税务检查中往往不引人注意，极易发生偷漏税问题。在这个案例中是应税收入已入了“现金”账，而没入“收入账”，将其记入“往来”账，其表现是对应关系“异常”。企业此举的目的显然是为了日后支配这笔现金是一种偷税行为。但归根结底，毕竟是把这笔收入的现金入了本企业的财务账，手法并不十分隐蔽。检查时，从账户对应关系入手，通过核实会计凭证，必要时进行查询，就足以查清问题。

五、错误处理出纳长短款，影响企业所得税

【例2－15】税务人员检查某小型企业库存现金日记账，月末时贷方有一笔金额55元、对应账户为“管理费用”的会计事项，其摘要为“短款”。经核实“现金盘点报告表”确实发生出纳短款55元整，但未查明短款原因，擅自在管理费用中核销有偷逃企业所得税之嫌。

分析：一些小型企业由于现金收支比较频繁和出纳人员素质不高，难免会发生长短款的问题。按会计制度规定，对现金盘点中发现的长款或短款在未查明原因前应记入“待处理财产损溢”账户，待查明原因后，再根据不同情况分别处理。对长款，如无法退还客户，应作冲减管理费用处理；对短款，凡因出纳人员工作马虎所致，原则上应由出纳人员赔偿，不可擅自列入管理费用。虽然，出纳长短款的金额通常很小，但处理的原则性很强。某些个别的纳税人往往未引起重视，随意进行处理。如将长款留作“小金库”而不冲减管理费用；对短款出于感情用事，不认真查明原因，不追究赔偿责任，擅自在管理费用中核销等。这些行为不仅违反了财经法纪，对企业所得税也势必造成一定的影响。

六、以“白条”抵付现金，非法列支业务招待费

【例2－16】税务人员检查某小型企业现金日记账，发现贷方有一笔金额为300元的现金支出，对应账户为“管理费用”，摘要是“购酒一瓶”。原始凭证为某小食杂店业主所开购酒证明1张，其上有经手人及本单位财务负责人签章。经查明，该酒是接待客户时所用。

分析：现金支出一般金额较小，用途较广。此例未能取得合法的发票作为报销的凭证而以“白条”入账是财经纪律所不允许的，显然存在着偷逃企业所得税的问题。除“白条”以外，在企业进货和支付费用等的现金支出中，涂改的发票、伪造的发票、大头小尾的发票等在税务检查中也会经常遇到。因此，加强对原始凭证合法性、合理性的检查尤为必要。

第五节　货币资金的主要审计问题

一、出借银行存款账号

【例2－17】审计人员2014年2月在对某小型企业进行审计时，发现2013年6月的银行对账单上借方和贷方各有同样金额的一笔数字，但在该企业的银行日记账上并没有反映这两笔收支，审计人员立即对其开户银行进行了函证，最终发现该企业违反银行账户管理规定，出借银行存款账户的事实。

分析：出借账户，指本单位有关人员与外单位人员相互勾结，借用本单位银行账户转移资金或套购物资，并将其占为己有。也有些单位通过对外单位或个人出借账户转账结算而收取好处费。一般的手法，是外单位先将款项汇入本单位账户，再从本单位账户上套取现金或转入其他单位账户。这样收付相抵，不记银行存款日记账。出借银行存款账号的情况多见于小型企业和特殊行业的企业，这种情况一般是在对账单上先有一笔资金收入，在相近日期又有一笔资金支出，金额相等，常以整数出现。对于这种情况，要进一步追查资金的来源和去向，必要时可以进行函证，最后核对有关的销售合同，查明是属于出借账号还是收入没有入账。

二、库存现金长短款

【例2－18】某小型企业出纳员在2013年6月8日和10日两天的现金业务结束后例行的现金清查中，分别发现现金短缺100元和现金溢余60元的情况，对此他经过反复思考也弄不明白原因。为了保全自己的面子，同时考虑到两次账实不符的金额又很小，他决

定采取以下办法进行处理：现金短缺100元，自掏腰包补齐；现金溢余60元，暂时收起。

分析：现金长短款是指在盘点和核对库存现金时，发现的除挪用现金、白条抵库、超限额留存现金等情况以外原因的现金日记账余额与库存现金数额不符。

该公司出纳员对其在2013年6月8日和10日两天的现金清查结果的处理方式都是错误的。他这样处理的直接后果可能会掩盖公司在现金管理与核算中存在的诸多问题，有时可能会是严重的经济问题。因此，凡是出现账实不符的情况时，必须按照有关的会计规定进行处理。按照规定，对于现金清查中发现的账实不符即现金溢缺情况，应通过“待处理财产损溢——待处理流动资产损溢”科目进行核算。

审计人员对施工企业货币资金的审计技巧

审计人员对施工企业货币资金的审计有如下技巧。

(1)查阅各种存款日记账，查证各种专户存款开立是否必要。如，外埠存款是否因临时、零星采购物资所需而开立，信用证存款是否确实因在开展进出口贸易业务中采用国际结算方式所需而开立。

(2)要求财务人员提供各种书面文件，查证开立各种专户存款是否经过适当的审批手续，其数额是否合理。

(3)从日记账记录中抽出数笔业务查证其原始凭证和记账凭证，查证各存款户支用款项是否合理，即是否按原定的用途使用；是否遵守银行的结算制度；采购业务完成之后是否及时办理结算手续；有无非法转移资金的现象。

(4)对于在途货币资金，应根据汇出单位的汇款通知书，查证在途货币资金的形成是否真实；在货币资金发生后是否及时入账；收到在途货币资金后是否及时注销，对于长期挂账不注销或一直未收到款项的应查明原因。

(5)应运用详查法，审查以外埠存款购进的全部商品、材料和其他物品，看有无超出采购存款的佣金。

(6)审查“其他货币资金——外埠存款”明细账余额，查明其有无长期挂账现象，若“其他货币资金——外埠存款”占用时间长，应进一步分析查证其有无挪用资金或者不及时办理结算的问题。

(7)审查银行汇票申请书，查明被查单位与收款单位有无业务往来。

(8)审查购销合同规定的结算方式是否为采用银行汇票结算。

(9)在分析使用汇票结算合理性的基础上，审查“其他货币资金——银行汇票存款”明细账，审查其是否及时办理结算，有无长期挂账而挪用汇票存款或侵占的行为。

(10)核对银行存款和银行对账单，审查其款项是否与银行对账单一致。如果不一致，应分析是否为未达账项，否则应查明是否收到无效或过期汇票。

第三章　商业信用的产物
——施工企业应收款项的会计核算

第一节　应收票据

一、应收票据的概念与类别

应收票据是指施工企业持有的、尚未到期的商业汇票。商业汇票是债务人所做的书面承诺，具有较强的法律效力。同时，应收票据可以背书转让或用于贴现等融资活动，具有较强的流动性。在我国，除商业汇票外的大部分票据都是即期票据，可以即刻收款或存入银行成为货币资金，不需要作为应收票据核算。因此，在我国，应收票据即指商业汇票。商业汇票的分类如图 3－1 所示。

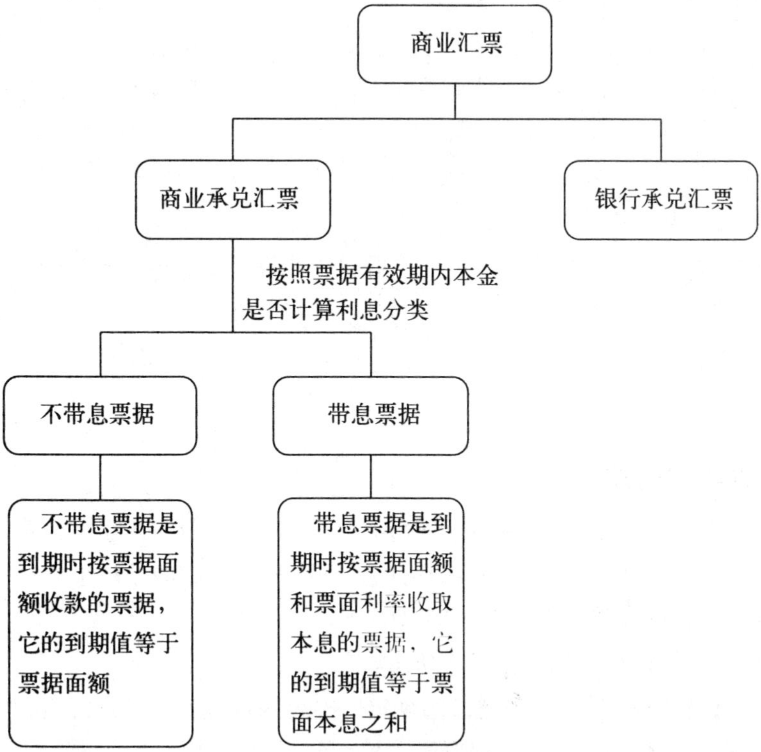

图 3－1　商业汇票的分类

二、应收票据的会计核算

为了反映和监督施工企业应收票据的取得和回收情况，施工企业应当设置“应收票据”科目，该科目核算施工企业因销售商品(产成品或材料)、提供劳务等日常生产经营活动而收到的商业汇票。“应收票据”的借方登记收到的应收票据面值及计提的利息，贷方登记到期收回、到期前向银行贴现或转入应收账款的票据面值及利息。科目期末借方余额，反映施工企业持有的商业汇票的票面价值和应计利息。

施工企业应当按照商业汇票的种类设置明细科目，并设置“应收票据备查簿”，逐笔登记每一张应收票据的种类、号数和出票日期、票面金额、票面利率、交易合同号和付款人、承兑人、背书人的姓名或单位名称、到期日、背书转让日、贴现日期、贴现率和贴现净额、本期计提的利息以及收款日期和收回金额、退票情况等资料，应收票据到期结清票款或退票后，应当在备查簿内逐笔注销。

应收票据的核算包括以下几方面的内容。

(一)应收票据的取得

按应收票据取得的不同原因，应作不同的会计处理。因债务人以票据抵偿前欠货款而取得的应收票据，借记“应收票据”科目，贷记“应收账款”科目；因施工企业销售商品、产品和提供劳务等而收到的商业汇票，应按应收票据的面值入账借记“应收票据”科目，按实现的营业收入贷记“主营业务收入”等科目，涉及增值税销项税额的还应进行相应处理。

【例3-1】北方建设工程公司2014年5月1日为A公司运输了一批原材料，货款金额为100 000元。当货物运输结束后，A公司送来一张期限为3个月的商业承兑汇票，面值为100 000元，用以抵付原材料运费。则北方建设工程公司应进行如下的会计处理：

借：应收票据　　100 000

　贷：主营业务收入　　100 000

(二)应收票据的贴现

应收票据的贴现是指票据的持有人因急需资金，将未到期的商业汇票背书后转让给银行，银行受理后，从票面金额中扣除按银行的贴现率计算确定的贴现息后，将余额付给施工企业的业务。票据贴现实质上是企业融通资金的一种方式。

票据贴现的有关计算公式如图3-2所示。

按照中国人民银行《支付结算办法》的规定，实付贴现金额按到期价值扣除贴现日至票据到期前一日利息计算。承兑人在异地的，贴现利息的计算期应另加3天的划款期。

票据贴现的计算公式

- 不带息票据
  - 贴现净额=票据面值－贴现利息
  - 贴现利息=票据面值×贴现率×贴现期
  - 贴现期＝票据期限－企业已持有的票据期限
- 带息票据
  - 贴现净额=票据到期值－贴现利息
  - 贴现利息=票据到期值×贴现率×贴现期
  - 贴现期=票据期限－企业已持有的票据期限
  - 票据到期值=票据面值＋票据利息
    =票据面值×（1＋票面利率×票据期限）

图 3－2　票据贴现的计算公式

施工企业持未到期的不带息汇票向银行贴现，应根据银行盖章退回的贴现凭证第四联收账通知，按实际收到的金额即减去贴现息后的净额，借记“银行存款(贴现净额)”“财务费用(贴现息)”科目，贷记“应收票据(账面余额)”科目。

若施工企业持未到期的带息票据向银行贴现，应按实际收到的金额，借记“银行存款(贴现净额)”科目，贷记“应收票据(账面余额)”科目，实际收到金额与应收票据账面余额的差异，计入“财务费用”科目。

【例 3－2】某施工企业于 2013 年 6 月 10 日将一张 3 月 10 日签发、5 个月期限、票面价值 100 000 元的不带息商业汇票向银行贴现，银行贴现率为 9%。会计分录如下：

贴现期为 2 个月。

票据面值＝100 000(元)。

贴现利息＝100 000×9%×2/12＝1 500(元)。

贴现净额＝100 000－1 500＝98 500(元)。

借：银行存款　　　　98 500

　　财务费用　　　　1 500

　　贷：应收票据　　　　100 000

【例 3－3】若**【例 3－2】**中，贴现的票据为带息票据，票面利率为 6%，其他条件不变。则会计分录如下：

到期值＝100 000×(1＋6%×5/12)＝102 500(元)。

贴现利息＝102 500×9%×2/12＝1 537.50(元)。

贴现净额＝102 500－1 537.5＝100 962.50(元)。

财务费用＝100 962.50－100 000＝962.5(元)。

注意，小企业收到带息票据，一般不需要每月月末计提利息，而是在票据到期或贴现时一次性处理应计利息。

借：银行存款　100 962.50
　　贷：财务费用　962.5
　　　　应收票据　100 000

贴现的商业承兑汇票到期，因承兑人的银行账户不足支付，申请贴现的企业收到银行退回的应收票据、支款通知和拒绝付款理由书或付款人未付票款通知书时，按所付本息，借记“应收账款”科目，贷记“银行存款”科目；如果申请贴现企业的银行存款账户余额不足，银行作逾期贷款处理时，应按转作贷款的本息，借记“应收账款”科目，贷记“短期借款”科目。

（三）应收票据的转让

企业需采购物资或抵偿债务，但无足够的货币资金时，可以将持有的未到期的应收票据背书转让，即在应收票据的背面签字后转让给收款人。但在票据到期时，如果票据的签发人无力支付票款，则背书人应负连带责任。

将持有的商业汇票背书转让以取得所需物资，按照应计入取得物资成本的金额，借记“材料采购”或“原材料”“库存商品”等科目；按照商业汇票的票面金额，贷记“应收票据”科目；如有差额，借记或贷记“银行存款”等科目。涉及按照税法规定可抵扣的增值税进项税额的，还应当借记“应交税费——应交增值税（进项税额）”科目。

（四）应收票据到期

应收票据到期，应根据以下不同的情况作相应会计处理：

收回应收票据，按实际收到的金额，借记“银行存款”科目，贷记“应收票据”科目。

【例3－4】某施工企业持有的不带息且面额为50 000元、期限为6个月的商业汇票到期，收到货款50 000元，编制会计分录如下：

借：银行存款　50 000
　　贷：应收票据　50 000

因付款人无力支付票款，收到银行退回的商业承兑汇票、委托收款凭证、未付票款通知书或拒绝付款证明等，按应收票据的账面余额，借记“应收账款”科目，贷记“应收票据”科目。

【例3－5】某施工企业持有的一张面值为50 000元、期限为6个月的商业承兑汇票，到期未能收到票款。编制会计分录如下：

借：应收账款　50 000
　　贷：应收票据　50 000

第二节　应收账款

一、应收账款的确认与核算

应收账款是指施工企业在正常经营活动中，因销售商品和产品、提供劳务等，应向购货单位或接受劳务单位收取的款项。以及包括向客户收取的货款、增值税税款和为客户代垫的运杂费。在资产负债表上，应收账款列为流动资产，其范围是指那些预计在一年或超过一年的一个营业周期内收回的应收款项。

形成应收账款的直接原因是赊销。虽然，大多数公司希望现销而不愿赊销，但是面对竞争，为了稳定自己的销售渠道、扩大商品销路、开拓并占领市场，降低商品的仓储费用、管理费用、增加收入，不得不面向客户采用信用政策、提供信用业务。公司采用赊销，虽能给公司带来以上好处，但也要付出一定代价，给公司带来风险。如客户拖欠货款，应收账款收回难度大甚至收不回等。所以，应收账款管理是施工企业管理的重中之重。

核算应收账款，应确定入账时间和入账价值，即应收账款应于销售收入实现时按销售收入的实际发生额计价入账，以保证正确反映应收账款的形成、收回情况，合理地确认、计量坏账损失。在发生商业折扣时，应当考虑有关的折扣和折让因素。

施工企业应设置“应收账款”科目，核算应收账款的增减变动及结果。不单独设置“预收账款”科目的施工企业，预收的款项也在“应收账款”科目核算。该科目借方登记企业因销售商品和产品、提供劳务等而应收取的款项，以及企业代购货方垫付的包装费、运杂费等代垫的费用；贷方登记应收账款的收回及确认的坏账损失。科目期末借方余额，反映施工企业尚未收回的应收账款；期末如为贷方余额，反映施工企业预收的款项。“应收账款”科目应按不同的债务人设置明细账，进行明细核算。

施工企业发生应收账款时，按应收金额借记“应收账款”科目，按实现的销售收入贷记“主营业务收入”“其他业务收入”等科目，按专用发票上注明的增值税额贷记“应交税费——应交增值税(销项税额)”科目；收回应收账款时，借记“银行存款”等科目，贷记“应收账款”科目。

施工企业代购货单位垫付的包装费、运杂费等，借记“应收账款”科目，贷记“银行存款”等科目；收回代垫费用时，借记“银行存款”科目，贷记“应收账款”科目。

施工企业应收款项改用商业汇票结算，在收到承兑的商业汇票时，按票面价值，借记“应收票据”科目，贷记“应收账款”科目。

按照《小企业会计准则》的规定，确认应收账款实际发生的坏账损失，应当按照可收回的金额借记“银行存款”等科目，按照其账面余额贷记“应收账款”科目，按照其差额借记“营业外支出”科目。

【例3-6】利通建材公司向某企业销售了一批水泥，货款为50 000元，销项税额为8 500元，代垫运费2 000元，已办妥银行收款手续。

①销售水泥时。

借：应收账款　　60 500

　　贷：主营业务收入　　50 000

　　　　应交税费——应交增值税(销项税额)　　8 500

　　　　银行存款　　2 000

②收到货款时。

借：银行存款　　60 500

　　贷：应收账款　　60 500

二、应收账款融资

应收账款融资是以应收账款作为担保品来筹措资金的一种方法，具体分为应收账款抵押和应收账款让售。

应收账款融资是施工企业为尽快收回现金，将应收债权转移给银行等金融机构，实现提早变现的融资方式。应收账款融资的具体核算方式如下。

(一)应收账款抵押融资

应收账款抵押融资的做法是指由借款企业(即有应收账款的企业)与经办这项业务的银行或公司订立合同，企业以应收账款作为担保，在规定期限内(通常为一年)企业向银行借款融资。

在这种方式下，应按照实际收到的款项，借记“银行存款”科目；按实际支付的手续费，借记“财务费用”科目；按银行借款本金并考虑借款期限，贷记“短期借款”等科目。

【例3-7】某施工企业将一笔1 000 000元的应收账款作为质押向银行借款，银行根据应收账款的质量同意提供1年期借款750 000元，并要求企业按质押的应收账款总额的1%支付手续费，手续费在放款时提前扣除，这项经济业务的会计分录如下：

借：银行存款　　740 000

　　财务费用　　10 000

　　贷：短期借款　　750 000

(二)应收账款让售

应收账款让售就是出售应收账款，即指企业通过向金融机构出售自己拥有的应收账款筹措资金的一种筹资方式。目前在我国，应收账款让售这种融资方式还没有得以广泛应用，不过随着市场经济的深入发展，相信这种筹资方式将在我国得到很大的发展。一般来说，应收账款让售可分为无追索权让售和有追索权让售两种情况。

1. 无追索权让售

无追索权让售是指应收账款购买方(即金融机构)要承担收取应收账款的风险，即承担应收账款的坏账损失，而出售方则承担销售折扣、销售折让或销售退回的损失。为此，金融机构在购买应收账款时，一般要按一定比例预留一部分余款，以备抵让售方应承担的销售折扣、折让或退回的损失，待实际发生销售折扣、折让或退回时再予以冲销。因此，在会计处理上，出售方企业应按实际收到的款项增加“货币资金”，支付的手续费计入“财务费用”，金融机构预留的款项计入“其他应收款”，并冲减“应收账款”的账面价值，待金融机构实际收到应收账款时，再根据实际发生销售折扣、折让或退回的具体情况，同出售方企业进行最后结算。

【例3-8】某企业于2013年1月1日将500 000元的应收账款以无追索权方式出售给当地某家银行，该银行按应收账款面值的4%收取手续费，并按应收账款面值的5%预留账款，以备抵可能发生的销售折扣、折让或退回；2013年5月10日，该银行实收账款480 000元，发生销售折扣、折让和销售退回17 550元(含税金额，增值税税率为17%)，实际发生坏账损失2 450元；2014年4月1日，该企业与银行进行最后结算。根据上述资料，该企业会计处理如下：

①2013年1月1日出售应收账款。

预留账款 = 500 000 × 5% = 25 000(元)。

财务费用 = 500 000 × 4% = 20 000(元)。

借：银行存款	455 000	
其他应收款	25 000	
财务费用	20 000	
贷：应收账款		500 000

②2013年5月10日收到款项，实际发生销售折扣、折让和销售退回。

应交增值税 $= 17\ 550 \times \frac{0.17}{1+0.17} = 2\ 550$(元)。

借：主营业务收入	15 000	
应交税费——应交增值税(销项税额)	2 550	
贷：其他应收款		17 550

③2014 年 4 月 1 日与银行进行最后结算。

银行应补付的资金 = 25 000 - 17 550 = 7 450(元)。

借：银行存款　　7 450

　　贷：其他应收款　　7 450

2. 有追索权让售

有追索权让售是指出售方企业应承担向购买者即金融机构偿付的责任，在已让售应收账款上发生的任何坏账损失，均应由让售方企业承担。由于金融机构对无法偿付的应收账款具有追索权，对于这类出售业务，根据其性质不同也有两种不同的会计处理方法，如图 3-3 所示。

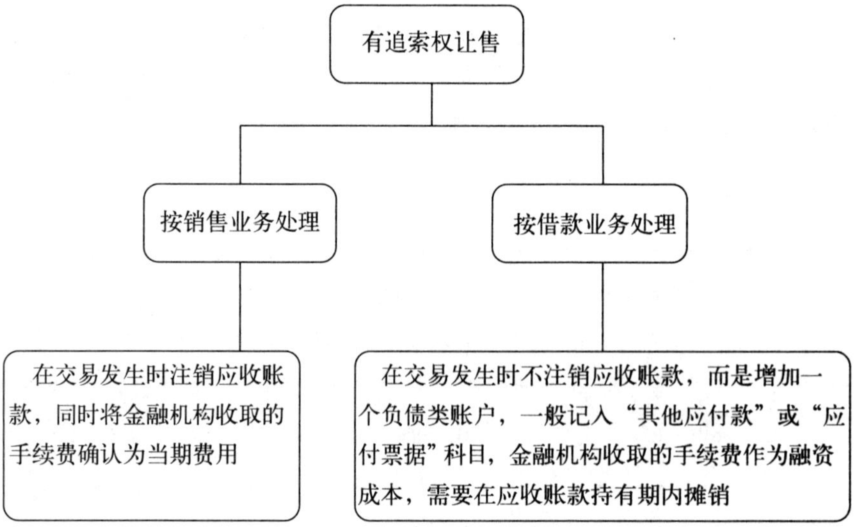

图 3-3　有追索权让售应收账款的会计处理

第三节　预付账款与其他应收款

一、预付账款

预付账款是指施工企业按照购货合同或劳务合同的规定，预先付给供应单位的款项，包括根据合同规定预付的购货款、租金、工程款等。

为了反映预付款项的支付和结算业务，施工企业可通过“预付账款”账户予以核算。预付款项情况不多的施工企业，也可以不设置本科目，将预付的款项直接记入“应付账款”科目借方。企业进行在建工程预付的工程价款，也通过本科目核算。

施工企业因购货而预付的款项，借记“预付账款”科目，贷记“银行存款”等科目。收到所购物资，按照应计入购入物资成本的金额，借记“在途物资”“原材料”“库存商品”等科目；按照税法规定可抵扣的增值税进项税额，借记“应交税费——应交增值税(进项税额)”科目；按照应支付的金额，贷记“预付账款”科目。补付的款项，借记“预付账款”科目，贷记“银行存款”等科目；退回多付的款项，编制相反的会计分录。

【例3-9】某施工企业2013年4月10日根据购货合同向A公司预付货款20 000元。5月10日收到所购材料，增值税专用发票上注明的价款为30 000元，增值税税额为5 100元。5月10日，向A公司补付货款及税款15 100元。会计分录如下：

①预付货款时。

借：预付账款——A公司	20 000	
贷：银行存款		20 000

②收到材料时。

借：原材料	30 000	
应交税费——应交增值税(进项税额)	5 100	
贷：预付账款——A公司		35 100

③支付其余的款项时。

借：预付账款——A公司	15 100	
贷：银行存款		15 100

出包工程按照合同规定预付的工程价款，借记“预付账款”科目，贷记“银行存款”等科目。按照工程进度和合同规定结算的工程价款，借记“在建工程”科目，贷记“预付账款”“银行存款”等科目。

按照《小企业会计准则》规定确认预付账款实际发生的坏账损失，应当按照可收回的金额借记“银行存款”等科目，按照其账面余额贷记“预付账款”科目，按照其差额借记“营业外支出”科目。

二、其他应收款

其他应收款是指施工企业除应收票据、应收账款、预付账款、应收股利、应收利息等以外的其他各种应收及暂付款项，包括应收的各种赔款、应向职工收取的各种垫付款项等。

其他应收、暂付款主要包括的内容如图3-4所示。

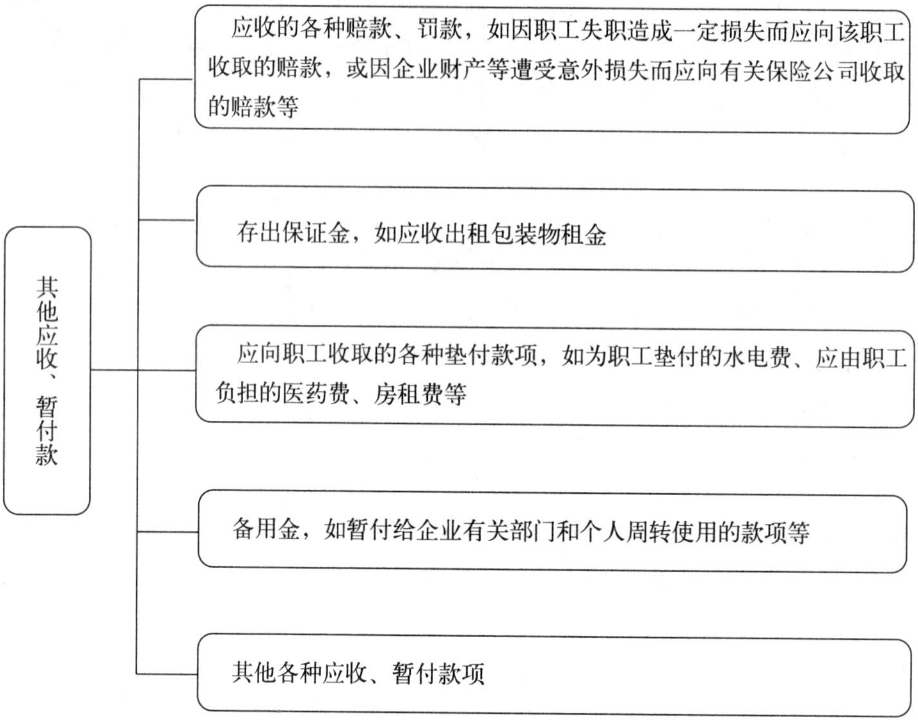

图3－4　其他应收、暂付款的主要内容

施工企业应设置“其他应收款”科目对上述内容进行核算。在发生各种其他应收款项时，借记“其他应收款”科目，贷记有关科目。收回各种款项时，借记有关科目，贷记“其他应收款”科目。

“其他应收款”中所包括的内容是相当繁杂的。在实际生活中，由于一些企业内部管理不严，其他应收款长期得不到清理，致使其他应收款金额巨大，这应当引起高度重视。

第四节　应收账款的主要税务问题

一、应收账款放贷，利息不计入收入

【例3－10】某小型企业收到外单位归还欠款时，出纳没有在银行日记账中反映，而是同时签发一张相同金额的转账支票，将款项有偿转借给另一个单位，对付出的银行存款也不反映在银行日记账中，将两笔业务合并编制会计分录：借记“应收账款——甲单位”，贷记“应收账款——乙单位”。收取利息后没有记入收入科目，而是转入另外开设的账户存起来。税务人员在对该企业检查时，发现这笔借贷关系相反的账务处理违反常规，立即进行核实，该企业利用应收账款违规放贷、偷逃税款的事实最终浮出水面。

分析：根据国家有关规定，企业间可以互相拆借资金，但有些企业却采取不正当的方

式违规放贷、逃避利息收入。上述案例就是小型企业利用应收账款放贷，将利息收入转入小金库。查找此类问题，最主要的是要弄清企业应收账款的性质，是由于正常的经营业务形成的，还是没有任何实质内容的虚构业务。向银行和对方单位的取证非常重要，可以看到整个资金的走向。对方单位支付的款项(实质是利息)如果没有在企业的账上反映，一方面可以认定私设小金库，另一方面是没有反映正常的收入、偷逃了税款。对于企业来讲，当企业收回欠款时，应反映到银行日记账中，借记“银行存款”科目，贷记“应收账款”科目；当签发转账支票时，编制会计分录：借记“应收账款”科目，贷记“银行存款”科目。收到利息时，应借记“银行存款”科目，贷记“营业外收入”科目。

二、采用预付账款业务虚列收入

【例3-11】甲企业本与某小型企业乙无任何业务往来，甲企业从未收到过乙企业的任何资金，但甲企业的负责人与乙企业的财务主管有亲戚关系，于是，甲企业就以收取一定使用费为条件，在税务人员的函证中证明该企业收到了乙企业的预付款，给税务人员的工作制造了很大的障碍，使甲、乙两企业的会计核算失去了真实性。

分析：按照规定，企业的预付款业务必须以有效合法的供应合同为基础，而实际工作中有的企业的预付款业务根本无对应的合同，而是利用预付款这一中转站往来搭桥，为他人进行非法结算，将所得回扣或佣金据为己有；或利用该项业务转移资金，隐匿收入、私设小金库或私分。查找此类问题的关键点在于除了函证之外，还要对资金的去向做必要的追踪，这样才能找出隐藏在背后的秘密。

三、列支应收账款

【例3-12】2014年，A公司欠中建公司运费10 000元长期未支付，中建公司将其列入应收账款核算。经多方催收，A公司用银行存款归还了以前年度的欠款10 000元，中建公司收款后却并没有立即冲销“应收账款”科目余额，而是直接开出一张10 000元的现金支票，提出现金后转入企业小金库，用于吃喝招待以及购买一些福利用品，之后再将此笔应收账款直接转销，计入营业外支出，并保持账面的平衡关系。

分析：“小金库”是指违反法律法规及其形成的资产，其主要表现形式包括：用资产处置、出租收入设立“小金库”；以会议费、劳务费、培训费和咨询费等名义套取资金设立“小金库”；经营收入未纳入规定账簿核算设立“小金库”；虚列支出转出资金设立“小金库”；以假发票等非法票据骗取资金设立“小金库”等。

从表面上看，该企业资金进出根本没有通过账务核算，如果没有查看支票存根和对账单，很难看出问题，而且银行对账单上显示为一借一贷10 000元，如果不仔细看，很可能被认为是银行处理错误冲账。企业收到外单位归还的欠款后，直接从银行提出现金转入企业小金库，虽不在银行日记账上反映，但日后将应收账款直接转销，列入营业支出，同样可以看出其偷逃税款、私设“小金库”的目的。

第五节　应收账款的主要审计问题

一、虚增销售收入

【例3-13】某承包企业在年底经初步分析，认为当年的承包指标难以完成，大致缺口为40万元，这样将会影响承包人和企业员工的切身利益。为此，该企业于12月21日、25日，在没有销售业务的情况下分别编制125号、147号凭证。金额分别为30万元和10万元，作为销售收入入账，从而使企业“完成了”该年度的销售收入和利润指标。

分析：审计人员在审阅该企业账簿时，发现12月份“商品销售收入”“应收账款”账户较以往各期发生额大。经与明细账户核对，发现“应收账款”明细账中根本未作登记，总账与明细账相差40万元，由此怀疑该企业有可能有虚增销售收入、虚报指标完成度等问题。

审计人员根据丁字账中的记录，调阅有关记账凭证，发现12月21日125号凭证的内容是：

借：应收账款	351 000	
贷：商品销售收入		300 000
应交税费——应交增值税（销项税额）		51 000

12月25日147号凭证的内容是：

借：应收账款	117 000	
贷：商品销售收入		100 000
应交税费——应交增值税（销项税额）		17 000

12月30日189号凭证的内容是：

借：应收账款	68 000（红字）	
贷：应交税费——应交增值税（销项税额）		68 000（红字）

经审查核对，上述三张记账凭证均未附有任何原始凭证，虚列当期销售收入40万元，“库存商品”明细账和“应收账款”明细账也未作任何登记。经询问和调查有关会计人员及会计资料，以上分录已于下年初作为销货退回处理。

二、私吞应收账款

【例3-14】2011年中建公司为A公司提供服务，应收服务费50 000元。但由于A公司经营效益不好，虽经中建公司多方催促仍未支付，中建公司几经人事变动，负责此事的人都早已离职。由于其他人员都不过问此事，2013年中建公司会计王某将长期挂账多年的应收未收回款项直接转销，作营业外支出处理。2014年，当王某得知A公司按规定还要继续偿还以前债务时，便到A公司索要原欠款50 000元现金并据为己有。

分析：审计人员审计应收款项的方法：

①应收账款入账金额是否正确。

②“应收账款”有无与“应收票据”“预付账款”“其他应收款”等科目混用的现象。可按《小企业会计准则》规定的核算内容进行逐项核对。

③企业是否用应收账款虚增收入以调节利润。

④利用“应收账款”科目转移资金。审计时，可发函询证或检查销货发票、出库单等原始凭证。

⑤将已收到的应收账款不入账或推迟入账。审计时，要经常向对方单位发函询证或派人核对，查明本单位应收账款是否与对方实际欠款金额相吻合。如果不一致，应进一步查明原因。

该案例是审计人员在对该企业应收账款进行函证时，发现了会计人员违规的事实。会计对尚能收回的货款直接转销，作为营业外支出处理，然后到对方要回全部欠款将其据为己有，一切账务处理看似“天衣无缝”，对于这种情况，其实只要进一步追查应收款项的对方单位，通过函证的方式，必要时甚至可以去对方单位核对相关账务、落实资金去向，便可水落石出。

第四章　管好库中货
——施工企业存货的会计核算

第一节　存货的确认与计价

一、存货概述

(一)存货的概念

存货，是指施工企业在日常生产经营过程中持有以备出售的产成品或商品、处在生产过程中的在产品、将在生产过程或提供劳务过程中耗用的材料和物料等。

材料是构建所有建筑产品的物资基础，是工程成本最重要的组成部分，在建造过程中通过直接或间接消耗构成材料成本。施工企业最主要的存货是工程材料。

(二)工程材料的分类

施工企业的材料种类繁多，按其在施工中的作用和存放地点不同，可分为以下几类。

1. 原材料

原材料指企业用以建筑安装工程施工而存放在仓库的各种材料，包括主要材料、结构件、机械配件和其他材料等。

(1)主要材料是指用于工程施工并构成工程实体的各种材料，如黑色金属材料(如钢材)、有色金属材料(如铜材、铝材)、木材、硅酸盐材料(如水泥、砖瓦、石灰、砂、石等)、小五金材料、电器材料、化工原料(如油漆材料等)。

(2)结构件是指经过吊装、拼砌或安装即能构成房屋建筑物实体的各种金属的、钢筋混凝土的和木质的结构件和构件，如钢窗、木门、钢筋混凝土预制件等。

(3)机械配件是指在施工生产过程中使用的施工机械、生产设备、运输设备等替换、维修用的各种零件和配件，以及为机械设备准备的各种备品备件，如曲轴、活塞、轴承、齿轮、阀门等。

(4)其他材料是指不构成工程实体，但有助于工程形成或便于施工生产进行的各种材料，如燃料、油料、催化剂、石料等。

2. 低值易耗品

低值易耗品是指使用期限较短、单位价值较低，不作为固定资产核算的各种用具物品，如铁锹、铁镐、手推车等生产工具，工作鞋、工作帽、安全带等劳保用品，办公桌椅等管理用品。

3. 周转材料

周转材料是指企业在施工生产过程中能够多次使用并基本保持原有的物质形态，但价值逐渐转移的各种材料，如模板、挡板、架料等。

4. 委托加工材料

委托加工材料是指委托加工中的各种材料和构件。

二、存货管理实务

当前许多企业特别是一些中小企业，对存货管理的重要性认识不足、管理粗放，仅限于日常管理，忽视了存货的限额管理和数量管理。但是，过多的存货要占用较多资金并且会增加仓储费等各项开支，使企业付出较多的成本。因此，存货管理的目标就是尽力在各种成本与存货效益之间做出权衡，在充分发挥存货功能的基础上降低存货成本，实现二者的最佳结合。

根据存货在企业中的实物流转过程，企业的存货管理应分别在采购、生产和储存环节予以重视。为了提高存货相关决策的执行和监察力度，还应进一步完善存货业务中的内部控制过程。

(一)存货采购管理

存货采购，是存货进入企业生产流通环节的起点，也是企业进行生产经营活动的基础。采购直接影响产品的质量和成本，进而对企业生产、发展起到举足轻重的影响。通俗地讲，采购活动中首先要解决的两个问题是：第一，买多少；第二，从哪买。以下就这两个方面分别进行阐述。

1. 买多少——最优存货量

对于很多施工企业来说，一定时期内的生产和销售能力是相对稳定的，因而，每个时段(通常以一年为核算单位)所需原材料总量也是基本确定的。企业不可能一次购入当期所需所有原材料，这样会造成大量的库存，进而增加储存成本；也不可能每耗费一定单位数量就进行同等数量的采购，因为这会大量增加交易成本。因此，企业在采购管理中需要确定最优存货量。

最优存货量，是指能够使存货的相关总成本达到最低的进货数量。其中，存货的相关总成本包括取得成本、储存成本和缺货成本。

(1)取得成本，是指为取得某种存货而支出的成本，分为订货成本和购置成本。订货成本是指取得订单的成本，如办公费、差旅费、邮费、电报电话费等。购置成本是指为购买存货本身所支出的成本，即指存货本身的价值。

(2)储存成本，是指为保持存货而发生的成本，包括存货占用资金所应计的利息、仓库费用、保险费用、存货破损和变质损失等。

(3)缺货成本，是指由于存货供应中断而造成的损失，包括材料供应中断造成的停工损失、产成品库存缺货造成的拖欠发货损失和丧失销售机会的损失及造成的商誉损失等；如果生产企业以紧急采购代用材料解决库存材料中断之急，则缺货成本表现为紧急额外购入成本。

存货总成本与进货批量的关系如图 4 -1 所示。当变动储存成本与变动订货成本相交于一点(x, y)时，存货相关总成本最低，此时为最优存货量，即企业存货总成本 TC 值最小。

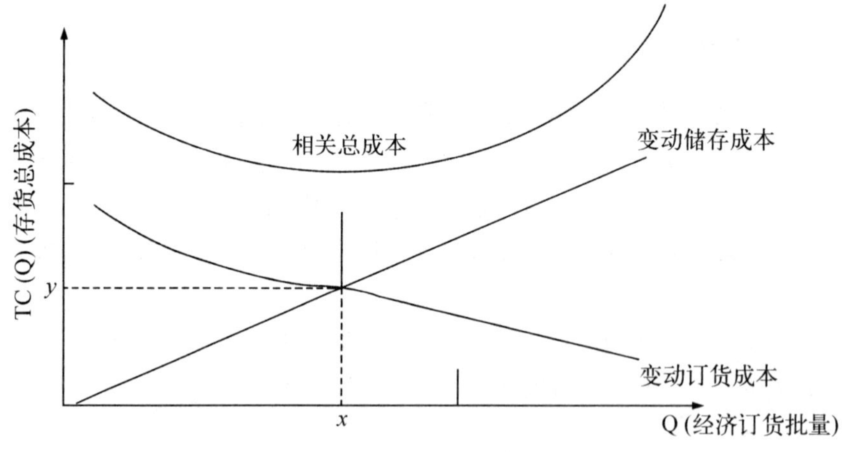

图 4 -1　存货总成本与进货批量的关系图

2. 从哪买——货源策略

当企业确定采购货源时，可以选择长期从某个单一的供货商处进行采购，也可以同时从多个供货商处采购，并从供货商形成的竞争关系中获得质量和价格上的收益。另外，如果采购半成品比采购材料进行加工更有利的话，也可以考虑直接从供货方取得半成品。不同策略的优缺点如表 4 -1 所示，不同企业以及同一企业在不同的发展阶段，可以根据自身和市场环境的特点，选择对自己的发展最为有利的货源策略。

表 4 -1　不同货源策略优缺点比较

策略	优点	缺点
单一货源策略	(1)采购方能与供应商建立较为稳固的关系； (2)便于信息的保密； (3)能产生规模经济； (4)随着与供应商关系的加深，采购方更可能获得高质量的货源	(1)若无其他供应商，则该供应商的议价能力就会增强； (2)采购方容易受到供应中断的影响； (3)供应商容易受到订单量变动的影响

（续表）

策略	优点	缺点
多货源策略	(1)能够取得更多的知识和专门技术； (2) 一个供应商的供货中断产生的影响较低； (3)供应商之间的竞争有利于对供应商压价	(1)难以设计出有效的质量保证计划； (2)供应商的承诺较低； (3)忽视了规模经济
半产品	(1)允许采用外部专家和外部技术； (2)可为内部员工安排其他任务； (3)采购主体能够就规模经济进行谈判	(1)第一阶供应商处于显要地位； (2)竞争者能够使用相同的外部企业，因此企业在货源上不太可能取得竞争优势

（二）存货生产管理

生产管理是有计划、组织、指挥、监督调节的生产活动，以最少的资源损耗获得最大的成果，是对企业生产系统的设置和运行的各项管理工作的总称。

生产管理的基本业务包括制定生产管理计划、掌握材料的供给情况、把握生产进度、了解产品的品质状况、按计划出货、生产管理绩效等。

1. 制定生产管理计划

这里所说的生产管理计划主要是指月计划和日计划。原则上，生产部门要以营销部门的销售计划为基准来确定自己的生产计划，否则在实行时就很可能会出现产销脱节的问题。

平衡产能与需求的方法如表4－2所示。

表4－2 平衡产能与需求的方法

方法	流程
资源订单式生产	当需求不具独立性时(需求不能提前预测或定制产品)，企业仅购买所需材料并在需要时才开始生产所需的产品或提供所需的服务。 例如，建筑企业可能会收到承建新的道路桥梁的大订单。该建筑企业将仅在签订了合同之后才开始采购必需的资源。 （订单→资源→生产）
订单生产式生产	在采用某些运营流程的情况下，企业可能对未来需求的上涨非常有信心，从而持有为满足未来订单所需的一种或多种资源的存货。 （资源→订单→生产）
库存生产式生产	许多企业在收到订单之前或在知道需求量之前就开始生产产品或提供服务。这种情况在制造型企业非常常见。例如，某国今年的社会经济增长理想，国内外消费强劲，玩具生产商预计在圣诞节前订单会有15～20%的增长，因此在第三季度就开始生产各种玩具，以减小在第四季度不能满足市场需求的压力。 （资源→生产→订单）

施工企业可根据产品的特点确定生产方式。其中，资源订单式生产可用于服务型企业以及制造型企业。制造型企业采用这种方式旨在降低库存，而服务型企业采用这种方式旨在消除客户排队的现象。

2. 掌握材料的供给情况

虽然说材料的供给是采购部门的职责，但生产管理部门有必要随时掌握生产所需的各种原材料的库存数量，目的是在材料发生短缺前能及时调整生产并通报采购部门，以便最大限度地减少材料不足所带来的损失。

3. 把握生产进度

为了完成事先制订的生产计划，生产管理者必须不断地确认生产的实际进度。起码要每天将生产实际与计划作一次比较，以便及时发现差距并采取有效的补救措施。

4. 了解产品的品质状况

衡量产品品质的指标一般有两个：工程不良率及出货检查不良率。产品的品质不仅仅要求生产管理者去了解关于不良的数据，更要对品质问题进行持续有效的改善和追踪。

5. 按计划出货

生产管理者按照营销部门的出货计划安排出货，如果库存不足，应提前与营销部门联系以确定解决方法。

6. 生产管理绩效

生产管理绩效是指生产部门所有人员通过不断丰富知识、提高技能、改善工作态度，努力创造良好的工作环境及工作机会，不断提高生产效率、提高产品质量、提高员工士气、降低成本以及保证交期和安全生产的结果和行为。

（三）存货日常管理

1. 存货采购

存货采购一律通过供应部统一进行，各部门需采购存货时，应填写一式三份的采购申请表，列明其要求和建议，经部门负责人审批后交供应部。供应部根据公司采购流程实施采购。

2. 存货的验收、入库

(1)外购存货，公司仓管应根据随货同行的送货单验收货物，需要确认货物是否为公司订单所定货物，实物货物是否与送货单一致，货物是否有损伤。

(2)自制存货，生产部门加工完毕移交于仓库的产品，由仓库部门认真验收合格后，填制产成品入库单，并经双方签字、确认。产品入库单一式四联，存根、仓库、财务、生产部门各一联。

3. 存货的发出

外销，仓库管理员根据订单生成销售出库单并发货，打印销售出库单。内部领用，仓管员根据审核批准后的《领料申请单》发货。

存货日常管理流程图如图 4－2 所示。

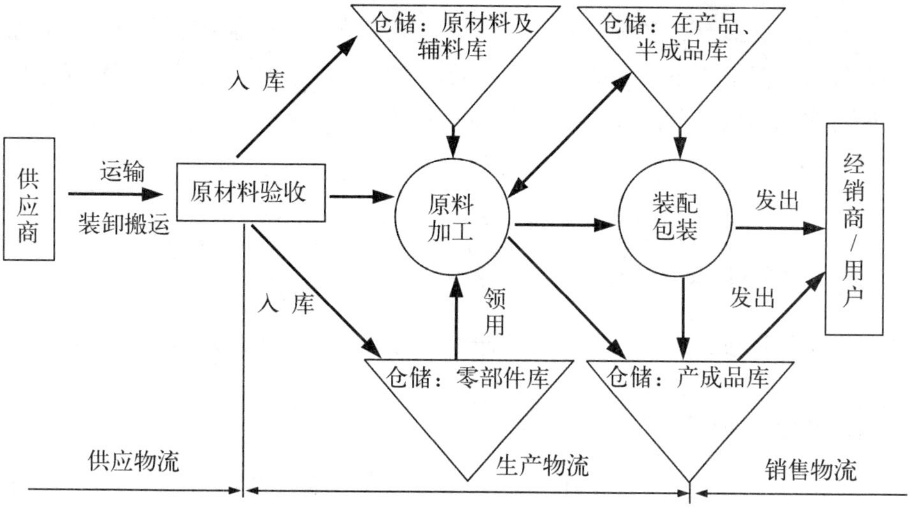

图 4－2　存货日常管理流程图

4. 存货的盘点

企业确定存货的实物数量有两种方法：一种是实地盘存制，另一种是永续盘存制。

（1）实地盘存制。“实地盘存制”又称“定期盘存制”，是指企业平时只在账簿中登记存货的增加数，不记减少数，期末根据清点所得的实存数，计算本期存货的减少数。使用这种方法时，平时的核算工作比较简便，但不能随时反映各种物资的收发、结存情况，不能随时结转成本并把物资的自然和人为短缺数隐含在发出数量之内；同时，由于缺乏经常性资料，不便于对存货进行计划和控制，所以实地盘存制的实用性较差。通常，实地盘存制仅适用于一些单位价值较低、自然损耗大、数量不稳定、进出频繁的特定货物。

（2）永续盘存制。“永续盘存制”又称“账面盘存制”，是指企业设置各种数量金额的存货明细账，根据有关凭证，逐日逐笔登记材料、产品、商品等的收发领退数量和金额，随时结出账面结存数量和金额。采用永续盘存制，可随时掌握各种存货的收发、结存情况，有利于存货管理。

为了核对存货账面记录，永续盘存制同时要求进行存货的实物盘点。盘点可定期或不定期进行，通常在生产经营活动的间隙盘点部分或全部存货；会计年度终了，应进行一次全面的盘点清查，并编制盘点表，保证账实相符，如有不符应查明原因、及时处理。

施工企业会计实务中，存货的数量核算一般采用永续盘存制。但不论采用何种方法，前后各期应保持一致。

存货盘点应由仓库管理人员及独立的会计记账人员和科室存货保管人员共同进行。存货盘点清查，一方面要核对实物的数量，看其是否与相关记录相符、是否账实相符；另一方面也要关注实物的质量，看其是否有明显的损坏。

企业应当建立存货盘点清查工作规程，结合本企业实际情况确定盘点周期、盘点流程、盘点方法等相关内容，定期盘点和不定期抽查相结合。盘点清查时，应拟定详细的盘点计划，合理安排相关人员，使用科学的盘点方法，保持盘点记录的完整，以保证盘点的真实性、有效性。盘点清查结果要及时编制盘点表，形成书面报告，包括盘点人员、时间、地点，实际所盘点存货名称、品种、数量、存放情况以及盘点过程中发现的账实不符情况等内容。对盘点清查中发现的问题，应及时查明原因、落实责任，按照规定权限报经批准后处理。多部门人员共同盘点，应当充分体现相互制衡，严格按照盘点计划，认真记录盘点情况。

三、存货的计价方法

企业对存货的计价，包括存货收入的计价、发出的计价和期末存货的计价。

(一)存货收入的计价

《小企业会计准则》规定：小企业取得的存货，应当按照历史成本进行计量。这表明小企业在持续经营的前提下，存货入账价值的基础应采用历史成本为计价原则。

从理论上讲，凡与存货形成有关的支出，均应计入存货的成本之内。实际工作中，根据存货取得方式的不同，其入账价值的构成也各不相同。

(1)购入存货的实际成本构成如图4－3所示。

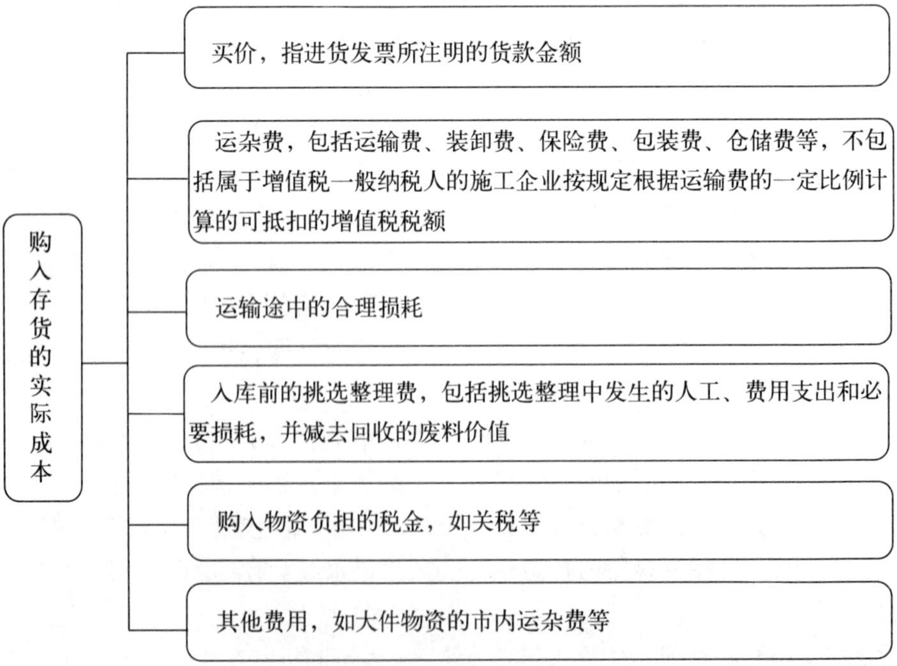

图4－3　购入存货的成本构成

注意：外购存货的成本包括：购买价款、相关税费、运输费、装卸费、保险费以及在外购存货过程发生的其他直接费用，但不含按照税法规定可以抵扣的增值税进项税额。

(2)通过进一步加工取得存货的成本包括：直接材料、直接人工以及按照一定方法分配的制造费用。经过1年期以上的制造才能达到预定可销售状态的存货发生的借款费用，也计入存货的成本。

借款费用，是指施工企业因借款而发生的利息及其他相关成本。包括：借款利息、辅助费用以及因外币借款而发生的汇兑差额等。

(3)投资者投入存货的成本，应当按照评估价值确定。

(4)提供劳务的成本包括：与劳务提供直接相关的人工费、材料费和应分摊的间接费用。

(5)接受捐赠的存货，按规定确定其实际成本，如图4－4所示。

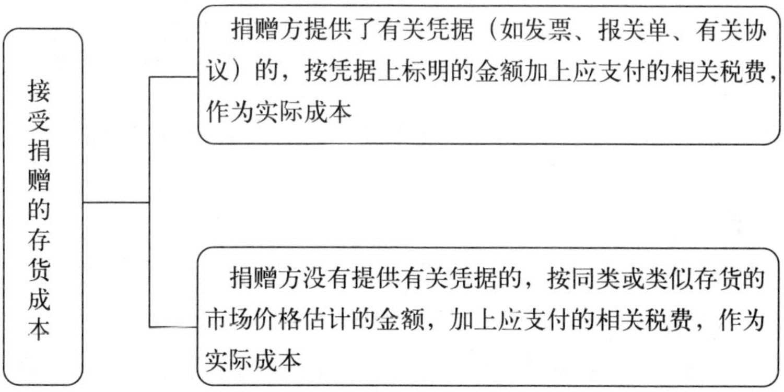

图4－4　接受捐赠的存货成本

(6)施工企业接受的债务人以非现金资产抵偿债务方式取得的存货，或以应收款项换入存货的，按照应收债权的账面价值减去可抵扣的增值税进项税额后的差额，加上应支付的相关税费，作为实际成本。如涉及补价的，按以下规定确定受让存货的实际成本，如图4－5所示。

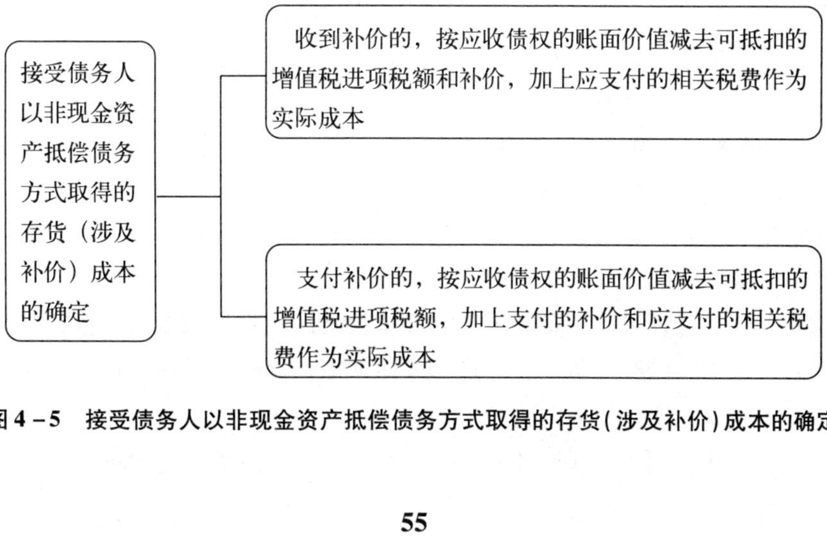

图4－5　接受债务人以非现金资产抵偿债务方式取得的存货(涉及补价)成本的确定

(7)以非货币性交易换入的存货，按换出资产的账面价值减去可抵扣的增值税进项税额加上应支付的相关税费作为实际成本。如涉及补价的，按以下规定确定其换入存货的实际成本，如图4－6所示。

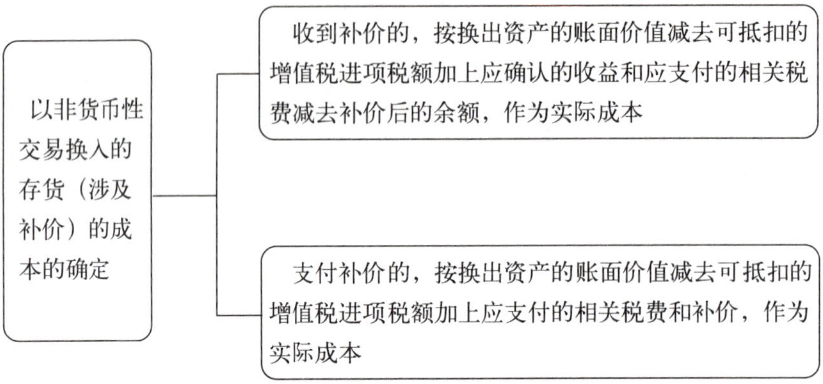

图4－6　以非货币性交易换入的存货(涉及补价)的成本的确定

(8)盘盈存货的成本，应当按照同类或类似存货的市场价格或评估价值确定。

(二)存货发出的计价

在企业生产经营过程中，施工企业的存货始终处于流动状态，即原有存货不断流出，新的存货又不断流入。随时间的推移，相同存货的价格或单位生产成本可能会有明显的差异，因此，企业应当根据各类存货的实际情况，确定发出存货的实际成本。施工企业应当采用先进先出法、加权平均法或者个别计价法确定发出存货的实际成本。计价方法一经选用，不得随意变更。

对于性质和用途相似的存货，应当采用相同的成本计算方法确定发出存货的成本。

对于不能替代使用的存货、为特定项目专门购入或制造的存货以及提供的劳务，采用个别计价法确定发出存货的成本。

对于周转材料，采用一次转销法进行会计处理，在领用时按其成本计入生产成本或当期损益；金额较大的周转材料，也可以采用分次摊销法进行会计处理。出租或出借周转材料，不需要结转其成本，但应当进行备查登记。

对于已售存货，应当将其成本结转为营业成本。

(1)个别计价法，又称个别认定法、具体辨认法、分批实际法。采用这一方法是假设存货的成本流转与实物流转相一致，按照各种存货逐一辨认各批发出存货和期末存货所属的购进批别或生产批别，分别按其购入或生产时所确定的单位成本作为计算各批发出存货和期末存货成本的方法。

采用这种方法，计算发出存货的成本和期末存货的成本比较合理、准确，但这种方法的前提是需要对发出和结存存货的批次进行具体认定，以辨别其所属的收入批次，所以实务操作的工作量繁重，困难较大。

个别计价法适用于容易识别、存货品种数量不多、单位成本较高的存货计价，如房产、船舶、飞机、重型设备、珠宝、名画收藏品等贵重物品。

(2)先进先出法，是指先收到的存货先发出，或先收到的存货先耗用，并根据此假定计算发出存货的成本和期末库存存货成本的方法。具体方法是：收入存货时，逐笔登记金额收入存货的数量、单位和金额，发出存货时，按照先进先出的原则逐笔登记存货的发出成本和结存金额。

【例4-1】宏大公司2014年6月份的A材料存货数据，如表4-3所示。

表4-3　A材料收发结存资料

2014年		摘要	收入		发出数量(千克)	结存数量(千克)
月	日		数量(千克)	单价(元)		
6	1	结存	1 000	10		1 000
6	5	购入	3 000	11		4 000
6	10	发出			3 500	500
6	20	购入	2 000	12		2 500
6	25	发出			2 000	500
6	30	合计	6 000		5 500	500

采用先进先出法计算发出存货和期末存货成本，如表4-4所示。

表4-4　材料明细分类账

2014年		收入			发出			结存		
月	日	数量	单价	金额	数量	单价	金额	数量	单价	金额
6	1							1 000	10	10 000
	5	3 000	11	33 000				1 000 3 000	10 11	10 000 33 000
	10				1 000 2 500	10 11	10 000 27 500	500	11	5 500
	20	2 000	12	24 000				500 2 000	11 12	5 500 24 000
	25				500 1 500	11 12	5 500 18 000	500	12	6 000
合计	30	5 000		57 000	5 500		61 000	500	12	6 000

先进先出法能较真实反映现行价格，可以随时结转存货发出成本，但方法较烦琐；当存货收发业务较多且存货单价不稳定时，其工作量较大。在物价持续上升时，期末存货成本接近于市价，而发出成本偏低、利润偏高，不符合会计谨慎性原则。

(3)加权平均法，是指以本月全部进货数量加上月初存货数量作为权数，去除当月全部进货加上月初存货成本，计算出存货的加权平均单位成本，以此为基础计算当月发出存货的成本和期末存货成本的一种方法。计算公式如下：

存货加权平均单位成本＝［月初库存存货的实际成本＋（本月各批进货的实际单位成本×本月各批进货的数量）］/（月初库存存货数量＋本月各批进货数量之和）

本月发出存货的成本＝本月发出存货的数量×存货加权平均单位成本

本月月末库存存货成本＝月末库存存货的数量×存货加权平均单位成本

【例4－2】以**【例4－1】**资料为例，采用加权平均法计算A材料发出成本和结转成本，如表4－5所示。

表4－5 材料明细分类账

2014年		收入			发出			结存		
月	日	数量	单价	金额	数量	单价	金额	数量	单价	金额
6	1							1 000	10	10 000
	5	3 000	11	33 000				4 000		
	10				3 500			500		
	20	2 000	12	24 000				2 500		
	25				2 000			500		
合计	30	5 000		57 000	5 500	11.17	61 435	500		5 655

加权平均单位成本＝（10 000＋57 000）/（1 000＋5 000）＝11.17（元）。

发出成本＝5 500×11.17＝61 435（元）。

月末存货成本＝67 000－61 345＝5 655（元）。

采用加权平均法，只在月末一次计算加权平均单价，比较简单，而且在市场价格上涨或下跌时所计算出来的单位成本平均化，对存货成本的分摊较为折中，能平均反映销售成本及库存成本。但是，这种方法平时无法从账上提供发出和结存存货的单价及金额，不能很准确地反映销售成本及库存成本，不利于加强对存货的管理。

第二节　材料的会计核算

材料是指施工企业用于制造产品并构成产品实体的原材料、主要材料和外购半成品，以及购入的供生产耗用但不构成产品实体的辅助材料。具体包括原材料及主要材料、辅助材料、外购半成品，修理用的备件、包装材料、燃料等。

一、材料核算设置的主要账户

为加强材料采购、入库和发出的核算，施工企业要设置“材料采购”“在途物资”“原材料”“材料成本差异”等账户。

(一)“材料采购”账户

该账户核算施工企业采用计划成本进行材料日常核算、购入材料的采购成本。

施工企业外购材料，应当按照发票账单所列购买价款、运输费、装卸费、保险费以及在外购材料过程发生的其他直接费用，借记“材料采购”科目；按照税法规定可抵扣的增值税进项税额，借记“应交税费——应交增值税(进项税额)”科目；按照购买价款、相关税费、运输费、装卸费、保险费以及在外购材料过程发生的其他直接费用，贷记“库存现金”“银行存款”“其他货币资金”“预付账款”“应付账款”等科目。

材料已经收到但尚未办理结算手续的，可暂不作会计处理；待办理结算手续后，再根据所付金额或发票账单的应付金额，借记“材料采购”科目，贷记“银行存款”等科目。

(二)“在途物资”账户

该账户核算施工企业采用实际成本进行材料、商品等物资的日常核算，尚未到达或尚未验收入库的各种物资的实际采购成本。

施工企业外购材料、商品等物资，应当按照发票账单所列购买价款、运输费、装卸费、保险费以及在外购材料过程发生的其他直接费用，借记“在途物资”科目；按照税法规定可抵扣的增值税进项税额，借记“应交税费——应交增值税(进项税额)”科目；按照购买价款、相关税费、运输费、装卸费、保险费以及在外购物资过程发生的其他直接费用，贷记“库存现金”“银行存款”“其他货币资金”“预付账款”“应付账款”等科目。

材料已经收到但尚未办理结算手续的，可暂不作会计处理；待办理结算手续后，再根据所付金额或发票账单的应付金额，借记“在途物资”科目，贷记“银行存款”等科目。

(三)“原材料”账户

该账户为资产类账户，用于核算企业库存材料的增减变动和结存情况。借方登记验收入库材料的成本，贷方登记发出材料的成本；余额在借方，表示库存材料的成本。该账户应按照材料的种类设置明细账，进行明细分类核算。

(四)“材料成本差异”账户

该账户核算施工企业采用计划成本进行日常核算的材料计划成本与实际成本的差额。施工企业按照验收入库材料发生的材料成本差异，实际成本大于计划成本的差异，借记“材料成本差异”科目，贷记“材料采购”科目；实际成本小于计划成本的差异编制相反的会计分录。结转发出材料应负担的材料成本差异，按照实际成本大于计划成本的差异，借记"生产成本""管理费用""销售费用""委托加工物资""其他业务成本"等科目，贷记"材料成本差异"科目；实际成本小于计划成本的差异编制相反的会计分录。

本科目期末借方余额，反映施工企业库存材料等的实际成本大于计划成本的差异；贷方余额，反映施工企业库存材料等的实际成本小于计划成本的差异。

二、材料收入和发出的账务处理

(一)材料收入的核算

1. 购入并已验收入库的材料

为了总括反映施工企业材料的收入、发出和结存情况，施工企业应设置"原材料"总账科目。该科目核算施工企业库存的各种材料，包括原料及主要材料、辅助材料、外购半成品(外购件)、修理用备件(备品备件)、包装材料、燃料等的实际成本。

"原材料"账户借方登记入库材料的实际成本，贷方登记发出材料的实际成本，期末借方余额反映施工企业各种材料的实际成本。

对于发票账单与材料同时到达的采购业务，如按规定不能抵扣进项税额的(一般指小规模纳税企业)，按全部成本借记"原材料"科目，贷记"库存现金""银行存款""应付账款"等科目；如按规定可以抵扣增值税进项税额的(一般指一般纳税企业)，应按专用发票上注明的应计入材料成本的金额借记"原材料"科目，按税法规定可抵扣的增值税进项税额，借记"应交税费——应交增值税(进项税额)"科目；按应支付或实际支付的金额贷记"库存现金""银行存款""应付账款"等科目。

【例4－3】2014年5月15日，某施工企业购入材料一批，取得增值税专用发票上注明的材料价款为50 000元，增值税进项税额为8 500元，发票等结算凭证已收到，贷款已通过银行转账支付，材料运到并已验收入库。

借：原材料	50 000
应交税费——应交增值税(进项税额)	8 500
贷：银行存款	58 500

2. 购入尚未入库的材料

如果已经付款，但材料尚未到达或尚未验收入库，应单独设置"在途物资"科目。该科目核算已支付货款但尚未运抵验收入库的材料或商品的成本。该科目的借方登记已经付款但尚未到达或验收入库的存货的实际成本；贷方登记验收入库的材料的实际成本。期末余额在借方，反映施工企业购入但尚未运抵的材料或商品的实际成本。发生此项经济业务时，应根据发票账单等结算凭证，借记"在途物资""应交税费——应交增值税(进项税额)"科目，贷记"银行存款"等科目；待购入的材料、商品等运抵企业并验收入库后，再根据有关原始凭证，借记"原材料"科目，贷记"在途物资"科目。

【例4-4】某施工企业2014年5月17日购入材料一批，取得的增值税专用发票上注明的价款为200 000元，增值税进项税额为34 000元，发票等结算凭证已收到，货款通过银行转账支付，材料尚未入库。

借：在途物资　200 000
　　应交税费——应交增值税(进项税额)　34 000
　　贷：银行存款　234 000

上述材料到达并验收入库后：

借：原材料　200 000
　　贷：在途物资　200 000

3. 投资者投入的材料

投资者投入的材料，按投资各方确认的价值或合同协议约定的价格，借记“原材料”科目；属于增值税一般纳税人的施工企业，应按专用发票上注明的增值税税额借记“应交税费——应交增值税(进项税额)科目，按两者之和贷记“实收资本”科目。

【例4-5】2014年6月20日，某施工企业收到乙企业投入的材料一批，收到的专用发票上注明的增值税进项税额为49 300元，双方确认的价值为300 000元。甲企业的账务处理如下：

借：原材料　300 000
　　应交税费——应交增值税(进项税额)　49 300
　　贷：实收资本——乙企业　349 300

4. 接受捐赠的材料

如捐赠方提供了有关证据的，按凭据上标明的金额加上应支付的相关税费作为实际成本。捐赠方没有提供有关凭据的，按其市场价或同类、类似材料的市场价格估计的金额，加上应支付的相关税费作为实际成本，借记“原材料”科目；按专用发票上注明的增值税税额，借记“应交税费——应交增值税(进项税额)”科目，贷记“其他业务收入”“银行存款”等科目。

【例4-6】某施工企业接受捐赠的甲种材料一批，根据捐赠材料的有关发票确定其价值为50 000，增值税专用发票上注明的税款为8 500元，发生的运输费用为1 000元，企业在收到捐赠的材料时，编制会计分录如下：

借：原材料　50 930
　　应交税费——应交增值税(进项税额)　8 570
　　贷：营业外收入　58 500
　　　　银行存款　1 000

运输费用中应计入的增值税进项税额 = 1 000 × 7% = 70(元)。

（二）材料发出的账务处理

材料发出主要包括材料的领用和销售。

生产经营领用材料，按照实际成本，借记“生产成本”“制造费用”“销售费用”“管理费用”等科目，贷记“原材料”科目。

出售材料结转成本，按照实际成本，借记“其他业务成本”科目，贷记“原材料”科目。

发给外单位加工的材料，按照实际成本，借记“委托加工物资”科目，贷记“原材料”科目。外单位加工完成并已验收入库的材料，按照加工收回材料的实际成本，借记“原材料”科目，贷记“委托加工物资”科目。

【例4－7】某施工企业2014年9月份的材料领用情况如表4－6所示。

表4－6 材料发出汇总表

应贷账户 应借账户	原材料	包装物	合计
生产成本	300 000	25 000	325 000
销售费用	30 000	15 000	45 000
在建工程	17 500		17 500
委托加工物资	18 000		18 000

2014年9月30日，根据“材料发出汇总表”的资料，企业作如下账务处理：

借：生产成本　325 000

　　销售费用　45 000

　　在建工程　17 500

　　委托加工物资　18 000

　　贷：原材料　365 500

　　　　包装物　40 000

第三节　其他存货的会计核算

一、低值易耗品的会计核算

低值易耗品是指单位价值较低，不能作为固定资产的各种用具、设备，如工具、管理用具、玻璃器皿以及生产经营过程中周转使用的包装容器等。

低值易耗品从性质上看和固定资产一样都属于生产资料，可以多次参加周转而不改变其原有的实物形态，在使用过程中需要进行维修，报废时有一定的残值等。但是，和固定资产相比，由于其单位价值较低、使用期限较短、易于损坏、更换频繁，为了简化核算工作，一般将其视为存货进行管理和核算。

（一）低值易耗品核算的账户设置

为了反映低值易耗品收发及结存情况，施工企业应设置“低值易耗品”账户。该账户是资产类账户，借方登记验收入库低值易耗品的实际成本，贷方登记发出低值易耗品的实际成本，余额在借方，反映期末库存低值易耗品的实际成本。该账户按低值易耗品的种类、规格设置明细账，进行明细分类核算。

（二）低值易耗品购进的核算

低值易耗品购进的核算与材料购进的核算基本相同，即对施工企业购入并已验收入库的低值易耗品，按实际成本，借记“低值易耗品”科目；按专用发票注明的增值税税额，借记“应交税费——应交增值税（进项税额）”科目，贷记“银行存款”“应付账款”等科目。对购入尚未验收入库的低值易耗品按实际成本，借记“在途物资”账户；按专用发票上注明的增值税税额，借记“应交税费——应交增值税（进项税额）”科目，贷记“银行存款”“应付账款”等科目。待验收入库时，借记“低值易耗品”科目，贷记“在途物资”科目。

（三）低值易耗品的摊销核算

在编制资产负债表时，我国小会计准则将低值易耗品纳入存货范围，但日常会计核算既不同于存货，也不同于固定资产。低值易耗品成本通常采用一次摊销法进行摊销。金额较大的低值易耗品，也可以采用分次摊销法。

1. 一次摊销法

一次摊销法是指在领用低值易耗品、出租出借包装物等时，将其实际成本一次计入有关费用科目的一种方法。采用一次摊销法时，实际成本在领用时从“低值易耗品”“包装物”等科目一次转入有关费用科目，并不在账上反映其在用价值。采用这一方法时，虽对在用低值易耗品和包装物价值在账上不加核算，仍应加强实物管理，对领用实物数量在领用表等进行登记，或采用以旧换新等办法，以防止丢失或挪用。

一次摊销法核算简便，适用于一次领用低值易耗品价值比较小的情况。如果一次领用低值易耗品的价值较大，采用该法将会造成领用月份成本、费用负担过多，从而影响到产品成本或利润的准确性。此外，一次摊销法会造成账外资产，不利于对账外资产的实物管理，为了弥补这一缺陷，应为账外资产设置“备查登记簿”，以便进行实物监督。

【例4-8】2014年4月2日，某施工企业施工部门领用工具一批，成本23 000元，采用一次摊销法。2014年10月10日，施工部门领用的工具不能继续使用，决定报废。残料已验收入库，价值500元。企业的账务处理如下：

①领用工具时。

借：制造费用　　23 000

　　贷：低值易耗品　　23 000

②工具报废时。

借：原材料　　500

　　贷：制造费用　　500

2. 分次摊销法

分次摊销法是指根据低值易耗品的原价和预计使用期限，将低值易耗品分次摊入成本、费用的方法，适用于使用时间较长、单位价值较高或一次领用数量较大的低值易耗品的摊销。采用分次摊销法时，应加强实物管理并在备查簿上进行登记。

采用分次摊销法，领用低值易耗品时应按照其成本，借记“低值易耗品——在用”科目，贷记“低值易耗品——在库”科目；按照使用次数摊销时，应按照其摊销额，借记“生产成本”“管理费用”“工程施工”等科目，贷记“低值易耗品——摊销”科目。周转材料报废时应补损摊销额，借记“生产成本”“管理费用”“工程施工”等科目，贷记“低值易耗品——摊销”科目；同时按报废周转材料的残料价值，借记“原材料”等科目，贷记“生产成本”“管理费用”“工程施工”等科目，并转销全部已损摊销额，借记“低值易耗品——摊销”科目，贷记“低值易耗品——在用”科目。

分次摊销法虽然能使各月负担的低值易耗品价值比较均衡，但核算工作量较大。因而，这种方法一般适用于单位价值较高、使用期限较长的低值易耗品，或一次领用数量较多、累计价值较大的低值易耗品。该法也会造成账外资产的实物管理问题，同样可设备查簿进行实物监督。

【例4-9】2014年6月，某施工企业的施工部门领用低值易耗品80件，其实际成本共计6 000元，使用期限6个月。上述低值易耗品部分报废，收回残料价值100元，残料入库。根据上述资料编制有关会计分录如下：

①领用时。

借：低值易耗品——在用　　6 000

　　贷：低值易耗品——在库　　6 000

②每月摊销时。

月摊销额=6 000÷6=1 000(元)。

借：制造费用　　1 000

　　贷：低值易耗品——摊销　　1 000

其余月份摊销分录同上。

③残料入库。

借：原材料——其他材料　　100

　　贷：制造费用　　100

④报废注销。

借：低值易耗品——摊销　　6 000

　　贷：低值易耗品——在用　　6 000

二、委托加工物资的会计核算

（一）委托加工物资核算的账户设置

委托加工物资是指施工企业委托其他单位进行加工的各种物资。为了反映和控制委托加工材料的发出及收回，正确计算委托加工材料的实际成本，应设置“委托加工物资”账户。该账户借方登记发出材料的实际成本、支付的加工费和外地运杂费，贷方登记已加工完成并验收入库的材料和退回剩余材料的实际成本，借方余额反映施工企业委托外单位加工但尚未加工完成物资的实际成本。该账户按加工合同设置明细账户。

（二）委托加工物资的账务处理

施工企业发给外单位加工的物资，按实际成本，借记“委托加工物资”科目，贷“原材料”科目。施工企业支付的加工费用、应负担的运杂费等，借记“委托加工物资”“应交税费——应交增值税（进项税额）”等科目，贷记“银行存款”等科目。

需要缴纳消费税的委托加工物资，其由受托方代收代缴的消费税应分情况处理：如物资收回后直接用于销售的，应按受托方代收代缴的消费税，借记“委托加工物资”科目，贷记“应付账款”“银行存款”等科目；如物资收回后用于连续生产的，对于受托方代收代缴的准予抵扣的消费税，应借记“应交税费——应交消费税”科目，贷记“应付账款”“银行存款”等科目。

【例 4－10】2014 年 3 月 5 日，某施工企业供应部发出 2 mm 钢板 300 张，每张单价成本 100 元；委托 M 公司加工成专用模具，支付加工费 2 500 元（增值税略）；加工后收回专用模具 500 个，剩余钢板 20 张退回。有关会计分录如下：

①钢板发出。

借：委托加工物资　　(300 × 100)30 000

　　贷：原材料——钢板　　30 000

②支付加工费。

借：委托加工物资——M 公司　　2 500

贷：银行存款　　2 500

③收回未用钢板。

借：原材料——铁板　　(20×100)2 000

贷：委托加工物资——M 公司　　2 000

④委托加工材料收回入库。

借：低值易耗品——专用模具　　(280×100+2 500)30 500

贷：委托加工物资——M 公司　　30 500

第四节　存货的主要税务问题

一、存货损失赔款不入账

【例 4-11】洪运生产公司由于管理员粗心没有关闭电源导致厂房火灾，生产车间的所有物品均损失，包括电子设备、桌椅、原材料等，共计 50 多万元。对这次火灾造成的损失，公司可以获得保险公司 30 万元的赔偿。公司将损失 50 多万元全部记入"营业外支出"科目，而将保险公司的赔款 30 万元直接购买了损失后需添置的各项设备、原材料等，没有进行任何账务处理。公司年底进行所得税申报时，也没有进行任何纳税调整。

分析：该小型企业发生火灾是由于管理不善造成的，属于非正常损失。按照《小企业会计准则》的规定，存货的非正常损失分两种情况从利润中直接扣除。在扣除过失人或保险公司赔偿和残料价值后，对自然灾害造成的损失应记入"营业外支出"科目，对因其他情况造成的损失应记入"管理费用"科目。

存货损失的会计处理涉及两个税种：

①根据国家税务总局印发的《企业财产损失税前扣除管理办法》规定，因自然灾害、战争、政治事件等不可抗力或者人为管理责任导致的存货损失，需经税务机关审批才能在企业所得税前扣除。

②根据《中华人民共和国增值税暂行条例》第十条规定，下列项目的企业进项税额不得从销项税额中抵扣：(二)非正常损失的购进货物及相关的应税劳务；(三)非正常损失的在产品、产成品所耗用的购进货物或者应税劳务。

如果小型企业不存在增值税抵扣的问题，该公司首先可将损失扣除保险公司的赔偿后再记入"营业外支出"科目，然后再将损失向税务机关申请，经审批才能在企业所得税前扣除，在未经税务机关批准之前，必须先调增应纳税所得额进行补税。

二、免费提供伙食

【例 4-12】鸿达贸易公司招待所为该公司兼营的独立核算单位，为减少付现成本，招聘的员工都免费提供伙食，每天按 20 元标准进行安排，其中早餐 4 元，中餐和晚餐各 8

元，这个价格同时也是对外销售价格。招待所在进行账务处理时，将这部分伙食消耗的原材料等存货与当天提供餐饮服务消耗的其他原材料等存货全部计入当期销售成本，账务处理为借记“主营业务成本”科目，贷记“原材料”或“燃料”等科目，同时因为没有收到钱款，未作确认收入的任何账务处理。年底在申报纳税时，招待所没有进行纳税调整。

分析：招待所免费提供餐饮的行为，从企业获取最大利益的角度来看无可厚非，但是这种行为违反了相关税收法规的规定，属于无偿提供伙食用于职工福利，按规定应补缴企业所得税。

根据《中华人民共和国企业所得税法实施条例》第二十五条规定：企业发生非货币性资产交换，以及将货物、财产、劳务用于捐赠、偿债、赞助、集资、广告、样品、职工福利或者利润分配等用途的，应当视同销售货物、转让财产或者提供劳务，但国务院财政、税务主管部门另有规定的除外。

因此，招待所应将免费提供伙食视同销售，按其对外销售的价格补缴相应的所得税税款。

三、擅自改变计价方法

【例4－13】中建公司2013年选用加权平均法计算发出材料的成本，但2013年上半年由于受多种因素的影响，该材料购进价格开始上涨，为确保利润保持合理水平，从7月份开始公司改用先进先出法计算发出成本。由于在同一会计年度内加权平均法和先进先出交替使用，致使2013年该材料销售成本上升了将近200万元，公司该年度的应纳税所得额也相应减少了200万元，少缴企业所得税50万元。对于该公司未经税务机关批准擅自改变材料计价方法，致使当年度的销售成本升高，从而减少应纳税所得额的行为，税务机关要求公司按原适用的材料计价方法调整结转材料的成本，相应减少该部分材料的成本，并补缴所欠税款。

分析：根据《小企业会计准则》规定，企业可以根据自身的需要选用制度所规定的材料计价方法，但选用的方法一经确定，年度内不能随意变更，如确实需要变更，必须在财务报表中说明变更原因及对财务状况的影响。

但在实际工作中存在随意变更计价方法的问题，违反了会计的一致性、可比性原则，造成会计指标前后各期口径不一致，缺乏可比性。

有些企业甚至人为地通过变更计价方法来调节生产或销售成本，调节当期利润。对此类问题审查人员应查阅有关财务指标，分析对比各个会计期间财务指标有无异常变化，并查阅有关材料明细账；核查各期采用的计价方法是否一致，发现线索后，通过询问当事人等形式查证问题。

第五节　存货的主要审计问题

一、虚转成本隐匿利润

【例4－14】福瑞施工公司按实际成本核算材料，为了达到虚增当期库存商品成本、隐匿利润、少缴税款的目的，该公司到了每月月末都要编制虚假的原始凭证、虚构库存商品发出业务，账务处理为借记“主营业务成本”科目，贷记“库存商品”科目。2013 年，该公司通过这种方式共计虚转库存商品成本 115 万元，少缴企业所得税 28.75 万元，同时存货明细账借方出现红字 28.75 万元。

分析：虚转成本是小型企业常见的调节利润手法，上述问题发生后一般会表现为“库存商品”“产成品”“原材料”等账实不符，存货成本波动较大等。

有些企业在实际工作中不能正确核算，导致存货明细账常常出现红字，原因是存货发出计价不规范或中途变更计价方法，发出价高于账面成本价造成的。

因此，审查人员一般从这些方面入手，审阅被查企业有关存货账户，核对其账实、账账有无不符情况，对比前后各期成本水平，必要时审阅记账凭证和原始凭证，并询问有关业务、仓库当事人，核查有关部门所存原始凭证(如领料单)与会计部门原始凭证是否一致，从中发现疑点，作进一步查证。

二、任意确定计划成本

【例 4 –15】某小型施工公司的原材料按计划成本核算，即采购的原材料不是按实际的采购成本入账，而是按事先确定的计划成本入账，差额记入“材料成本差异”账户，只是在产品销售后才结转材料成本差异。2013 年，该公司为了隐匿利润、逃避所得税，故意确定较高的计划成本，使计划成本远远高于实际成本，表现为“材料成本差异”贷方余额，每月应计原材料成本差异率在 96% ~98% 之间。领用材料时，按计划成本数额转入“生产成本”等账户。但月末结转材料成本差异时，故意以较低的成本差异率(只有 94% 左右)调整发出材料的计划成本。经过调整，全年由此多分摊材料成本差异，少计利润 20 多万元，相应少计所得税 5 万多元。

分析：材料的计划成本是根据计划期的原材料、燃料和动力等的消耗定额、工地定额、费用预算等资料，按规定成本项目计算确定的。它反映了计划期内应达到的平均成本水平，是降低成本的努力目标。

有些企业为了控制超额利润，大都从隐匿收入和虚增成本两个方面进行舞弊。人为提高材料成本差异率、多分摊材料成本差异，是采用计划成本进行日常核算的企业常用的舞弊手段。

上述问题留下的线索一般表现为材料成本差异率与以前各期相比有较大的波动，当期生产成本、销售成本利润等指标呈现较大波动状况等，审查人员可以通过审阅、核实会计资料，复核被查企业有关计算结果等形式发现线索，然后再作进一步的调查、询问和查证。

第五章　以钱生钱之道
——施工企业对外投资的会计核算

第一节　投资概述

一、投资的概念

财务会计中的投资有广义和狭义之分。广义的投资包括对外投资和对内投资：对外投资是企业将企业内部资产让渡给企业外部以谋求经济利益的投资，包括权益性投资、债权性投资、期货投资、房地产投资等；对内投资是企业资产投资，包括固定资产投资、无形资产投资、存货投资等。狭义投资一般仅包括对外投资，不包括对内投资。本章所称的投资是狭义投资中的权益性投资和债权性投资。

从特定企业角度看，投资就是企业为获取收益而向一定对象投放资金的经济行为。投资具有以下特点，如图 5－1 所示。

投资所具有的特点

- 投资是将资产让渡给其他单位所产生的。如施工企业可以用现金购买其他施工企业发行的股票、债券，也可以用固定资产、无形资产让渡给其他单位使用，以获取投资利益
- 投资为企业带来间接的经济利益。投资所增加的经济利益是通过分配获取的。投资所增加的经济利益不是施工企业自身经营产生的，而是将资产让渡给其他单位使用，通过其他单位使用该项资产创造的收益后分配取得的。此外，投资企业也可以通过投资来改善贸易关系，如提供稳定的原料供应、良好的销售网点等来获取利益

图 5－1　投资所具有的特点

投资具有以下作用：

（1）投资是企业获得利润的前提。

（2）投资是企业生存和发展的必要手段。

（3）投资是企业降低风险的重要途径。

二、投资的会计处理

（一）投资的确认

投资的确认主要解决投资入账的时间问题，即企业取得的某项投资，在符合何种条件时才能作为投资入账。

（二）投资的会计核算

投资的会计核算如表5－1所示。

表5－1　投资的会计核算

会计核算	具体内容
初始投资成本的确定	初始投资成本的确定主要解决为取得一项投资发生的支出有多少可以计入投资账户，确认为施工企业的一项资产，并在资产负债表资产方列示的问题。遵循历史成本原则，投资的初始成本是指取得投资时所付出的全部代价，包括买价和其他相关费用。以非货币性资产或通过债务重组方式取得的投资，则应按照相关准则规定的方法确定投资成本
投资持有期间的计量	投资持有期间的计量主要解决是否要调整投资账面价值以及期末按什么价值在报表上反映的问题
投资的期末计价	投资的期末计价主要解决报告期期末投资以什么价值在资产负债表上揭示的问题。根据历史成本原则，投资在资产负债表上应按其账面价值反映

（三）投资损益的确认与计量

投资损益的确认与计量主要解决企业从被投资单位分配的股利和利息、债券溢折价返销以及投资处理或收回所产生的净收入与投资账面价值的差额等，是否计入投资损益，是否全额计入投资收益的问题。

施工企业投资按投资持有期间的长短可以分为短期投资和长期投资，这是投资的基本分类。

第二节　短期投资

短期投资，是指施工企业购入的能随时变现并且持有期间不准备超过1年(含1年)的投资。如施工企业以赚取差价为目的从二级市场购入的股票、债券、基金等。为了核算施工企业短期投资的取得、收取现金股利或利息、处置等业务，企业应当设置“短期投资”“应收股利”“应收利息”“投资收益”等科目。

一、短期投资成本的概念及确定

短期投资是指能够随时变现并且持有时间不准备超过1年（含1年）的投资，包括股票、债券、基金等。短期投资通常易于变现且持有时间较短，不以控制被投资单位等为目的。短期投资应当具备两个条件，如图5－2所示。

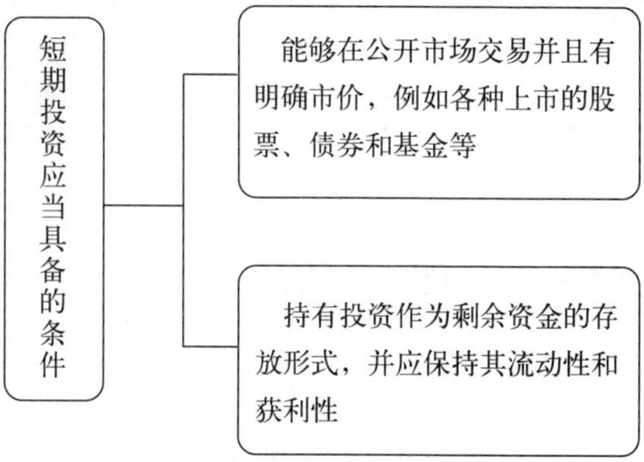

图5－2　短期投资应当具备的条件

企业的投资是作为短期投资还是长期投资，不能仅仅依据持有时间的长短判断，而应该主要依据企业管理部门的意图而定。只要不是以控制被投资单位为目的，而是存放剩余现金，即使短期投资实际持有时间已超过1年，仍可作为短期投资，除非企业管理当局意图改变投资目的。

二、短期投资应设置的账户

短期投资应设置的账户如表5－2所示。

表5－2　短期投资账户的设置

账户	设置方式
“短期投资”账户	借方登记取得短期投资的实际投资成本，贷方登记短期投资处置的成本，期末余额在借方，反映企业持有的各种短期投资的实际成本。“短期投资”账户应按短期投资种类设置明细账，进行明细核算

（续表）

账户	设置方式
“应收股利”账户	核算施工企业因进行股权投资应收取的现金股利或利润，期末余额在借方，反映企业尚未收回的现金股利及利润。“应收股利”账户应按被投资单位设置明细账，进行明细核算
“应收利息”账户	核算施工企业因进行债权投资应收取的利息，期末余额在借方，反映企业尚未收回的债权投资利息。“应收利息”账户应按债券种类设置明细账，进行明细核算
“投资收益”账户	核算企业对外投资所取得的收益或发生的损失。该账户为损益类账户，借方登记投资损失，贷方登记投资收益。期末，企业应将本账户的余额转入“本年利润”账户，结转后应无余额。“投资收益”账户应按投资收益种类设置明细账，进行明细核算

三、短期投资的账务处理

《小企业会计准则》中规定，短期投资应当按照以下规定进行会计处理：

(1)以支付现金取得的短期投资，应当按照购买价款和相关税费作为成本进行计量。实际支付价款中包含的已宣告但尚未发放的现金股利或已到付息期但尚未领取的债券利息，应当单独确认为应收股利或应收利息，不计入短期投资的成本。

(2)在短期投资持有期间，被投资单位宣告分派的现金股利或在债务人应付利息日按照分期付息、一次还本债券投资的票面利率计算的利息收入，应当计入投资收益。

(3)出售短期投资时，出售价款扣除其账面余额、相关税费后的净额，应当计入投资收益。

(一)短期投资的取得

施工企业购入各种股票、债券、基金等作为短期投资的，应当按照实际支付的购买价款和相关税费，借记“短期投资”科目，贷记“银行存款”科目。

施工企业购入股票，如果实际支付的购买价款中包含已宣告但尚未发放的现金股利，应当按照实际支付的购买价款和相关税费扣除已宣告但尚未发放的现金股利后的金额，借记“短期投资”科目；按照应收的现金股利，借记“应收股利”科目；按照实际支付的购买价款和相关税费，贷记“银行存款”科目。

施工企业购入债券，如果实际支付的购买价款中包含已到付息期但尚未领取的债券利息，应当按照实际支付的购买价款和相关税费扣除已到付息期但尚未领取的债券利息后的金额，借记“短期投资”科目；按照应收的债券利息，借记“应收利息”科目；按照实际支付的购买价款和相关税费，贷记“银行存款”科目。

【例5-1】某施工企业于2014年2月以银行存款购入下列公司的股票作为短期投资，如表5-3所示。

表5-3　短期投资表

单位：元

项目	股数(股)	每股单价(元)	税费(元)	投资成本(元)
股票A	20 000	6.50	800	130 800
股票B	5 000	10.00	780	50 780
股票C	40 000	5.60	1 000	225 000
合计				406 580

相关的会计分录如下：

借：短期投资——股票A　130 800

——股票B　50 780

——股票C　225 000

贷：银行存款　406 580

【例5-2】2014年9月12日，A公司以银行存款购入B股份有限公司已宣告但尚未分派现金股利的股票20 000股，作为短期投资进行管理，每股成交价10.5元，其中，0.5元为已宣告但尚未分派的现金股利，股权截止日为9月20日，另支付相关税费10 000元。

A公司的账务处理如下：

借：短期投资——B公司股票　210 000

应收股利——B公司股票　10 000

贷：银行存款　220 000

其中，短期投资成本计算如下：

成交价210 000元(20 000×10.5)

加：支付的相关税费10 000元

减：已宣告尚未分派的现金股利1 000元(20 000×0.5)

短期投资成本210 000元

承上，2014年9月20日，A公司收到原已计入“应收股利”的现金股利10 000元，则：

借：银行存款　10 000

贷：应收股利——B公司股票　10 000

【例 5 -3】 A 公司于 2014 年 2 月 1 日收到 B 公司以其持有的 C 公司债券作价的投资。该债券面值为 60 000 元，年利率为 3.3%，期限为 3 年，到期一次还本付息。B 公司已持有 2 年零 4 个月，双方确认的价值为 65 200 元。A 公司作会计分录如下：

借：短期投资——债券投资(C 公司)　　65 200

　贷：实收资本　　65 200

【例 5 -4】 A 公司销售给 B 公司一批产品，价税共计 117 000 元，由于 B 公司发生资金周转困难，到期不能偿还所欠货款。双方达成债务重组协议，A 公司同意 B 公司将其持有的 C 公司的普通股票 100 000 股清偿债务，该股票每股面值 1 元，每股市价 1.3 元。A 公司将 C 公司的股票作为短期投资。A 公司编制会计分录如下：

借：短期投资——股票投资(C 公司)　　117 000

　贷：应收账款——B 公司　　117 000

(二) 短期投资持有期间的核算

在短期投资持有期间，被投资单位宣告分派的现金股利，借记“应收股利”科目，贷记“投资收益”科目。

在债务人应付利息日，按照分期付息、一次还本债券投资的票面利率计算的利息收入，借记“应收利息”科目，贷记“投资收益”科目。

(三) 短期投资的处置

出售短期投资，应当按照实际收到的出售价款，借记“银行存款”或“库存现金”科目；按照该项短期投资的账面余额，贷记“短期投资”科目；按照尚未收到的现金股利或债券利息，贷记“应收股利”或“应收利息”科目；按照其差额，贷记或借记“投资收益”科目。

第三节　长期股权投资

一、长期股权投资的定义及分类

长期股权投资，是指施工企业准备长期持有的权益性投资。长期股权投资依据对被投资单位产生的影响，分为四种类型，如图 5 -3 所示。

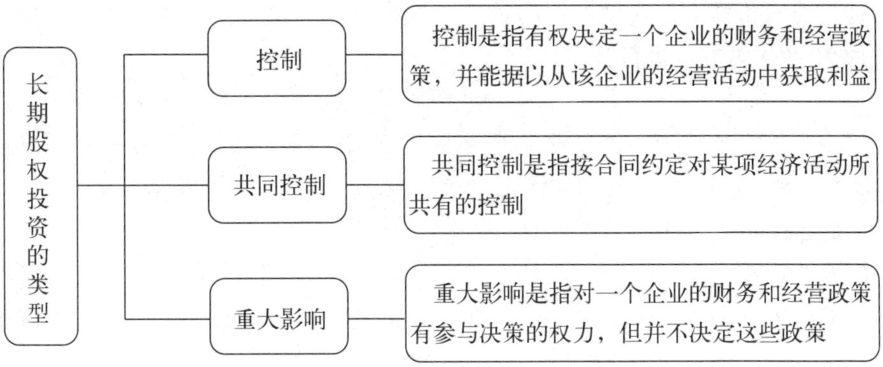

图5－3　长期股权投资的类型

施工企业长期股权投资核算的内容包括：长期股权投资取得时初始投资成本的确定，长期股权投资持有期间的会计处理，长期股权投资的处置、长期股权投资损失的处理等。为此，施工企业应设置“长期股权投资”总账科目。

二、长期股权投资初始成本的确定

长期股权投资初始投资成本应当分情况确定。

(1)以现金购入的长期股权投资，按实际支付的全部价款(包括支付的税金、手续费等相关费用)作为初始投资成本；实际支付的价款中含有已宣告但尚未领取的现金股利的，在计算初始投资成本时应予以扣除。

【例5－5】施工企业A于2014年1月6日购买甲公司发行的股票20 000股准备长期持有，该股票市价为12元。购买时，另支付相关税费2 000元，款项已通过银行存款支付。会计处理如下：

借：长期股权投资——股票投资　　242 000

　　贷：银行存款　　242 000

【例5－6】施工企业A于2014年1月6日购买甲公司发行的股票20 000股准备长期持有，包含已宣告但未发放的股利每股0.2元，该股票市价为12元。购买时另支付相关税费2 000元。款项已通过银行存款支付。会计处理如下：

购买股票时：

借：长期股权投资——股票投资　　238 000

　　应收股利　　4 000

　　贷：银行存款　　242 000

应收股利＝20 000×0.2＝4 000(元)。

投资成本＝20 000×(12－0.2)＋2 000

　　　　＝238 000(元)。

(2)通过非货币性资产交换取得的长期股权投资，应当按照换出非货币性资产的评估价值和相关税费作为成本进行计量。

【例5-7】施工企业A以固定资产对其他单位投资，投出资产的账面原价为2 250 000元，已提折旧为250 000元。另外，支付固定资产清理费用20 000元，该企业应作如下会计处理：

借：固定资产清理　　2 000 000
　　累计折旧　　250 000
　　贷：固定资产　　2 250 000
借：固定资产清理　　20 000
　　贷：银行存款　　20 000

长期股权投资初始投资成本=2 250 000-250 000+20 000=2 020 000(元)。

借：长期股权投资　　2 020 000
　　贷：固定资产清理　　2 020 000

如果施工企业以非现金资产对外投资，按税法规定应交的有关税金，计入长期股权投资的初始投资成本。

三、长期股权投资持有期间的会计处理

《小企业会计准则》中规定，长期股权投资应当采用成本法进行会计处理。

采用成本法核算时，除追加或收回投资外，长期股权投资的账面余额一般应当保持不变。

股权持有期间内，企业应于被投资单位宣告发放现金股利或利润时确认投资收益。按被投资单位宣告发放的现金股利或利润中属于应由本企业享有的部分，借记“应收股利”科目，贷记“投资收益”科目。收到现金股利或利润时，借记“银行存款”科目，贷记“应收股利”科目。

【例5-8】施工企业A于2014年4月2日购入C公司股份200 000股，每股价格12元，另支付相关税费2 000元，A公司购入C公司股份占C公司有表决权资本的3%，并准备长期持有。C公司于2014年5月2日宣告分派2013年度的现金股利，每股0.2元。施工企业的会计处理如下：

①购入时。

借：长期股权投资——C公司　　2 402 000
　　贷：银行存款　　2 402 000

②C 公司宣告分派股利时。

借：应收股利　　(200 000 ×0.2)40 000

　　贷：投资收益　　40 000

四、长期股权投资的处置

处置长期股权投资的投资损益应当在符合股权转让日的条件时才能确认。处置长期股权投资，应当按照处置价款，借记“银行存款”等科目；按照其成本，贷记“长期股权投资”科目；按照应收未收的现金股利或利润，贷记“应收股利”科目；按照其差额，贷记或借记“投资收益”科目。

【例 5 -9】施工企业 A 将作为长期投资核算的甲公司股票 30 000 全部出售，每股售价 11 元，支付相关税费 2 000 元，款项已通过银行收付，该股票账面价值为 303 000 元。会计分录如下：

投资收益 = 出售股票实际收到的价款 - 股票投资账面价值

　　= 328 000 - 303 000 = 25 000（元）。

借：银行存款　　328 000

　　贷：长期股权投资——股票投资　　303 000

　　　　投资收益　　25 000

五、长期股权投资损失的处理

《小企业会计准则》中规定，施工企业长期股权投资符合下列条件之一的，减除可收回的金额后确认的无法收回的长期股权投资，作为长期股权投资损失：

(1)被投资单位依法宣告破产、关闭、解散、被撤销，或者被依法注销、吊销营业执照的。

(2)被投资单位财务状况严重恶化，累计发生巨额亏损，已连续停止经营 3 年以上，且无重新恢复经营改组计划的。

(3)对被投资单位不具有控制权，投资期限届满或者投资期限已超过 10 年，且被投资单位因连续 3 年经营亏损导致资不抵债的。

(4)被投资单位财务状况严重恶化，累计发生巨额亏损，已完成清算或清算期超过 3 年以上的。

(5)国务院财政、税务主管部门规定的其他条件。

长期股权投资损失应当于实际发生时计入营业外支出，同时冲减长期股权投资账面余额。

第四节　长期债券投资

长期债券投资是指施工企业准备长期(1 年以上)持有的债券投资。长期债券投资的核算包括长期债券投资初始成本的确定、长期债券投资利息的计提和溢折价的摊销、长期债券投资处置或到期收回等内容。为此，施工企业需设置“长期债券投资”科目，并按照债券种类和被投资单位分别“面值”“溢折价”“应计利息”进行明细核算。

一、长期债券投资初始成本的确定

长期债券投资应当按照购买价款和相关税费作为成本进行计量。实际支付价款中包含的已到付息期但尚未领取的债券利息，应当单独确认为应收利息，不计入长期债券投资的成本。施工企业购入债券作为长期投资，应当按照债券票面价值，借记“长期债券投资——面值”科目；按照实际支付的购买价款和相关税费，贷记“银行存款”科目；按照其差额，借记或贷记“长期债券投资——溢折价”科目。如果实际支付的购买价款中包含已到付息期但尚未领取的债券利息，应当按照债券票面价值，借记“长期债券投资——面值”科目；按照应收的债券利息，借记“应收利息”科目；按照实际支付的购买价款和相关税费，贷记“银行存款”科目；按照其差额，借记或贷记“长期债券投资——溢折价”科目。

【例 5－10】施工企业 A 在 2013 年 12 月 31 日购进某公司当年 7 月 1 日发行的面值为 2 000 000 元的两年期债券，票面利率 6%，到期还本付息。共支付价款 2 080 000 元，其中包括佣金手续费 10 000 元、6 个月应计利息 60 000 元。会计分录如下：

债券溢价＝2 080 000－2 000 000－60 000＝20 000(元)。

借：长期债券投资——面值	2 000 000	
——溢折价	20 000	
——应计利息	60 000	
贷：银行存款		2 080 000

二、长期债券投资溢折价及利息的计提

(一) 长期债券溢折价及处理

购入长期债券时，按购入价格与债券面值之间的差异可分为按债券面值购入、按高于或低于债券面值的价格购入。溢价或折价购入是由于债券的名义利率(或票面利率)与实际利率(或市场利率)不同而引起的。当债券票面利率高于市场利率，表明债券发行单位实际

支付的利息将高于按市场利率计算的利息，发行单位则在发行时按照高于债券票面价值的价格发行即溢价发行，对购买单位而言则为溢价购入。溢价发行对投资者而言，是为以后多得利息而事先付出的代价；对于发行单位而言，是为以后多付利息而事先得到的补偿。如果债券的票面利率低于市场利率，表明发行单位今后实际支付的利息低于按照市场利率计算的利息，则发行单位按照低于票面价值的价格发行即折价发行，对于购买单位而言是折价购入。折价发行对投资者而言，是为今后少得利息而事先得到的补偿；对发行单位而言，是为今后少付利息而事先付出的代价。

长期债券投资溢价或折价按以下公式计算：

债券投资溢价或折价 =（债券初始投资成本 - 尚未到期的债券利息）- 债券面值

长期债券投资溢价或折价采用直线法摊销。

（二）长期债券投资应收利息的处理

长期债券投资在持有期间发生的应收利息应当确认为投资收益。按照付息方式的不同其处理方式也不同，如图 5－4 所示。

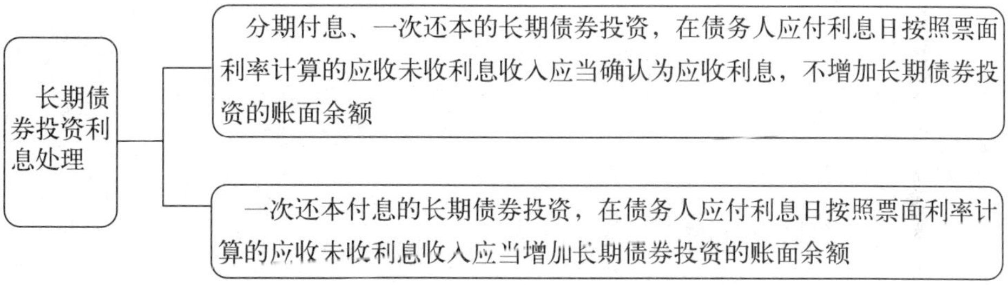

图 5－4　长期债券投资利息处理

【例 5－11】 承【例 5－10】，施工企业在 2014 年 12 月 31 日计提持有债券利息。会计处理如下：

债券利息 = 2 000 000 × 6% = 120 000（元）。

借：长期债券投资——应计利息　　120 000

　　贷：投资收益　　120 000

2015 年末作相同的会计处理。

（三）年度终了计算利息并按直线法摊销溢折价

直线法是将债券的溢折价按债券的还款期限（或付息期数）平均分摊。在直线法摊销溢折价的方法下，每期溢折价的摊销数额相等。

【例5－12】施工企业A于2013年1月2日购入B企业2013年1月1日发行的5年期债券，票面年利率12%，债券面值1 000元。A企业按1 050元的价格购入80张，另付有关税费400元。该债券每年付息一次，最后一年还本金并付最后一次利息。A企业按年计算利息，按直线法摊销溢折价。

购买时的账务处理如下：

借：长期债券投资——面值　　80 000

　　　　　　　　——溢折价　　4 400

　贷：银行存款　　84 400

年度终了计算利息并摊销溢价，如表5－4所示。

表5－4　债券溢价摊销（直线法）

计息	应收股息	利息收入	溢价摊销	未摊销溢价	面值和未摊销溢价之和
日期	(1)＝面值×票面利率	(2)＝(1)－(3)	(3)＝4 400÷5	(4)＝上期(4)－(3)	(5)＝上期(5)－(3)
2013年1月				4 400	84 400
2013年12月	9 600	8 720	880	3 520	83 520
2014年12月	9 600	8 720	880	2 640	82 640
2015年12月	9 600	8 720	880	1 760	81 760
2016年12月	9 600	8 720	880	880	80 880
2017年12月	9 600	8 720	880	0	80 000
合计	48 000	43 600	4 400		

借：应收利息　　9 600

　贷：长期债券投资——溢折价　　880

　　　投资收益　　8 720

各年收到债券利息（除最后一次付息外）：

借：银行存款　　9 600

　贷：应收利息　　9 600

到期还本并收到最后一次利息：

借：银行存款　　89 600

　贷：长期债券投资——面值　　80 000

　　　应收利息　　9 600

三、长期债券投资处置或到期收回的处理

长期债券投资到期，收回长期债券投资，应当按照收回的债券本金或本息，借记“银行存款”等科目；按照其账面余额，贷记“长期债券投资”科目（成本、溢折价、应计利息）；按照应收未收的利息收入，贷记“应收利息”科目。

处置长期债券投资，应当按照处置收入，借记“银行存款”等科目；按照其账面余额，贷记“长期债券投资”科目（成本、溢折价）；按照应收未收的利息收入，贷记“应收利息”科目；按照其差额，贷记或借记“投资收益”科目。

【例5－13】施工企业A持有的两年期债券于2013年1月1日到期。债券面值200 000元，利息30 000元，收回债券本金和利息230 000元存入银行。编制会计分录如下：

借：银行存款	230 000	
贷：长期债券投资——面值		200 000
——应计利息		30 000

第五节 对外投资的主要税务问题

一、投资损失纳税调整

【例5－14】鑫业施工公司2013年度协议转让一项股权投资，初始投资成本为100万元，取得转让所得80万元，会计上确认的投资损失为20万元，年底未作任何纳税调整。税务机关根据相关规定，认为该企业当年股权转让所得中有80万元可以冲减投资成本，但其投资损失20万元应作当期纳税调整，并从以后年度取得的投资收益或转让所得中结转扣除。如果该公司在5年内对其投资损失中的20万元未扣除或未完全扣除，则可在2019年度一次性全额税前扣除。

分析：该公司在会计上的处理没有问题，但根据有关规定，每一纳税年度扣除的股权投资损失不得超过当年实现的股权投资收益和股权投资转让所得，超过部分可向以后纳税年度结转扣除。该公司在投资损失方面没有及时做相应的纳税调整。但企业股权投资转让损失连续向后结转5年，仍不能从股权投资收益和股权投资转让所得中扣除的，准予在该股权投资转让年度后第6年一次性扣除。因此，该公司当年股权转让所得中80万元可以冲减投资成本，其投资损失20万元应作当期纳税调整，并从以后年度取得的投资收益或转让所得中结转扣除。如果该公司在5年内对其投资损失中的20万元未扣除或未完全扣

除，则可在2019年度一次性全额税前扣除。

二、投资成本核算不实

【例5-15】鑫业施工公司2013年以银行存款支付长期股权投资，实际支付的全部价款为65万元，其中包括支付的税金、手续费等相关费用10万元。该公司以55万元作为投资成本入账，账务处理为借记“长期股权投资”科目，贷记“银行存款”科目，而另外10万元直接列支管理费用。

分析：该公司未按规定将实际支付的全部价款作为长期股权投资成本入账，而是将部分相关费用单独核算，减少了当期利润。根据《中华人民共和国企业所得税法》第十四条规定，企业对外投资期间，投资资产的成本在计算应纳税所得额时不得扣除。《小企业会计准则》也规定，长期股权投资在取得时，应按实际成本作为投资成本。因此，该公司不应将10万元冲减管理费用，要调增当期长期股权投资成本。

第六节　对外投资的主要审计问题

一、长期债券投资入账

【例5-16】鑫业施工公司2013年以银行存款50万元购入某公司面值为40万元的长期债券，其中含相关税金及手续费4万元，含已到付息期但尚未领取的债券利息3万元，该公司的账务处理为借记“长期债券投资”50万元，贷记“银行存款”50万元。审计人员在审计时，发现该公司2014年收到了债券发行方支付的债券利息，直接冲减长期债券投资科目，查阅2013年相关账目后发现长期债券投资入账方面存在问题。

分析：这个案例实际上是一个长期债权投资的成本核算问题。根据《小企业会计准则》规定，小企业购入债券作为长期投资，应当按照债券票面价值，借记“长期债权投资(面值)”，按照实际支付的购买价款和相关税费，贷记“银行存款”科目，按照其差额，借记或贷记“长期债权投资(溢折价)”。

如果实际支付的购买价款中包含已到付息期但尚未领取的债券利息，应当按照债券票面价值，借记本科目(面值)，按照应收的债券利息，借记“应收利息”科目，按照实际支付的购买价款和相关税费，贷记“银行存款”科目，按照其差额，借记或贷记本科目(溢折价)。因此，在本例中，长期债券入账时，应借记“长期债券投资——面值”40万元，“长期债券投资——溢折价”7万元，应收利息3万元，贷记“银行存款”50万元。

审查确认债券投资入账价值是否按实际支付款计算，含有应计利息的是否扣除应计利息；查明债券溢价和折价在债券到期前采用直线法予以摊销的正确性；查明对含有应得利息的债券投资其应计利息是否单独核算。

二、股权转让账务处理

【例5-17】新兴公司除先期投入90万元作为红宇公司成立时的注册资本的一部分外，后又投入50万元，共投入140万元。红宇公司于2001年注册资本300万元，至此，红宇公司吸纳股本金共500万元。2013年，新兴公司和职工个人股两个股东代表与外省某县的张某二人签订《股权转让协议书》，将其拥有的红宇公司“100%的股权”以500万元转让给后者。新兴公司在“其他应付款”科目设置“暂收股权转让金”明细科目，核算股权转让金收入、退还股本金和债权、债务清理等，余额为-80.57万元。2013年6月审计时，新兴公司“因未接到上级对该事项账务处理的通知”，仍维持原账务：“长期投资——红宇公司”科目仍挂账140万元，“其他应付款——暂收股权转让金”科目余额仍为-80.57万元。新兴公司认为，因股权转让款已退还股本金和结算完毕，长期投资挂账的140万元实际已损失，结转、垫支的80多万元也是损失。审计时，因红宇公司已转让，相关会计、业务资料已移交公司受让方，而受让方又以原资料对其无用、有的已遗失等理由，无法完整提供，致使相关事项难以核查清楚。

分析：该公司投资损失不真实。新兴公司认为，因股权转让款已退股本金和结算完毕，长期投资挂账的140万元和结转、垫支的80多万元实际已损失。这是一种极其草率、极其不负责任的态度，背后应有隐情。一是按《股权转让协议书》约定，100%的股权转让价金(价格)为500万元(实收493万元)，而股权转让时的总股本为478万元，即使全部按100%退股(法人股不按50%退)，股权转让价金(价格)也足以退还全部股本，但因账面记录退还股本金490万元中，“付退借款及退股本款”109.5万元整和结转“补付退股款冲借款”75.50万元整共185万元，事由和内容含混不清，导致退还股本与原股本对象和金额难以对应。二是“其他应付款——暂收股权转让金”科目发生支付、结转债务66.35万元，代红宇公司支付税金、运费、律师费等27.5万元，退保证金2.47万元，共96.32万元，债权债务关系和往来结算关系十分不明确，致使账面反映的结果严重不真实。审计将此事移交有关部门处理后，最后查清，有关人员欲借股权转让之机，故意使账务笼统、混乱，实际已将新兴公司的退股款120多万元转移账外，准备待上级将投资损失批准核销后私下处理；至于涉嫌低价评估和转让，也是个人为了在受让方承接公司后分得一些股份。有关部门核查后，相关人员受到了应有的处罚。

工作小窍门：对外投资的审计类型和方法

对外投资审计是企业审计的重要内容之一。

长期投资应重点审查以下内容：

(1)审查对外投资明细账，编制对外投资明细审查表并与企业对外投资总账、明细账核对，确定账账、账表是否一致。

(2) 审查各项对外投资合同、协议是否有效，合同、协议规定的投资金额与账表记录的投资金额是否相符。

(3) 审查投资收益是否按合同、协议的规定取得，是否及时入账，有无转移账外的违规行为。

(4) 长期投资到期收回、出售或转让是否经过批准或授权，出售转让的价格是否合理，取得的款项是否及时入账，相应的投资账户是否已作冲减，金额的差异是否已作投资损益处理。

(5) 审查长期投资的可行性报告、有关会议记录纪要等资料，查看投资项目是否经过科学论证和集体充分讨论研究，有无企业领导个人擅自决定投资项目的情况，以确定企业领导应负的经济责任。

(6) 对企业账面长期没有反映投资收益的投资项目，应作为审计的重点审查对象。必要时应采取外调方式进行取证，查明是否存在投资项目经营正常而转移收益或经营亏损造成投资潜亏等问题。

短期投资应重点审查以下内容：

(1) 短期投资有无投资合同协议，投资的资金来源是否合规，所投资的项目内容是否合法。

(2) 短期投资的收益是否及时入账，分配是否合理，相应的会计处理是否正确。

第六章　看得见的财产
——施工企业固定资产的会计核算

第一节　固定资产的确认和初始计量

一、固定资产的概念与特征

固定资产，是指施工企业为生产产品、提供劳务、出租或经营管理而持有的，使用寿命超过 1 年的有形资产。固定资产最基本的特征如图 6－1 所示。

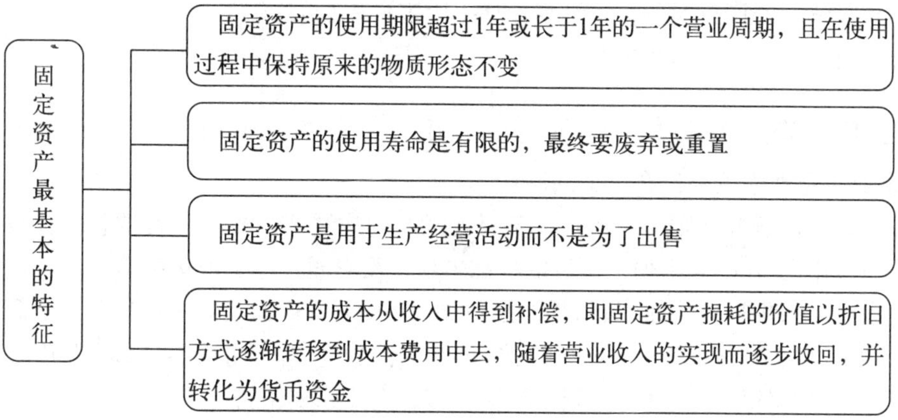

图 6－1　固定资产最基本的特征

施工企业应当根据固定资产的定义，结合本企业的具体情况，制定适合于本企业的固定资产目录、分类方法、每类或每项固定资产的折旧年限、折旧方法和预计净残值，作为进行固定资产核算的依据。

二、固定资产管理实务

固定资产管理是指对固定资产的计划、购置、验收、登记、领用、使用、维修、报废等全过程的管理。

由于固定资产在企业资产总额中一般都占有较大的比例，固定资产管理对确保企业资产安全、完整来说，意义重大。固定资产管理是一项复杂的组织工作，涉及基建部门、财务部门、后勤部门等，必须由这些部门共同联手参与管理。同时，固定资产管理是一项技术性较强的工作，固定资产管理应配备有责任心、工作能力强、懂业务、会计算机操作、踏实肯干的专职人员。固定资产管理一旦失控，所造成的损失将远远超过一般的存货等流动资产。

(一)固定资产管理的意义

固定资产是企业的主要劳动手段，也是发展国民经济的物质基础。它的数量、质量、技术结构标志着企业的生产能力，也标志着国家生产力的发展水平。加强固定资产管理，保证固定资产完整无缺，挖掘固定资产潜力，不断改进固定资产利用情况，提高固定资产使用的经济效益，不仅有利于企业增加产品产量、扩大产品品种、提高产品质量、降低产品成本，而且可以节约国家基本建设资金，以有限的建设资金扩大固定资产规模。

(二)固定资产管理的要求

固定资产管理有如下要求：

(1)固定资产的完整无缺；

(2)固定资产的完好程度和利用效果；

(3)核定固定资产需用量；

(4)计算固定资产折旧额，有计划地计提固定资产折旧；

(5)进行固定资产投资的预测。

(三)固定资产管理中主要存在的问题

固定资产管理中主要存在以下问题：

(1)固定资产预算准则流于形式，对固定资产的购置或处置随意性比较大。对实际支出与预算之间的差异以及未列入预算的特殊事项，没有履行特别的审批程序。

(2)授权审批准则不明确。授权批准控制要求对所有资产的接触、处理均经过适当授权。一些单位没有制定这一程序，不能有效地防止固定资产管理过程中的错误、舞弊与违法行为。

(3)固定资产的管理、使用与财务核算脱节，造成账实不符。

(4)固定资产账簿记录不健全，有的单位对固定资产实行粗放管理，一般只在财务部门建立固定资产明细账，没有建立相应的台账。

(5)不重视对设备的保养或用修理来替代保养，无形中缩短了设备的使用寿命。

(6)盘点准则不健全。对固定资产的定期盘点是验证账面资产是否存在、了解固定资产的放置地点和使用情况以及是否发现未入账固定资产的重要手段。一些单位对存货有完善的定期盘点准则，但对于固定资产一般不进行定期盘点，只在专门进行的清产核资中才对固定资产进行盘点。

(7)内部监督准则不明确。没有安排专门的部门和人员对固定资产的相关内部控制准则的执行情况进行监督和检查。

(四)固定资产管理措施

1. 固定资产投资

固定资产投资是指投资主体垫付货币或物资，以获得固定资产的过程。固定资产投资包括改造原有固定资产投资以及购建新增固定资产投资。

固定资产投资存在回收时间较长、变现能力较差等风险，一旦决策失误，就会严重影响企业的财务状况和现金流量，甚至会使企业走向破产。因此，固定资产投资不能在缺乏调查研究的情况下进行，必须按特定的程序、运用科学的方法进行可行性分析，以保证决策的正确有效。固定资产投资决策的程序一般包括如下几个步骤。

(1)投资项目的提出。

(2)投资项目的评价。

投资项目的评价主要涉及如下四项工作：

①把提出的投资项目进行分类，为分析评价做好准备。

②计算有关项目的预计收入和成本，预测投资项目的现金流量。

现金流量是指投资项目所涉及的在一定时期内的现金流出与现金流入数量的总称，将现金流入量减现金流出量的余额称为净现金流量。投资项目的现金流量由以下三部分组成。

原始投资。即开始投资时发生的现金流量，主要为现金流出量。一般包括：固定资产投资，即房屋和建筑物、机器设备等的购入或建造、运输、安装成本等；流动资产投资，即由于新增固定资产而增加的营运资金；其他投资费用，即与固定资产投资有关的其他费用，如筹建费用、职工培训费；原有固定资产的变现收入表现为现金流入，常见于固定资产更新投资。

固定资产使用中的现金流量。即固定资产在投产后，由于正常业务所引起的现金流量。营业收入是主要的现金流入量，发生的费用是主要的现金流出量。需要注意的是，虽然折旧在会计核算中确认为费用，但是这部分资金并没有流出企业，所以不能作为现金流出量。

固定资产清理的现金流量。即固定资产使用期满，进行清理阶段发生的现金流量，包括收回固定资产的残值、收回原垫付的流动资金等，都是企业的现金流入。计算公式如下：

$$\begin{aligned}\text{现金净流量} &= \text{各年的现金流入量} - \text{各年的现金流出量}\\ &= \text{销售收入} - \text{付现成本} - \text{所得税}\\ &= \text{净利润} + \text{固定资产的折旧额}\end{aligned}$$

③运用各种投资评价指标，把各项投资按可行性的顺序进行排列。

固定资产投资决策的方法很多，其中常用的有以下几种：投资回收期法、投资回收率法、净现值法、现值指数法、内含报酬率法等。净现值法、现值指数法、内含报酬率法等相对而言比较复杂，施工企业投资评价可以采用相对简单的投资回收期法、投资回收率法，如图 6－2 所示。

投资回收期是指收回全部投资所需要的期限。缩短投资回收期可以提高资金的使用效率，降低投资风险，因此，投资回收期是评选投资方案的重要标准。投资回收期一般不能超过固定资产使用期限的一半，多个方案中则以投资回收期最短者为优。

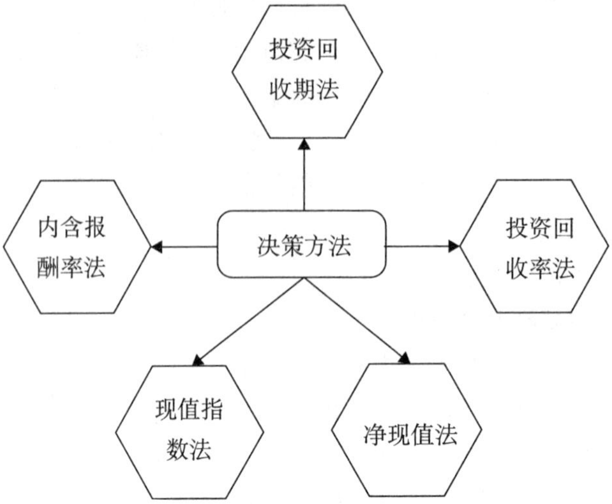

图 6－2　固定资产决策方法

若各年的现金净流量相等，则：

$$投资回收期(年)=投资总额÷年现金净流量$$

若各年的现金净流量不相等，考虑各年年末累计的现金净流量与投资额的关系。如果，原始投资是在第 n 年和第 n＋1 年之间收回，则：

$$投资回收期=n+\frac{第\ n\ 年年末尚未收回的投资额}{第\ n+1\ 年的现金净流量}$$

投资回收率是年均现金净流量与投资总额的比率。投资回收率的高低以相对数的形式反映投资回收速度快慢，投资回收率越高，则方案越优。通过比较各方案的投资回收率，选择投资回收率最高的方案。投资回收率的计算公式如下：

$$投资回收率=年均现金净流量÷投资总额$$

④写出评价报告，请上级批准。

(3)投资项目的决策。

投资项目评价后，企业领导者要作最后决策。最后决策一般可分成以下三种：

①接受这个项目，可以进行投资；

②拒绝这个项目，不能进行投资；

③发还给项目的提出部门，重新调查后再做处理。

(4)投资项目的执行。

决定对某项目进行投资后，要积极筹措资金，实施投资。在投资项目的执行过程中，要对工程进度、工程质量、施工成本进行控制，以便使投资按预算规定保质如期完成。

(5)投资项目的再评价。

2. 固定资产购置

固定资产购置应严格按照施工企业制定的财务管理准则进行。

各部门填写请购单，并由设备部门作技术经济论证，进行询价和价格比较，填写好拟采购设备的名称、规格、型号、性能、质量、估计费用等资料，送相关部门会签并报总经理批准。

对重大工程建设项目，企业应成立专门管理小组。成员应来自企业的工程、审计、财务等部门及使用单位等，共同参与项目论证、公开招标等环节的工作，既体现公平、公正原则，又通过招标等良性竞争手段为企业创造经济效益。

3. 固定资产日常管理

固定资产使用部门或人员负责相关固定资产的管理工作。行政部门或后勤部门对固定资产的安全保管和有效利用进行全面监督，组织参与公司固定资产的清查，针对清查中发现的问题研究改进固定资产的使用和保管措施。对精密贵重以及容易发生安全事故的仪器设备，管理部门应制定具体操作规程，指定专人进行操作。固定资产购建完成后，对设备及时进行测试和清点，并贴上标识铭牌。验收不合格的不得办理结算手续，不得交付使用，并按合同条款及时向有关责任人提出退货或索赔。定期对设备进行盘点，核对账、卡、物，保证账账、账卡、账物相符。

有条件的施工企业，应尽量选用合适的固定资产管理系统，用电脑来管理固定资产数据。要及时对系统中的数据进行清理，查错防漏。固定资产日常管理流程如图 6－3 所示。

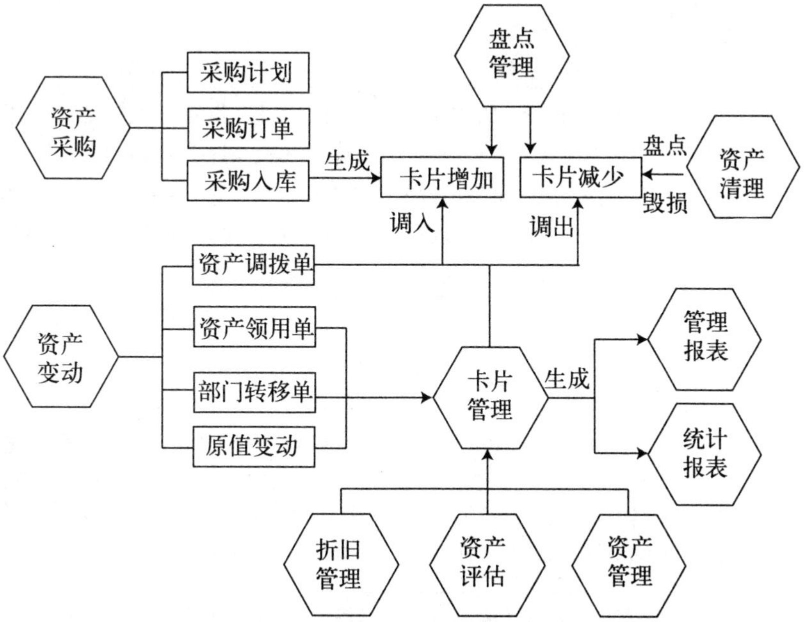

图 6－3　固定资产日常管理流程

4. 固定资产清查

施工企业应定期或者至少每年年末对固定资产进行清查盘点。

(1)固定资产清查的程序：对本单位拥有的固定资产进行实物清点，并登记造册；将实物按品种、数量、型号等与固定资产账进行核对；按照管理权限上报有关情况，并根据批复进行账务处理。

(2)固定资产清查的方法：

①清查前的准备：组成固定资产清查小组，明确责任分工，进行事前的摸查。

②利用账务清理结果，编制盘点用的固定资产明细表。

③实地盘点并核实有关情况。

④根据盘点情况编制“固定资产盘点表”，与基准日“固定资产清查明细表”进行核对，并对盘点中出现的差异情况进行说明。

⑤根据固定资产清查中的问题提出处理意见。

⑥报告清查结果：根据盘点核实结果，填报固定资产盘点明细表；录入固定资产电子卡片；进一步完善固定资产清查明细表；编辑损失材料并呈批。

三、固定资产的初始计量

(一)固定资产取得时的成本确定

固定资产的价值构成是指固定资产价值所包括的范围。它包括企业为购建某项固定资产达到预定可使用状态前所发生的一切合理、必要的支出。固定资产取得时的成本确定如图6－4所示。

固定资产取得时的成本确定

- 外购固定资产的成本包括：购买价款、相关税费、运输费、装卸费、保险费、安装费等，但不含按照税法规定可以抵扣的增值税进项税额。以一笔款项购入多项没有单独标价的固定资产，应当按照各项固定资产或类似资产的市场价格或评估价值比例对总成本进行分配，分别确定各项固定资产的成本
- 自行建造固定资产的成本，由建造该项资产在竣工决算前发生的支出（含相关的借款费用）构成
- 投资者投入固定资产的成本，应当按照评估价值和相关税费确定
- 融资租入的固定资产的成本，应当按照租赁合同约定的付款总额和在签订租赁合同过程中发生的相关税费等确定
- 盘盈固定资产的成本，应当按照同类或者类似固定资产的市场价格或评估价值，扣除按照该项固定资产新旧程度估计的折旧后的余额确定

图6－4 固定资产取得时的成本确定

此外，《小企业会计准则》还规定，与固定资产有关的后续支出，如果使可能流入企业的经济利益超过了原先的估计，如延长了固定资产的使用寿命、使生产的产品质量实质性提高或使生产产品的成本实质性降低等，应将发生的支出计入固定资产价值。固定资产的后续支出中，按上述原则不能计入固定资产价值的部分，应于发生时确认为当期费用。

(二)固定资产核算时的科目设置

固定资产核算应设置“固定资产”“累计折旧”“在建工程”“固定资产清理”等科目，如表6－1所示。

表6－1　固定资产核算的科目设置

科目	设置
“固定资产”科目	本科目核算施工企业生产经营活动中使用的固定资产的原价。借方登记增加固定资产的原价；贷方登记减少固定资产的原价；期末余额在借方，反映施工企业期末固定资产的账面原价。临时租入的固定资产，应当另设置备查簿进行登记，不在本科目核算
“累计折旧”科目	本科目核算施工企业固定资产的累计折旧。借方登记减少固定资产转出的折旧额；贷方登记提取的折旧额；期末余额在贷方，反映施工企业提取的固定资产折旧累计数
“在建工程”科目	本科目核算施工企业进行基建工程、安装工程、技术发行工程等发生的实际支出，包括安装设备的价值。借方登记施工企业出包或自营基建工程达到预定可使用状态前所发生的全部净支出以及改扩建过程中发生的有关支出；贷方登记基建工程达到预定可使用状态转出的实际工程成本；期末余额在借方，反映施工企业尚未完工的基建工程发生的各项实际支出。为了反映在建工程的明细资料，施工企业应设置“建筑工程”“安装工程”“技术改造工程”和“其他支出”等明细科目。 此外，为在建工程需要专门购入的工程物资，购入时应通过“工程物资”科目进行核算，待实际用于在建工程时转入本科目
“工程物资”科目	本科目核算施工企业为建筑工程等购入的各种物资的实际成本，包括为工程设置准备的材料、尚未安装的设置的实际成本等。借方登记企业购入为工程准备的物资和工程完工后完成退库手续的剩余工程物资；贷方登记领用、盘亏、报废、毁损的工程物资；期末余额在借方，反映施工企业为工程购入但尚未领用的材料及购入需要安装设置的实际成本
“固定资产清理”科目	本科目核算施工企业因出售、报废、毁损、对外投资等原因处置固定资产所转出的固定资产账面价值以及在清理过程中所发生的费用等。借方登记转入清理的固定资产账面价值的净值、清理过程中发生的清理费用和应交的税金以及结转的固定资产清理后的净收益；贷方登记收回出售固定资产的价款、残料价值和变价收益、应由保险公司或过失人赔偿的损失以及结转的固定资产清理后的净损失；期末余额在借方，反映施工企业尚未清理完毕固定资产的净值以及清理净收益(清理收益减去清理费用)

(三)固定资产取得的账务处理

1. 购入固定资产

购入不需要安装的固定资产，按实际支付的购买价款、相关税费(不包括按照税法规定可抵扣的增值税进项税额)、运输费、装卸费、保险费等，借记“固定资产”科目；按税法规定可抵扣的增值税进项税额，借记“应交税费——应交增值税(进项税额)”科目；贷记“银行存款”“长期应付款”等科目。购入需要安装的固定资产，先记入“在建工程”科目，待安装完毕交付使用时再转入“固定资产”科目。

【例 6-1】 某施工企业购入机器一台，买价为 200 000 元，增值税 34 000 元，运杂费 8 500 元，均以银行存款付讫，机器设备已交付生产使用。会计分录如下：

借：固定资产　　208 500

　　应交税费——应交增值税(进项税额)　　34 000

　　贷：银行存款　　242 500

【例 6-2】 某施工企业以银行存款向外购入磨床一台，买价 500 000 元，增值税 85 000 元，支付运杂费 1 600 元，安装费用 7 800 元，现已安装完毕，交付生产使用。会计分录如下：

①购入并交付安装。

借：在建工程　　501 600

　　应交税费——应交增值税(进项税额)　　85 000

　　贷：银行存款　　586 600

②发生安装费用。

借：在建工程　　7 800

　　贷：银行存款　　7 800

③安装完毕，交付使用。

借：固定资产　　594 400

　　贷：在建工程　　594 400

2. 自行建造固定资产

自行建造固定资产的成本，由建造该项资产在竣工决算前发生的支出(含相关的借款费用)构成。自行建造固定资产完成竣工决算，按照竣工决算前发生的相关支出，借记“固定资产”科目，贷记“在建工程”科目。施工企业自行建造固定资产包括自营建造和出包建造两种方式。

(1)自营建造固定资产的成本确定。

自营的工程，施工企业购入为工程准备的物资时，应当按照实际支付的购买价款和相关税费，借记“工程物资”科目，贷记“银行存款”科目。领用工程用物资时，应按工程物资的实际成本，借记“在建工程”(建筑工程、安装工程等)科目，贷记“工程物资”等科目。工程领用本企业材料的，应按材料的实际成本加上不能抵扣的增值税进项税额，借记“在建工程”(建筑工程、安装工程等)科目；按材料的实际成本，贷记“原材料”科目；按不能抵扣的增值税进项税额，贷记“应交税费——应交增值税(进项税额转出)”科目。工程完工后，将领出的剩余物资退库时编制相反的会计分录。

在建工程应负担的职工薪酬，借记“在建工程”(建筑工程、安装工程等)科目，贷记“应付职工薪酬”科目。

在建工程领用本企业的商品产品时，按商品产品的实际成本加上应交纳的相关税费，借记“在建工程”(建筑工程、安装工程等)科目；按应交纳的相关税费，贷记“应交税费——应交增值税(销项税额)”科目；按库存商品的实际成本，贷记“库存商品”科目。

在建工程在竣工决算前发生的借款利息，在应付利息日应当根据借款合同利率计算确定的利息费用，借记“在建工程”科目，贷记“应付利息”科目。办理竣工决算后发生的利息费用，在应付利息日，借记“财务费用”科目，贷记“应付利息”等科目。

在建工程在试运转过程中发生的支出，借记“在建工程”科目，贷记“银行存款”等科目；形成的产品或者副产品对外销售或转为库存商品的，借记“银行存款”“库存商品”等科目，贷记“在建工程”科目。

小企业以自营方式建造固定资产，发生的工程成本应通过“在建工程”科目核算，工程完工达到预定可使用状态时，从“在建工程”科目转入“固定资产”科目。

(2)出包建造固定资产的成本确定。

出包工程，按照工程进度和合同规定结算的工程价款，借记“在建工程”科目，贷记“银行存款”“预付账款”等科目。

工程完工收到承包单位提供的账单，借记“固定资产”科目，贷记“在建工程”科目。

【例6-3】某施工企业自行建造仓库一座，购入为工程准备的物资300 000元，支付增值税税额为51 000元。实际领用工程物资345 000元，剩余物资转为存货；另外还领用了生产用的材料一批，实际成本为50 000元，应转出的增值税为8 500元；支付工程人员工资50 000元，应负担的辅助生产成本7 800元。工程达到预定可使用状态并交付使用。会计分录如下：

①购入为工程准备的物资。

借：工程物资	351 000	
贷：银行存款		351 000

对于工程物资，由于增值税的进项税额不予抵扣，因此将增值税的进项税额全部记入工程物资的成本之中。

②领用工程物资。

借：在建工程——建筑工程(仓库)	345 000	

贷：工程物资 345 000

③领用生产材料。

借：在建工程——建筑工程(仓库) 58 500

贷：原材料 50 000

应交税费——应交增值税(进项税额转出) 8 500

④分配工程人员工资费用。

借：在建工程——建筑工程(仓库) 50 000

贷：应付职工薪酬 50 000

⑤应负担的辅助生产成本。

借：在建工程——建筑工程(仓库) 7 800

贷：生产成本——辅助生产成本 7 800

⑥固定资产建造完工，交付生产使用。

借：固定资产 461 300

贷：在建工程——建筑工程(仓库) 461 300

⑦剩余工程物资转为存货。

借：原材料 5 128.21

应交税费——应交增值税(进项税额) 871.79

贷：工程物资 6 000

【例6－4】某施工企业将一幢厂房的工程出包给A企业承建，按规定先预付承包单位工程款800 000元，工程完工后，收到承包单位的有关工程结算账单，补付工程款100 000元，工程完工经验收后交付使用。会计分录如下：

①按规定预付承包单位工程款。

借：在建工程——建筑工程(厂房) 800 000

贷：银行存款 800 000

②收到承包单位账单，补付工程款。

借：在建工程——建筑工程(厂房) 100 000

贷：银行存款 100 000

③工程完工，交付生产使用。

借：固定资产 900 000

贷：在建工程——建筑工程(厂房) 900 000

3. 投资者投入固定资产

取得投资者投入的固定资产，应当按照评估价值和相关税费，借记“固定资产”“在建工程”科目，贷记“实收资本”“资本公积”等科目。

【例6-5】某企业向施工企业投资厂房一幢，该厂房经投资双方确定的价值为800 000元。会计分录如下：

借：固定资产　　800 000

　　贷：实收资本　　800 000

4. 融资租入固定资产

租赁固定资产是施工企业取得资产的方式之一。根据租赁的目的，以与租赁资产所有权有关的风险和报酬归属于出租人或承租人的程度为依据，将租赁分为融资租赁和经营租赁两类。融资租赁是指实质上转移了资产所有权有关的全部风险和报酬的租赁，经营租赁是指融资租赁以外的租赁。

融资租入的固定资产，在租赁期开始日，按照租赁合同约定的付款总额和在签订租赁合同过程中发生的相关税费等，借记“固定资产”或“在建工程”科目，贷记“长期应付款”等科目。

【例6-6】某施工企业以融资租赁方式租入设备一台，租期5年，该设备在租赁开始日按租赁合同确定的价款450 000元，同时以银行存款支付途中运输等费用8 000元。租赁期满，资产产权转归承租企业。会计分录如下：

借：固定资产　　458 000

　　贷：长期应付款　　450 000

　　　　银行存款　　8 000

5. 盘盈固定资产

盘盈的固定资产，按其同类或类似固定资产的市场价格或评估价值，扣除按照新旧程度估计的折旧后的余额，借记“固定资产”科目，贷记“待处理财产损溢——待处理固定资产损溢”科目。经审批后，借记“待处理财产损益——待处理固定资产损溢”科目，贷记“营业外收入”科目。

【例6-7】某施工企业盘盈机器一台，同类机器的市场价格为50 000元，估计折旧35 000元。会计分录如下：

借：固定资产　　15 000

　　贷：待处理财产损溢——待处理固定资产损溢　　15 000

经审批后：

借：待处理财产损溢——待处理固定资产损溢　　15 000

　　贷：营业外收入　　15 000

第二节　固定资产的后续计量

固定资产的后续计量包括固定资产折旧、固定资产后续支出等，施工企业在进行固定资产后续计量时，应根据《小企业会计准则》及国家相关法律法规的规定处理。

一、固定资产的折旧

固定资产折旧是指固定资产在使用过程中逐渐损耗而消失的那部分价值。固定资产损耗的这部分价值，应当在固定资产的有效使用年限内进行分摊，形成折旧费用，计入各期成本。固定资产折旧计入生产成本的过程，即是随着固定资产价值的转移，以折旧的形式在产品销售收入中得到补偿并转化为货币资金的过程。

(一)影响固定资产折旧的因素

影响固定资产折旧的因素是多方面的，主要影响因素如表6－2所示。

表6－2　影响固定资产折旧的因素

影响因素	具体内容
固定资产原值	固定资产原值是指取得固定资产的原始成本，即固定资产的账面原价
固定资产的净残值	固定资产的净残值是指固定资产报废时预计可以收回的残值扣除清理费用后的数额。由于残值可以通过自身的回收得到补偿，因此不需要以折旧的方式收回；而清理费用应该是固定资产使用中的一种必要的追加耗费，应以折旧的方式收回。事实上，在固定资产转入清理前，残值和清理费用都未实际发生，因此计算固定资产折旧时使用的净残值充其量也只是一个预计量。将预计净残值与固定资产原值相比，即为预计净残值率，即： 预计净残值率＝预计净残值/固定资产原值×100%
固定资产的使用年限	固定资产的使用年限就是固定资产可持续使用的时间，其长短直接影响到各期应计提的折旧额。企业在确定固定资产的使用年限时，主要应当考虑下列因素：该资产的预计生产能力或实物产量。该资产的有形损耗，如设备使用中发生磨损、房屋建筑物受到自然侵蚀等。该资产的无形损耗，如因新技术的出现而使现有的资产技术水平相对陈旧、市场需求变化使产品过时等。有关资产使用的法律或者类似的限制。在固定资产使用过程中，企业应当定期对固定资产的使用年限进行复核。如果固定资产使用年限的预期数与原先的估计数有重大差异，则应相应调整固定资产折旧年限
折旧方法	固定资产不同的折旧方法，实质上涉及到固定资产的成本在它的折旧年限内如何分配的问题。《小企业会计准则》规定，小企业应当根据固定资产的性质和使用情况，合理确定其折旧年限和净残值，并考虑固定资产所含经济利益预期实现方式等，选择折旧方法。可选用的折旧方法包括年限平均法、工作量法、年数总和法、双倍余额递减法等。折旧方法一经确定，不得随意变更。如需变更，应将变更的内容及原因在变更当期会计报表附注中说明

(二)固定资产折旧的范围

确定固定资产折旧的范围，一是要从空间上确定哪些固定资产应当提取折旧，哪些固定资产不应当提取折旧；二是要从时间范围上确定应提折旧的固定资产什么时间开始提取折旧，什么时间停止提取折旧。

《小企业会计准则》规定，除下列情况外，施工企业应对所有固定资产计提折旧，如图6－5所示。

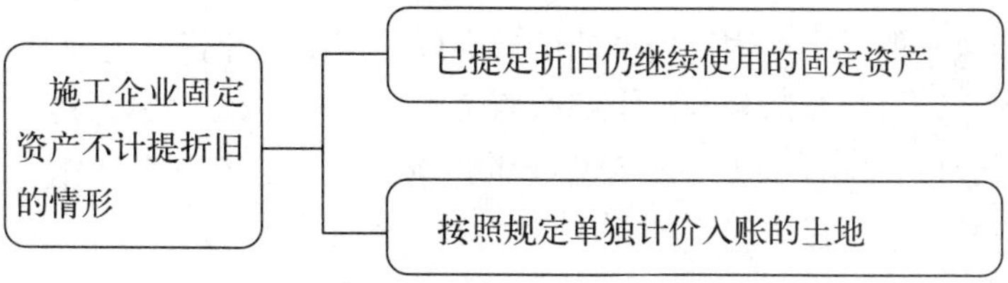

图6－5　施工企业固定资产不计提折旧的情形

已达到预定可使用状态的固定资产，如果尚未办理竣工决算的，应按估计价值暂估入账并计提折旧；待办理了竣工决算手续后，再按照实际成本调整原来的暂估价，但不需要调整原已计提的折旧额。

施工企业对固定资产进行改良后，应当根据调整后的固定资产成本以及本企业的使用情况合理估计折旧年限和净残值，提取折旧。

融资租入的固定资产，应当采用与自有应计折旧固定资产相一致的折旧政策。

在计提固定资产折旧时，还应明确月份中间投入使用的固定资产或月份中间停止使用的固定资产如何处理。《小企业会计准则》规定：企业一般应按月提取折旧，当月增加的固定资产当月不提折旧，从下月起计提折旧；当月减少的固定资产当月照提折旧，从下月起不提折旧。固定资产提足折旧后，不管能否继续使用，均不再提取折旧；提前报废的固定资产也不再补提折旧。所谓提足折旧，是指已经提足该项固定资产应提的折旧总额。

(三)固定资产折旧的方法

企业应当根据固定资产的性质和使用情况并考虑税法的规定，合理确定固定资产的使用寿命和预计净残值。固定资产的折旧方法、使用寿命、预计净残值一经确定，不得随意变更。如需变更，应将变更的内容及原因在变更当期会计报表附注中说明。

1. 年限平均法

又称直线法，是指按固定资产使用年限平均计算折旧的一种方法。按照这种方法计算提取的折旧额，在各个使用年份或月份都是相等的，折旧的积累额呈直线上升趋势。计算公式如下：

固定资产年折旧额＝[固定资产原价－(预计残值收入－预计清理费用)]/固定资产预计使用年限

固定资产月折旧额 = 固定资产年折旧额/12

【例 6-8】某施工企业一项设备原价为 50 000 元，预计使用年限为 10 年，预计残值收入为 4 000 元，预计清理费用为 1 500 元，则：

固定资产年折旧额 = [50 000 - (4 000 - 1 500)] ÷ 10 = 4 750(元)。

固定资产月折旧额 = 4 750 ÷ 12 ≈ 395.83(元)。

在实际工作中，为了反映固定资产在一定时间内的损耗程度和便于计算折旧，企业每月应计提的折旧额一般是根据固定资产的原价乘以月折旧率计算确定的。固定资产折旧率是指一定时期内固定资产折旧额与固定资产原价之比。其计算公式如下：

固定资产年折旧率 = [(固定资产原价 - 预计净残值)/固定资产原价]/固定资产预计使用年限 × 100%

= (1 - 预计净残值率)/固定资产预计使用年限 × 100%

固定资产月折旧率 = 固定资产年折旧率/12

固定资产月折旧额 = 固定资产原价 × 固定资产月折旧率

【例 6-9】承接【例 6-8】，固定资产月折旧额的计算如下：

固定资产年折旧率 = [50 000 - (4 000 - 1 500)]/(10 × 50 000) × 100% = 9.5%。

固定资产月折旧率 = 9.5%/12 = 0.79%。

固定资产月折旧额 = 50 000 × 0.79% = 395(元)。

按年限平均法计算折旧简便易行，但此法只有在固定资产各个期间使用程度比较均衡的情况下才较为合理。

2. 工作量法

工作量法是按固定资产在规定的折旧年限内可以完成工作量的比例计算折旧额的一种方法。这里的工作量指小时数、产量数、行驶里程数、工作台班数等。按照工作量法计算折旧的固定资产的折旧额，应根据固定资产在本期内的工作量和单位折旧额确定。计算公式为：

单位工作量折旧额 = 固定资产原值 × (1 - 预计净残值率)/预计总工作量

某项固定资产月折旧额 = 单位工作量折旧额 × 该项固定资产当月工作量

【例 6-10】某施工企业的一辆运货卡车，原值为 100 000 元，预计总行驶里程为 96 万公里，预计净残值为 4%，本月行驶 5 000 公里。本月的折旧额计算如下：

每公里折旧额 = 100 000 × (1 - 4%)/960 000 = 0.1(元/公里)。

本月折旧额 = 0.1 × 5 000 = 500(元)。

3. 加速折旧法

加速折旧法，是指在固定资产使用的前期多提折旧，从而使固定资产的成本在其折旧年限中加快得到补偿的一种折旧方法。从另一方面看，采用这种方法，每期计提的折旧数额随时间的增加而逐渐减少，因此这种方法也称递减折旧法。

加速折旧法的种类很多，主要有以下几种。

(1)双倍余额递减法。双倍余额递减法，又称为双重余额递减法，是指以固定的、加倍的直线折旧率应用于递减的账面净值来计算折旧的方法。其计算公式如下：

双倍直线年折旧率 =2 ÷ 预计使用年限 ×100%

年折旧额 = 年初固定资产账面净值 × 双倍直线年折旧率

由于每年年初固定资产净值没有扣除预计净残值，因此，在采用这种方法计算折旧额时必须注意不能使固定资产的净值降低到其预计净残值以下，即采用双倍余额递减法计提折旧的固定资产，通常在其折旧年限到期前两年内将固定资产净值扣除预计净残值后的余额平均摊销。

【例6－11】某项固定资产原值为30 000元，预计使用年限为8年，预计净残值为900元。根据计算出的折旧率，计算各年的折旧额如表6－3所示。

表6－3　折旧计算表(双倍余额递减法)

单位：元

年次	年折旧额	累计折旧	账面净值
1	30 000 ×25% =7 500	7 500.00	22 500.00
2	22 500 ×25% =5 625	13 125.00	16 875.00
3	16 875 ×25% =4 218.75	17 343.75	12 656.25
4	12 656.25 ×25% =3 164.06	20 507.81	9 492.19
5	9 492.19 ×25% =2 373.05	22 880.86	7 119.14
6	7 119.14 ×25% =1 779.79	24 660.65	5 339.35
7	(5 339.35 －900)/2 =2 219.68	26 880.33	3 119.67
8	(5 339.35 －900)/2 =2 219.67	29 100.00	900.00

(2)年数总和法。年数总和法，又称年数比例法或年限积数法，是以固定资产的原值减去预计净残值后的净额为基数，以一个逐年递减的分数为折旧率，计算各年固定资产折旧额的一种方法。在这种方法下，计提折旧的基数是固定不变的，折旧率依据固定资产的使用年限来确定，且各年折旧率呈递减趋势，计算出来的折旧额也呈递减趋势。其计算公式如下：

年折旧率 = 尚可使用年数 ÷ 预计使用年数总和 ×100%

年折旧额 =(固定资产原值 － 预计净残值) × 年折旧率

月折旧额 =(固定资产原值 － 预计净残值) × 月折旧率

(四)固定资产折旧的账务处理

固定资产折旧的总分类核算，一般应先编制“固定资产折旧计算表”和“固定资产折旧计算汇总表”，然后再据以进行账务处理。“固定资产折旧计算表”由各车间、各部门分别编制。在平均年限法下，此表是根据月初各类应计折旧的固定资产原值和分类折旧率计算编制的。为了简化核算工作，在实际工作中，往往根据上月计提的固定资产折旧额，加上上月增加的固定资产应计折旧额，减去上月减少的固定资产应计折旧额，来计算本月的折旧额。

对于各车间、各部门编制的“固定资产折旧计算表”，财会部门应进行认真审核，审查应计提折旧的范围、依据和方法是否符合企业会计准则的规定，认真核对表内各数字的计算是否正确。然后，财会部门根据各车间、各部门的“固定资产折旧计算表”，编制整个企业的“固定资产折旧计算汇总表”，作为进行分类核算的依据。

【例6－12】 A企业是一家施工型企业，2013年4月，该企业计提固定资产折旧的情况如表6－4所示。

表6－4 A企业2013年4月折旧计算表

使用部门	固定资产项目	上月折旧额	上月增加固定资产		上月减少固定资产		本月折旧额	分配费用
			原价	折旧额	原价	折旧额		
A部门	厂房	3 000					3 000	制造费用
	机器设备	15 000					15 000	制造费用
	其他设备	900					900	制造费用
	小计	18 900					18 900	
B部门	厂房	2 000					2 000	制造费用
	机器设备	12 000	40 000	200			12 200	制造费用
	小计	14 000	40 000	200			14 200	
C部门	厂房	2 100					2100	制造费用
	机器设备	14 000			30 000	900	13 100	制造费用
	小计	16 100			30 000	900	15 200	
管理部门	房屋建筑	1 200					1 200	管理费用
	运输工具	1 500					1 500	管理费用
	小计	2 700					2 700	
合计		51 700	40 000	200	30 000	900	51 000	

根据上述固定资产折旧计算表编制如下会计分录：

借：制造费用——A部门　　18 900
　　　　　　——B部门　　14 200
　　　　　　——C部门　　15 200
　　管理费用——管理部门　　2 700
　　贷：累计折旧　　51 000

二、固定资产的后续支出

固定资产的后续支出是指固定资产在使用过程中发生的改建支出、修理费用等。施工企业的固定资产投入使用后，由于各个组成部分耐用程度不同或者使用的条件不同，因而往往发生固定资产的局部损坏。为了保持固定资产的正常运转和使用，充分发挥其使用效能，就必须对其进行必要的后续支出。

固定资产的后续支出通常包括固定资产在使用过程中发生的日常修理费、大修理费用、改建支出、房屋的装修费用等。

（一）改建支出

固定资产的改建支出，是指改变房屋或者建筑物结构、延长使用年限等发生的支出。

《小企业会计准则》规定，固定资产的改建支出应当计入固定资产的成本，但已提足折旧的固定资产和经营租入的固定资产发生的改建支出应当计入长期待摊费用。

【例6－13】某企业拥有一条生产线，原值为1 000 000元，累计已计提折旧300 000元，账面价值为700 000元。因偶遇生产的产品市场前景好，现有生产线的生产能力已难以满足企业生产发展的需要，经研究该企业决定对现有生产线进行改扩建，以提高其生产能力。2013年7月1日开始经过4个月的改扩建，完成了对这条生产线的改扩建工程，共发生支出200 000元，假定均为资本化支出且全部以银行存款支付。该生产线改扩建工程达到预定可使用状态后大大提高了生产能力，其使用年限也相应地延长了。不考虑其他相关税费。

会计处理如下：

①2013年7月1日固定资产改扩建时。

借：在建工程	700 000	
累计折旧	300 000	
贷：固定资产		1 000 000

②改扩建生产线发生支出。

借：在建工程	200 000	
贷：银行存款		200 000

③工程完工时。

借：固定资产	900 000	
贷：在建工程		900 000

（二）日常修理支出

固定资产的日常修理费，应当在发生时根据固定资产的受益对象计入相关资产成本或者当期损益。施工企业生产车间(部门)发生的固定资产修理费用等后续支出，借记“制造费用”科目，贷记“银行存款”等科目；行政管理部门等发生的固定资产修理费用等后续支出，借记“管理费用”科目，贷记“银行存款”等科目。

已提足折旧的固定资产的改建支出、经营租入固定资产的改建支出、符合税法规定的固定资产大修理支出通过“长期待摊费用”科目核算，借记“长期待摊费用”科目，贷记“银行存款”等科目。

【例6－14】2013年7月30日，某施工企业对生产车间的一台生产用设备进行日常维修，修理过程中发生的人工费用为7 500元。

会计处理如下：

借：制造费用	7 500	
贷：应付职工薪酬		7 500

第三节　固定资产的处置

施工企业在生产经营过程中，对那些不适用或不需用的固定资产，可以出售转让也可以用固定资产对外投资、捐赠、抵偿债务，还可能由于调拨、盘亏等原因发生固定资产的减少。《小企业会计准则》规定，处置固定资产时，处置收入扣除其账面价值、相关税费和清理费用后的净额应当计入营业外收入或营业外支出。固定资产的账面价值，是指固定资产原价(成本)扣减累计折旧后的金额。盘亏固定资产发生的损失应当计入营业外支出。

一、投资转出的固定资产

投资转出的固定资产，应按转出固定资产的账面价值，借记“固定资产清理”科目；按投出固定资产已提折旧，借记“累计折旧”科目；按投出固定资产的账面原价，贷记“固定资产”科目。按投出固定资产应支付的相关税费，借记“固定资产清理”科目，贷记“银行存款”“应交税费”等科目；按“固定资产清理”科目的账面价值，借记“长期股权投资”科目，贷记“固定资产清理”科目。

【例6－15】某施工企业向外单位投资转出仓库一幢，原价为300 000元，已提折旧60 000元。会计分录如下：

借：固定资产清理	240 000	
累计折旧	60 000	
贷：固定资产		300 000
借：长期股权投资	240 000	
贷：固定资产清理		240 000

二、捐赠转出的固定资产

捐赠转出的固定资产，应按固定资产净值转入“固定资产清理”科目，应支付的相关税费也应通过“固定资产清理”科目进行归集，按“固定资产清理”科目的余额，借记“营业外支出”科目，贷记“固定资产清理”科目。

【例6-16】某施工企业将1台账面原值为50 000元，已提折旧为21 000元的设置捐赠给另一单位，捐出时支付运杂费500元。会计分录如下：

①注销捐赠资产价值。

借：固定资产清理	29 000	
累计折旧	21 000	
贷：固定资产		50 000

②发生清理费用。

借：固定资产清理	500	
贷：库存现金		500

③确认相应的营业外支出。

借：营业外支出——捐赠支出	29 500	
贷：固定资产清理		29 500

三、盘亏的固定资产

盘亏的固定资产，按其账面净值，借记“待处理财产损溢——待处理非流动资产损溢”科目；按已提折旧，借记“累计折旧”科目；按固定资产原价，贷记“固定资产”科目。

【例6-17】某施工企业盘亏机器一台，原价58 000元，已提折旧48 000元。会计分录如下：

借：待处理财产损溢——待处理非流动资产损溢	10 000	
累计折旧	48 000	
贷：固定资产		58 000

四、出售、报废和毁损等原因减少的固定资产

出售、报废和毁损等原因减少的固定资产，按固定资产账面净值，借记“固定资产清理”科目；按已提折旧，借记“累计折旧”科目；按固定资产原价，贷记“固定资产”科目。

(一)固定资产出售

施工企业固定资产主要为本企业生产经营使用，但对某些不需要的资产也可以转让。

【例6-18】某施工企业出售不需用的车床一台，原始价值120 000元，已提折旧45 000元。用银行存款支付清理费用3 000元，取得变卖收入80 000元。会计分录如下：

①转入清理时。

借：固定资产清理	75 000	
累计折旧	45 000	
贷：固定资产		120 000

②发生清理费用时。

借：固定资产清理	3 000	
贷：银行存款		3 000

③取得变卖收入时。

借：银行存款	80 000	
贷：固定资产清理		80 000

④结转清理净收益时。

借：固定资产清理	2 000	
贷：营业外收入		2 000

(二)固定资产的报废和毁损

固定资产到了预计使用年限或因其他特殊原因丧失了生产能力不能继续使用时，要办理报废手续，转入清理。

【例6-19】某施工企业的W机器设备已到规定的使用年限，决定实行报废，该机器的原始价值为40 000元，预计的净残值率为3%。清理过程中，实际支付清理费用800元，取得残料变价收入1 800元。会计分录如下：

该项机器的预计残值=40 000×3%=1 200(元)。

由于该机器已到规定的使用年限，故：

已提折旧数额=40 000-1 200=38 800(元)。

①注销固定资产和累计折旧的价值时。

借：固定资产清理	1 200	
累计折旧	38 800	
贷：固定资产		40 000

②支付清理费用时。

借：固定资产清理　　800

　　贷：银行存款　　800

③取得残料变价收入时。

借：银行存款　　1 800

　　贷：固定资产清理　　1 800

④结转清理净损失时。

借：营业外支出　　200

　　贷：固定资产清理　　200

第四节　固定资产的主要税务问题

一、违反规定，少计折旧

【例6－20】鸿星装饰设计有限公司2013年1月购置了一批设备，价值21万元。由于技术进步，该设备的更新换代较快，因此该公司考虑用加速折旧的方法计提折旧，同时还可以多反映些成本，少计些利润。从2013年1月开始，该公司用年数总和法计提折旧，折旧年限5年，当年实际计提7万元。该公司当年按利润表反映的利润进行纳税申报，没有进行应纳税所得额调整。

分析：该公司在账务处理中犯了两个错误：

(1)没有按规定进行纳税调整。

(2)没有按规定时间计提折旧。

根据《中华人民共和国企业所得税法实施条例》第五十九条规定，固定资产按照直线法计算的折旧，准予扣除。企业应当自固定资产投入使用月份的次月起计算折旧；停止使用的固定资产，应当自停止使用月份的次月起停止计算折旧。企业应当根据固定资产的性质和使用情况，合理确定固定资产的预计净残值。固定资产的预计净残值一经确定，不得变更。因此，该公司首先应进行账务调整，将2013年1月份提取的折旧进行更正，其次在纳税申报时应按直线法与年数总和法计提折旧的差额进行纳税调整。

二、张冠李戴，列支费用

【例6－21】鸿星装饰设计有限公司由于资金紧张，从某租赁公司融资租赁了6辆运输卡车用于物资采购和销售产品的运输，租赁公司为其开具了租赁发票，鸿星装饰设计有限公司将租赁费金额在“管理费用”科目核算。税务机关在对鸿星装饰设计有限公司进行审计的过程中，发现鸿星装饰设计有限公司大量报销车辆的费用，但在固定资产的账上却未发现，经核实才发现该公司融资租赁固定资产却按经营租赁记账的事实。

分析：融资租赁与经营租赁的区别：

融资租赁是指实质上转移了与资产所有权有关的全部风险和报酬的租赁。其所有权最终可能转移，也可能不转移。

经营租赁是指除融资租赁以外的其他租赁。经营租赁资产的所有权不转移，租赁期届满后，承租人有退租或续租的选择权，而不存在优惠购买选择权。比如在租赁期届满时，租赁资产的所有权转移给承租人。

鸿星装饰设计有限公司租赁的部分物品是固定资产没有问题，但是融资性租赁产品必须按固定资产管理，并计提折旧。

(1)在审计类似问题时，只需要仔细理解相关法律法规的规定，根据范围进行认定即可。在确认融资租赁和经营租赁时，还要根据租赁合同按固定资产租赁时间的长短、金额的大小、到期资产的处理等具体情况分析确定。

(2)符合下列一项或数项标准的，应当认定为融资租赁：

①在租赁期届满时，租赁资产的所有权转移给承租人。

②承租人有购买租赁资产的选择权，所订立的购买价款预计将远低于行使选择权时租赁资产的公允价值，因而在租赁开始日就可以合理确定承租人将会行使这种选择权。

③即使资产的所有权不转移，但租赁期占租赁资产使用寿命的大部分。

④承租人在租赁开始日的最低租赁付款额现值，几乎相当于租赁开始日租赁资产公允价值；出租人在租赁开始日的最低租赁收款额现值，几乎相当于租赁开始日租赁资产公允价值。

⑤租赁资产性质特殊，如果不作较大改造，只有承租人才能使用。

第五节　固定资产的主要审计问题

一、固定资产划分不清

【例6-22】2014年1月同福公司购置一辆摩托车，价值为5 000元，该公司会计认为这是一次摊销费用，将购置摩托车的会计账务做以下处理：

借：周转材料——低值易耗品　　5 000

　　贷：银行存款　　5 000

审计人员在盘点该公司固定资产实物时，调阅相关凭证时发现了这一情况，该公司经理本以为可以瞒天过海，却不知等待他的将是严厉的处罚。

分析：根据财务制度规定，企业固定资产的构成是：使用期限在一年以上的房屋、建筑物、机器、设备、器具、工具等；不属于经营主要设备的物品，单位价值在2 000元以上并且使用年限超过两年的也构成固定资产，不具备上述条件的应列作低值易耗品。

从以上案例，我们可以看出：有的企业将属于低值易耗品的物品列作固定资产，有的企业将属于固定资产的物品列作低值易耗品，其结果不仅造成核算上的混淆不清，也造成了二者的价值在向生产经营成本、费用转移形成和水平上的不合规、不合理。

由此可见，企业为了增加成本、费用，将符合固定资产标准的物品划入低值易耗品，进行一次摊销或分次摊销，或为了减少当期成本、费用将符合低值易耗品标准的物品划入固定资产进行管理，延缓其摊销速度。这种混淆划分标准的行为，不仅导致资产结构的变化，使固定资产与存货之间发生此消彼长的关系，还会使会计信息产生错报，直接影响投资者的决策。

二、良莠不分，计提折旧

【例6－23】鸿星装饰设计有限公司于2013年成立，经营场地采用了租赁的方式。此外，该公司还租赁了电力设备、运输设备以及办公设备等，每年支付租金10万元。除部分办公桌椅没有按固定资产入账而直接按费用列支外，该公司将电力设备、运输设备以及办公设备等全部按固定资产入账，作为固定资产管理，其账务处理为借记“固定资产”科目，贷记“银行存款”科目，并按月提取折旧，折旧额计入管理费用。年底，公司没有进行任何纳税调整。

分析：鸿星装饰设计有限公司明显错误理解了计提固定资产折旧的范围，租赁的资产中只有融资租赁的资产必须计提折旧，而经营租赁的资产不用计提折旧。

(1)按《中华人民共和国企业所得税法实施条例》规定，企业应计提折旧的固定资产为：

①房屋和建筑物；

②在用的机器设备、仪器仪表、运输工具、工具器具；

③季节性停用、大修理停用的固定资产；

④融资租入和以经营租赁方式租出的固定资产。

(2)不应计提折旧的固定资产为：

①房屋、建筑物以外的未使用、不需用固定资产；

②以经营租赁方式租入的固定资产；

③已提足折旧继续使用的固定资产；

④按规定单独估价作为固定资产入账的土地。

因此，该公司不应再提取折旧费用，上述已提取的折旧费用应全部转回，同时补缴漏缴的企业所得税。

第七章　看不见的价值——施工企业无形资产和长期待摊费用的会计核算

第一节　无形资产

一、无形资产概述

（一）无形资产的定义与特征

无形资产，是指企业为生产产品、提供劳务、出租或经营管理而持有的、没有实物形态的可辨认非货币性资产，企业的无形资产主要包括商标权、专利权、非专利技术、著作权和土地使用权等。

《小企业会计准则》中还规定：自行开发建造厂房等建筑物，相关的土地使用权与建筑物应当分别进行处理。外购土地及建筑物支付的价款应当在建筑物与土地使用权之间按照合理的方法进行分配；难以合理分配的，应当全部作为固定资产。

无形资产与其他资产相比，具有以下主要特征，如表7－1所示。

表7－1　无形资产具有的特征

特征	具体内容
非实体性	一方面，无形资产没有人们感官可感触的物质形态，只能从观念上感觉它，或者表现为人们心目中的一种形象，或者以特许权形式表现为社会关系；另一方面，它在使用过程中没有有形损耗，报废时也无残值
垄断性	无形资产的垄断性表现在以下几个方面：有些无形资产在法律准则的保护下，禁止非持有人无偿地取得，排斥他人的非法竞争，如专利权、商标权等；有些无形资产的独占权虽不受法律保护，但只要能确保秘密不泄露于外界，实际上也能独占，如专有技术、秘诀等；还有些无形资产不能与企业整体分离，除非整个企业产权转让，否则别人无法获得，如商业信誉等
不确定性	一方面，无形资产的有效期受技术进步和市场变化的影响，很难准确确定；另一方面，在有效期内，无形资产对企业带来的收益总额以及价值实现方式与有形资产相比也具有不确定性

（续表）

特征	具体内容
共享性	是指无形资产有偿转让后，可以由几个主体同时共有，而固定资产和流动资产不可能同时在两个或两个以上的企业中使用，例如，商标权受让企业可以使用，同时出让企业也可以使用
高效性	无形资产能给企业远远高于其成本的经济效益。企业无形资产越丰富，则其获利能力越强，反之，企业的无形资产短缺，则企业的获利能力就弱，市场竞争力也就越差

(二)无形资产的内容

《小企业会计准则》按无形资产的可辨认性对无形资产进行分类。无形资产可分为可辨认无形资产和不可辨认无形资产。可辨认无形资产包括专利权、非专利技术、商标权、著作权、土地使用权等，不可辨认无形资产是指商誉。具体内容如表7－2所示。

表7－2　无形资产的内容

项目	内容
专利权	是指国家专利主管机关授予发明创造专利申请人，对其发明创造在法定期限内所享有的专有权利，包括发明专利权、实用新型专利权和外观设计专利权等
非专利技术	也称专有技术，是指不为外界所知、在生产经营活动中已采用了的、不享有法律保护的各种技术和经验。非专利技术一般包括施工专有技术、商业贸易专有技术和管理专有技术等
商标权	商标是用来辨认特定的商品或劳务的标记。商标权指专门在某类指定的商品或产品上使用特定的名称或图案的权利。商标权包括独占使用权和禁止权两个方面。独占使用权指商标权享有人在商标的注册范围内独家使用其商标的权利，禁止权指商标权享有人排除和禁止他人对商标独占使用权进行侵犯的权利
著作权	又称版权，指作者对其创作的文学、科学和艺术作品依法享有的某些特殊权利。著作权包括两方面的权利，即精神权利(人身权利)和经济权利(财产权利)。前者指作品署名、发表作品、确认作者身份、保护作品的完整性、修改已经发表的作品等项权利
土地使用权	指国家准许某企业在一定期间内对国有土地享有开发、利用、经营的权利。根据我国土地管理法的规定，我国土地实行公有制，任何单位和个人不得侵占、买卖或者以其他形式非法转让。企业取得土地使用权的方式大致有行政划拨取得、外购取得和投资者投入取得等几种形式
商誉	商誉由于是与企业整体相连的，不能脱离企业而单独存在，因而商誉是不能具体辨认的。商誉是企业由于种种原因在用户中享有较高信誉、经营情况特别良好而形成的高于同行业一般水平的获利能力

其中，非专利技术与专利技术比较如表 7－3 所示。

表 7－3　非专利技术与专利技术比较

	非专利技术	专利技术
存在条件	保密	法律保护
时效性	无时间限制	有时间限制
保密性	技术内容保密	技术内容公开
技术要求	不一定是发明创造，但必须是成熟的、行之有效的	必须有新颖性、创造性和实用性
技术形态	是动态的，其内容可以发展改进，是可变的	是静态的，其内容是固定不变的
存在方式	以书面表示或存在于人们的头脑中	以书面表示

二、无形资产的确认与计量

（一）无形资产的确认

无形资产确认是指将符合无形资产确认条件的项目，作为企业的无形资产加以记录并将其列入企业资产负债表的过程。《小企业会计准则》规定，企业自行开发无形资产发生的支出，同时满足下列条件的，才能确认为无形资产，如图 7－1 所示。

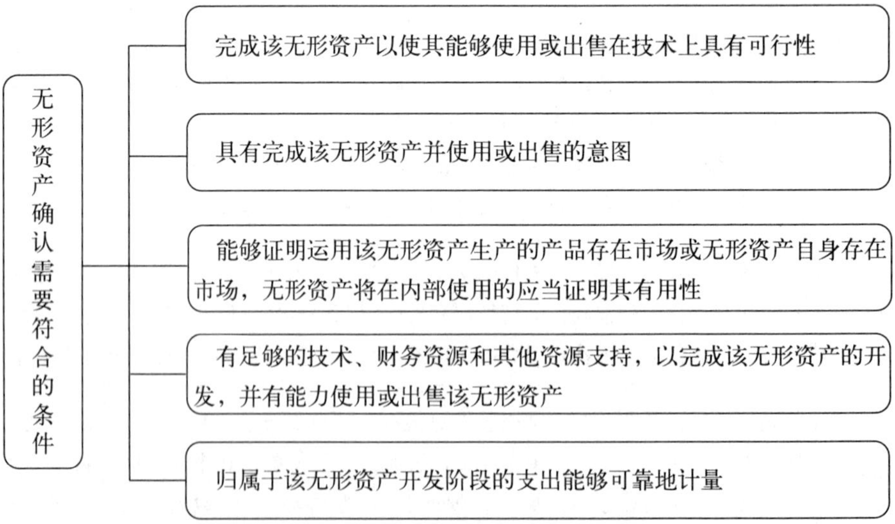

图 7－1　无形资产确认需要符合的条件

（二）无形资产的计价

《小企业会计准则》按无形资产取得方式的不同，对无形资产成本的确定作了明确的规定，如图 7－2 所示。

无形资产成本的确定

- 外购无形资产的成本包括：购买价款、相关税费和相关的其他支出（含相关的借款费用）
- 投资者投入的无形资产的成本，应当按照评估价值和相关税费确定
- 自行开发的无形资产的成本，由符合资本化条件后至达到预定用途前发生的支出（含相关的借款费用）构成

图7－2　无形资产成本的确定

三、无形资产的账务处理

(一)无形资产取得的核算

施工企业应设置“无形资产”账户核算无形资产的取得、价值摊销及处置等。该账户是资产类账户，借方反映企业所取得的各种无形资产的价值；贷方反映企业无形资产的摊销和处置；期末余额在借方，反映尚未摊销的无形资产价值。该账户按无形资产项目设置明细账户进行明细核算。

1. 外购无形资产

施工企业外购无形资产，应当按照实际支付的购买价款、相关税费和相关的其他支出(含相关的利息费用)，借记“无形资产”科目，贷记“银行存款”“应付利息”等科目。

【例7－1】某施工企业从外部单位购买A项专利权，价款为350 000元。发生业务洽谈、技术考察等相关费用9 800元，价款已从银行存款中付讫。会计分录如下：

借：无形资产——专利权　　359 800

　　贷：银行存款　　359 800

企业整体购买另一企业时，购入商誉的成本应根据企业支付的价款扣除被收购企业可辨认资产的公允价值减去负债后的余额确定。

2. 投资者投入无形资产

收到投资者投入的无形资产，应当按照评估价值和相关税费，借记“无形资产”科目，贷记“实收资本”“资本公积”科目。

【例7－2】某施工企业收到A公司投入的一项专利技术，合同约定的价值为360 000元。根据此经济业务，该企业作会计分录如下：

借：无形资产　　360 000

　　贷：实收资本　　360 000

3. 自行开发取得无形资产

施工企业内部研究开发项目所发生的支出应区分研究阶段支出和开发阶段支出。企业应当设置“研发支出”科目，核算企业进行研究与开发无形资产过程中发生的各项支出，按照研究开发项目，分别“费用化支出”与“资本化支出”进行明细核算。

研究阶段的支出全部费用化：支出发生时，借记“研发支出——费用化支出”科目，贷记“银行存款”等科目；期末（含月末），借记“管理费用”科目，贷记“研发支出——费用化支出”科目。

开发阶段的支出分两种情况：一是不满足资本化条件的支出，发生时，借记“研发支出——费用化支出”科目，贷记“银行存款”等科目；期末（含月末），借记“管理费用”科目，贷记“研发支出——费用化支出”科目。二是满足资本化条件的支出：发生时，借记“研发支出——资本化支出”科目，贷记“银行存款”等科目；期末（含月末），研究开发项目达到预定用途形成无形资产的，应按“研发支出——资本化支出”科目的余额，借记“无形资产”科目，贷记“研发支出——资本化支出”科目；如果该无形资产并未开发完成达到预定用途，则应当将“研发支出——资本化支出”中的余额列示于资本负债表项目中的“开发支出”项目。

【例7－3】某施工企业为研制某项专利，研究阶段发生费用100 000元，开发阶段符合资本化条件的支出为30 000元，现公司已取得这项专利权，则应编制如下分录：

①研究阶段发生费用时。

借：研发支出——费用化支出	100 000	
贷：银行存款		100 000

期末，将研究费用转入管理费用。

借：管理费用	100 000	
贷：研发支出——费用化支出		100 000

②开发阶段符合资本化条件的支出。

借：研发支出——资本化支出	30 000	
贷：银行存款		30 000

开发项目达到预定用途形成无形资产时。

借：无形资产	30 000	
贷：研发支出——资本化支出		30 000

（二）无形资产的摊销

《小企业会计准则》中规定：无形资产应当在其使用寿命内采用年限平均法进行摊销，根据其受益对象计入相关资产成本或者当期损益。无形资产的摊销期自其可供使用时开始至停止使用或出售时止。有关法律规定或合同约定了使用年限的，可以按照规定或约定的使用年限分期摊销。

摊销无形资产价值时，借记“制造费用”“管理费用”等科目，贷记“累计摊销”科目。如预计使用年限超过了相关合同规定的受益年限或法律规定的有效年限，其摊销年限应按以下原则确定，如图 7 – 3 所示。

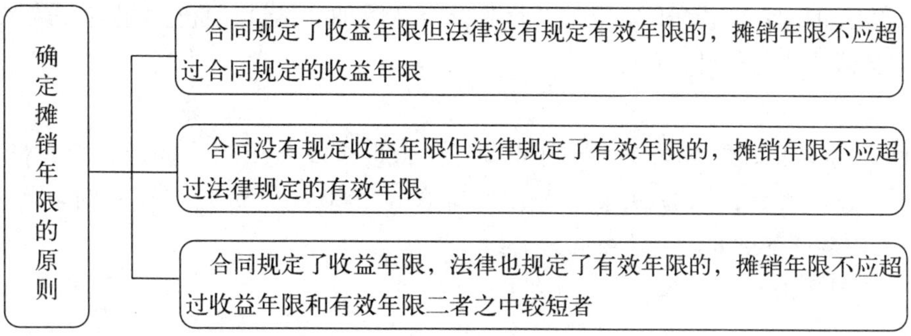

图 7 – 3　确定摊销年限的原则

《小企业会计准则》中还规定：小企业不能可靠估计无形资产使用寿命的，摊销期不得低于 10 年。

【例 7 – 4】某施工企业前一年取得的一项专利权的有效年限为 10 年，该专利权入账价值为 72 000 元，则今年会计分录如下：

月摊销额 = 无形资产价值/(摊销年限 × 12) = 72 000 ÷ (10 × 12) = 600(元)。

借：管理费用	600	
贷：累计摊销		600

(三)无形资产的处置

《小企业会计准则》中规定：处置无形资产，处置收入扣除其账面价值、相关税费等后的净额，应当计入营业外收入或营业外支出。前款所称无形资产的账面价值，是指无形资产的成本扣减累计摊销后的金额。

1. 无形资产的出售

无形资产出售时，应将所得价款与无形资产的账面价值之间的差额计入当期损益。

【例 7 – 5】某施工企业将一项专利权出售，取得收入 200 000 元，该专利权的账面余额为 150 000 元，应交的营业税为 10 000 元。编制会计分录如下：

借：银行存款	200 000	
贷：无形资产——专利权		150 000
应交税费——应交营业税		10 000
营业外收入——出售无形资产收益		40 000

2. 无形资产的出租

无形资产的出租，按所收取的租金收入借记“银行存款”等科目，贷记“其他业务收入”等科目；在摊销无形资产的成本时，借记“其他业务成本”科目，贷记“累计摊销”科目；计算应交纳的营业税费时，借记“营业税金及附加”科目，贷记“银行存款”“应交税费——应交营业税”科目。

【例7-6】某小微施工企业将拥有的商标权出租给A公司，适用的营业税税率为5%。出租合同规定，承租方每年支付使用费80 000元。该无形资产的年摊销额为32 000元。则该企业编制会计分录如下：

(1)收到使用费时：

借：银行存款　80 000

　　贷：其他业务收入　80 000

(2)摊销无形资产价值时：

借：其他业务成本　32 000

　　贷：累计摊销　32 000

(3)计算应缴营业税时：

借：营业税金及附加　4 000

　　贷：应交税费——应交营业税　4 000

第二节　长期待摊费用

一、长期待摊费用的概念及内容

长期待摊费用是指企业已经支出，但摊销期限在1年以上(不含1年)的各项费用，包括已提足折旧的固定资产的改建支出、经营租入固定资产的改建支出、固定资产的大修理支出和其他长期待摊费用等。其中，固定资产的大修理支出是指同时符合下列两个条件的支出：第一，修理支出达到取得固定资产时的计税基础50%以上；第二，修理后固定资产的使用寿命延长2年以上。

二、长期待摊费用的核算及摊销

长期待摊费用应当在其摊销期限内采用年限平均法进行摊销，根据其受益对象计入相关资产的成本或者管理费用，并冲减长期待摊费用。

已提足折旧的固定资产的改建支出，按照固定资产预计尚可使用年限分期摊销；经营租入固定资产的改建支出，按照合同约定的剩余租赁期限分期摊销；固定资产的大修理支出，按照固定资产尚可使用年限分期摊销；其他长期待摊费用，自支出发生月份的下月起分期摊销，摊销期不得低于3年。

施工企业发生的长期待摊费用，借记“长期待摊费用”科目，贷记“银行存款”“原材料”等科目。按月采用年限平均法摊销长期待摊费用，应当按照长期待摊费用的受益对象，借记“制造费用”“管理费用”等科目，贷记“长期待摊费用”科目。

【例7－7】某施工企业年初对办公用房进行修理，领用修理备件及维修材料300 000元(暂不考虑增值税进项税额转出)，以银行存款支付修理人员工资60 000元，修理费用总额360 000元，费用在两年内平均摊销。编制会计分录如下：

借：长期待摊费用　　360 000

　　贷：原材料　　300 000

　　　　应付职工薪酬　　60 000

借：应付职工薪酬　　60 000

　　贷：银行存款　　60 000

每月摊销时：

借：管理费用　　15 000

　　贷：长期待摊费用　　15 000

第三节　无形资产和长期待摊费用的主要税务问题

一、界定不清，虚列费用

【例7－8】红星公司2012年1月份购置了一栋房产用于扩大产能，固定资产入账价值为100万元，折旧按12年平均进行摊销。2014年3月15日，该公司对该房产进行改建，改变了房屋整体结构，共花费了30万元。该公司将这笔花销全部记入“长期待摊费用”科目，按3年进行摊销，年末未进行纳税调整。

分析：该公司未界定清楚长期待摊费用与固定资产的界限，将原本应在固定资产核算的支出列入长期待摊费用，导致费用虚增、利润减少。根据《中华人民共和国企业所得税法》及其实施条例的规定，未足额提取折旧的固定资产的改建支出不属于长期待摊费用，按照规定除了已足额提取折旧的固定资产和以经营租赁方式租入的固定资产外，企业所拥有的固定资产，仍然具有可利用价值，仍然在计算折旧时予以扣除，而这时企业用于对这些固定资产的改建支出，将增加固定资产的价值或者延长固定资产的使用年限，其性质属于资本化投入，应计入固定资产原值，按规定提取折旧后进行扣除而不是作为长期待摊费用分期摊销。改建的固定资产延长使用年限的，除了属于已足额提取折旧的固定资产和租入固定资产外，应适当延长固定资产的折旧年限。

二、无形资产违规摊销

【例7－9】某企业在2012年取得200多万元的土地所有权，记入“无形资产——土地”科目，按土地使用证上的使用年限进行摊销，每月摊销2 000元。2014年1月1日，该企业在这块土地上进行厂房建设，至2014年12月31日该工程仍在进行中，当年土地实际摊销36 000元。

分析：该企业在进行厂房修建时，未将摊余的无形资产账面价值转移至“在建工程”科目，致使利润虚减、少缴企业所得税。根据《小企业会计准则》规定：企业购入或者以支付土地出让权方式取得的土地使用权，在未开发或者建造自用项目前作为无形资产核算，待该项土地开发时再将其账面价值转入相关的在建工程。因此，该公司应将已摊销的无形资产予以冲回，将土地所有权的账面价值转入“在建工程”科目相应的工程成本中。

三、违规延长无形资产年限

【例7－10】A公司2014年3月1日向B公司购买某项专有技术，支付价款为240万元，双方合同约定该项专有技术的受益年限为8年。根据相关法律规定，该项无形资产的有效使用年限为10年。A公司认为使用时间不止10年，决定按12年进行摊销。

分析：该案例中，A公司摊销年限的选择既超过了合同规定的受益年限，也超过了法律规定的有效年限，将使当年费用少计、利润虚增。根据相关规定：无形资产的成本，应当自取得当月起在预计使用年限内平均摊销。如果预计使用年限超过了相关合同规定的受益年限或法律规定的有效年限，摊销年限不应超过收益年限和有效年限二者之中较短者；合同规定了收益年限但是法律没有规定有效年限的，摊销年限不应超过收益年限；合同没有规定收益年限但是法律规定了有效年限的，摊销年限不应超过有效年限。如果合同没有规定收益年限，法律也没有规定有效年限的，摊销年限不应超过10年。因此，该公司应按收益年限和有效年限二者之中较短者8年进行摊销。

四、“差别”摊销

【例7－11】税务人员到凯尔建筑公司进行检查，在审阅“无形资产”账户时，首先发现“无形资产”摊销记录内容是：2013年1—11月每个月的无形资产摊销均为10 000元，而12月份却摊销100 000元。如此“差别”的数字引起了税务人员的注意，经查证，税务人员确认12月摊销额均应为10 000元，还发现该公司向外转让一向专用技术的所有权，结转专有技术账面价值时，其账务处理为：

借：营业外支出　　　　100 000

　　贷：无形资产　　100 000

取得转让技术收入时，其账务处理为：

借：银行存款　　200 000

　　贷：营业外收入　　200 000

分析：无形资产应当在其使用寿命内采用年限平均法进行摊销，根据其受益对象计入相关资产成本或者当期收益。

无形资产的摊销期自其使用时开始至停止使用或出售时止。有关法律规定或合同约定了使用年限的，可以按照规定或约定的使用年限分期摊销。

小企业不能可靠估计无形资产使用寿命的，摊销期不得低于10年。

针对该案例，实际工作中存在着对无形资产摊销不合理、不合规的问题。企业在12月份进行多摊销，是违反企业所得税税收要求，人为调节财务成果。

按会计制度规定，转让无形资产应通过其他业务收支账户进行核算，并按税法规定缴纳营业税。该企业将本应计入其他业务收支的项目错列作营业外收支，逃避了转让无形资产应缴纳的营业税。

第四节　无形资产和长期待摊费用的主要审计问题

一、无形资产核算不实

【例7－12】A公司为施工企业，在2013年11月份与B工业公司签订了协议，将本企业的专有技术出售给B公司，双方协议价格250万元，B公司于12月5日预付了150万元价款。B公司在取得该无形资产后，又转手出租给了C，出租协议价款100万元，为避免缴纳税款，B公司要求C公司将款项直接支付A公司，抵顶欠款。B公司无形资产实际入账价值为150万元。审计人员在审计A公司相关账务时，发现该企业处置某一无形资产时的价款来自不同企业，经询问A公司得知该资产只出售给了B工业公司。A公司出示了合同原本，双方成交价格为250万元，由此发现B工业公司隐藏收入100万元的事实。

分析：在这个案例中，B公司采取了收入不入账的操作手法，购买的无形资产没有按规定要求入账，但是合同却露了马脚。

无形资产是公司为了生产、经营由股东投入、自行创造、购入等方式而持有的没有实物形态但在一定期间能为公司带来经济利益流入的非货币性的长期资产。在会计和审计实务中，无形资产的确认应符合以下特性：

(1)无形资产不具有实物形态。

(2)无形资产属于非货币性长期资产。

(3)无形资产持有的目的是使用而不是出售。

(4)无形资产在创造经济利益方面存在不确定性。

(5)无形资产取得具有有偿性。

由于无形资产的价值具有相对的不确定性，在审计中必须对其存在性、归属性和会计处理的合法性给予一定的关注。无形资产的审计可采用以下特殊审计程序：

(1)索取并审阅被审计单位无形资产明细账，逐一检查与无形资产相关的文件、资料，了解其内容和计价依据、所有权等。

(2)审查无形资产当年增加，关注入账价值中资本化支出和费用的划分是否合理。

(3)审查无形资产摊销期间估计的合理性及其本期摊销是否正确、会计处理是否合规。

(4)审核本期无形资产转让、出租等处置的合法性及其会计处理。

(5)检查无形资产在资产负债表中是否适当披露。

二、固定资产化整为零，违规列支

【例7-13】审计人员到某公司进行检查，发现尽管该企业的经营情况良好，营业收入也稳步增长，但多年来账面上固定资产的规模并未同步扩大，盈利情况也不理想，企业所得税的税负明显偏低。审计人员进一步检查后发现账面上新增固定资产确实很少，但对固定资产的大修理支出却特别多，而且长期待摊费用账户还有大量未摊销的大修理费，相关凭证显示大修理费全部是固定资产的部件和配件。审计人员立即针对固定资产明细账核对所有固定资产，该公司以大修理的名义将购进的部分固定资产化整为零的违规问题终于露出水面。

分析：将购进的固定资产化整为零并以大修理费的名义列支，检查人员从账面上虽一时无法判断大修理费的真假，但可以倒过来检查被化整为零的机器设备，因为机器设备的成本虽可以很快从账面上摊销，但其实物形态不可能很快消除，只要企业还在使用，一旦检查到生产车间并盘点实物资产，就很容易发现企业已作费用列支而账面上没有记载的这些账外机器设备。所以，检查类似问题时，检查人员不应拘泥于会计账簿和凭证，而应采取账实核对的方法，这样就很容易发现疑点并抓住问题的突破口，取得事半功倍的效果。检查时，不仅要贯彻账实核对的思路，充分关注是否存在有账无物或有物无账等问题，还要仔细核对和分析实物的品名、规格和批次，不能仅核对数量、敷衍了事。

第八章　好借好还
——施工企业负债的会计核算

第一节　流动负债的会计核算

一、应付账款

应付账款是指因购买材料、商品或接受劳务供应等日常生产经营活动而发生的应付给供应单位的款项。这是买卖双方在购销活动中由于取得材料、商品或接受劳务与支付货款在时间上不一致而产生的负债。财务人员应凭采购部门对外签订的有效经济合同或协议办理预付、应付款项。有效经济合同应符合下列条件，如图 8－1 所示。

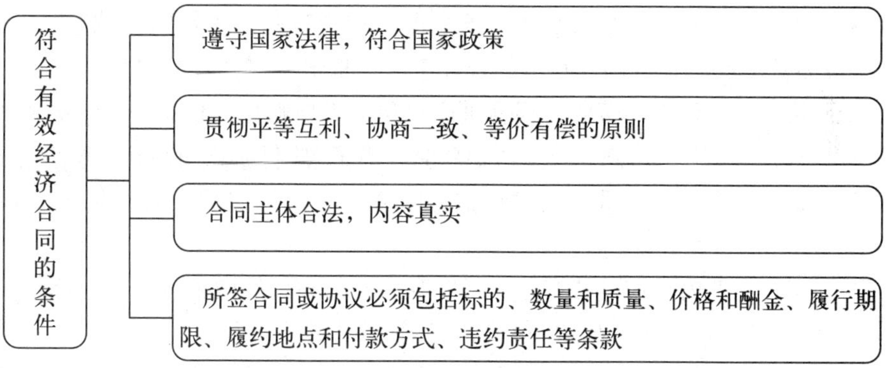

图 8－1　符合有效经济合同的条件

(一)应付账款的入账时间

应付账款的入账时间应以采购物资所有权转移至本单位的时间或实际上已接受约定劳务的时间为标志。所谓所有权转移至本单位，是指物资到达验收入库或依合同规定物资所有权已发生转移。但在实际工作中，应区别情况处理：

(1)在物资和发票账单同时到达的情况下，应付账款一般待物资验收入库后，才按发票账单登记入账。这主要是为了确认所购入的物资是否在质量、数量和品种上都与合同上订明的条件相符，以免因先入账而在验收入库时发现购入物资错、漏、破损等问题再行调账。

(2)在物资和发票账单不是同时到达的情况下，由于应付账款要根据发票账单登记入账，有时候货物已到而发票账单要间隔较长时间才能到达，但由于这笔负债已经成立，应作为一项负债反映。为在“资产负债表”上客观反映企业所拥有的资产和承担的债务，在实际中采用在月份终了将所购物资和应付债务估计入账，待下月初再用红字予以冲回的办法。

（二）应付账款的入账金额

《小企业会计准则》中规定：各项流动负债应当按照其实际发生额入账。施工企业确实无法偿付的应付款项，应当计入营业外收入。若存在折扣，应视下面两种情况分别处理：

（1）如果存在商业折扣，购货方应根据发票价格即扣除了商业折扣后的金额入账。

（2）如果存在现金折扣，购货方应根据发票上记载的应付金额即未扣除现金折扣的金额入账，待实际发生折扣时，再将折扣的金额计入当期财务费用。

（三）应付账款的会计处理

为了核算施工企业因购买材料、商品和接受劳务供应等而产生的应付账款及其偿还情况，应设置“应付账款”科目。该科目借方反映已经支付或已转销的款项，贷方反映单位应支付的款项，期末贷方余额反映施工企业尚未支付的应付账款。

施工企业购入材料、商品等，验收入库但款项尚未支付时，根据有关凭证，借记“原材料”“库存商品”等科目；按专用发票上注明的增值税税额，借记“应交税费——应交增值税（进项税额）”等科目；按两项科目的合计金额，贷记“应付账款”科目。

施工企业接受外单位提供劳务，根据供应单位的发票账单，借记“生产成本”“管理费用”等科目，贷记“应付账款”科目。支付款项时，借记“应付账款”科目，贷记“银行存款”科目。若施工企业以商业汇票抵付应付账款，则借记“应付账款”科目，贷记“应付票据”科目。

应付账款应在短期内支付，若有些应付账款由于债权单位撤销或其他原因导致施工企业确实无法支付，则借记“应付账款”科目，贷记“营业外收入”科目。

为了加强对应付账款的管理，施工企业应按对方单位（或个人）设置“应付账款”科目的明细账，进行明细核算。

【例8－1】2014年9月30日，某施工企业向A公司购入材料一批，价款为50 000元，增值税8 500元，付款条件为“2/10，1/20，n/90”。材料已验收入库，货款尚未支付。会计分录如下：

①购入材料时。

借：原材料	500 000	
应交税费——应交增值税（进项税额）	8 500	
贷：应付账款		58 500

②如果该企业在10月5日付款，则可享受2%的折扣。

付款金额＝50 000×（1－2%）＋8 500＝57 500（元）。

借：应付账款　　58 500
　　贷：银行存款　　57 500
　　　　财务费用　　1 000

③如果该企业在11月15日付款，则不再享受折扣。

借：应付账款　　58 500
　　贷：银行存款　　58 500

④如果A公司在11月13日被撤销，导致该施工企业无法支付这笔贷款。

借：应付账款　　58 500
　　贷：营业外收入　　58 500

二、应付票据

应付票据是由出票人出票，委托付款人在指定日期无条件支付确定的金额给收款人或者持票人的票据。应付票据也是委托付款人允诺在一定时期内支付一定的款项的书面证明。它是一种期票，是延期付款的证明，有承诺付款的票据作为凭据。应付票据分为带息和不带息两种。期限一般较短，一般为3个月、6个月和9个月。企业开出的应付票据按承兑人不同，分为商业汇票和银行汇票。

施工企业应设置“应付票据”科目，核算企业购买材料、商品和接受劳务供应等而开出、承兑的商业汇票，包括银行承兑汇票和商业承兑汇票。还应当设置“应付票据备查簿”，详细登记每一应付票据的种类、号数、签发日期、到期日、票面金额、票面利率、合同交易号、收款人姓名或单位名称以及付款日期和金额等资料。应付票据到期结清时，应当在备查簿内逐笔注销。

（一）带息应付票据的处理

带息应付票据应根据票据的存续期间和票面利率计算应付利息，并相应增加应付票据的账面价值。但到期不能支付的带息应付票据，在转入“应付账款”科目核算后，期末时不再计提利息。

企业开出、承兑的商业汇票如为带息票据，应于期末计算应付利息，借记“财务费用”科目，贷记“应付票据”科目；票据到期支付本息时，按票据账面余额（含面值及已入账的应计利息）借记“应付票据”科目，按未计的利息借记“财务费用”科目，按实际支付的金额贷记“银行存款”科目。

【例8-2】甲企业施工于7月31日开出面值58 500元、期限为6个月的商业票据一张，用于购买原材料。货款50 000元，增值税税率17%。该票据为带息票据，年利率为8%。

①购进材料时。

借：在途物资　　50 000

　　应交税费——应交增值税(进项税额)　　8 500

　　贷：应付票据　　58 500

②每月计算应付利息。

借：财务费用　　390

　　贷：应付票据　　390

③到期还本付息时。

借：应付票据　　60 450

　　财务费用　　390

　　贷：银行存款　　60 840

(二)不带息应付票据的处理

因购买材料、商品等而开出、承兑商业汇票时，如为不带息票据，借记“原材料”“在途物资”“应交税费——应交增值税(进项税额)”等科目，按汇票面值贷记“应付票据”科目；企业是以开出、承兑商业汇票抵付原欠货款或应付账款时，借记“应付账款”科目，贷记“应付票据”科目；对支付银行承兑汇票的手续费，借记“财务费用”科目，贷记“银行存款”科目。

三、预收账款

预收账款核算施工企业按照合同规定预收的款项，包括预收的购货款、工程款等。预收账款情况不多的也可以不设置本科目，将预收的款项直接记入“应收账款”科目贷方。

施工企业向购货单位预收的款项，借记“银行存款”等科目，贷记“预收账款”科目。销售实现时，按实现的收入，借记“预收账款”科目，贷记“主营业务收入”科目。涉及增值税销项税额的，还应进行相应的处理。

【例8－3】甲公司为增值税一般纳税人。2014年6月3日，甲公司与乙公司签订供货合同，向其出售一批产品，售价100 000元，应交增值税17 000元。根据购货合同的规定，乙公司在购货合同签订一周内，应当向甲公司预付货款60 000元，剩余货款在交货后付清。2014年6月9日，甲公司收到乙公司交来的预付货款60 000元并存入银行。6月19日，甲公司将货物发到乙公司并开出增值税专用发票，乙公司验收后付清剩余货款。假设甲公司采用《小企业会计准则》核算，相关会计分录如下。

①6月9日收到乙公司交来的预付货款。

借：银行存款　　60 000

　　贷：预收账款　　60 000

②6月19日按合同规定发货。

借：预收账款 117 000

贷：主营业务收入 100 000

应交税费——应交增值税(销项税额) 17 000

③收到乙公司补付货款。

借：银行存款 57 000

贷：预收账款 57 000

四、短期借款

短期借款是指企业为了弥补流动资金的不足，向银行或其他金融机构、其他单位或个人借入的期限在1年以内的各种借款，包括短期银行借款和短期融资债券等。短期借款的目的一般是为了维持企业正常的生产经营所需的资金，或者是为了抵偿某项债务。《小企业会计准则》中规定，短期借款应当按照借款本金和借款合同利率在应付利息日计提利息费用，计入财务费用。

施工企业借入的各种短期借款，借记“银行存款”科目，贷记“短期借款”科目；归还借款时，借记“短期借款”科目，贷记“银行存款”科目。在应付利息日，应当按照短期借款合同利率计算确定的利息费用，借记“财务费用”科目，贷记“应付利息”等科目。

【例8-4】 2014年1月1日，甲公司自乙商业银行借入一年期一次还本付息借款100 000元，年利率6%。甲公司于2015年1月1日归还该笔借款的本金和利息。假设不考虑其他因素。

①2014年1月1日，甲公司的账务处理为如下。

借：银行存款 100 000

贷：短期借款 100 000

②2014年每月月末确认应付利息。

借：财务费用 500

贷：应付利息 500

③2015年1月1日，甲公司归还本息的账务处理为如下。

借：短期借款 100 000

应付利息 6 000

贷：银行存款 106 000

五、应付职工薪酬

应付职工薪酬，是指施工企业为获得职工提供的服务而应付给职工的各种形式的报酬以及其他相关支出。施工企业职工薪酬的主要内容如图 8－2 所示。

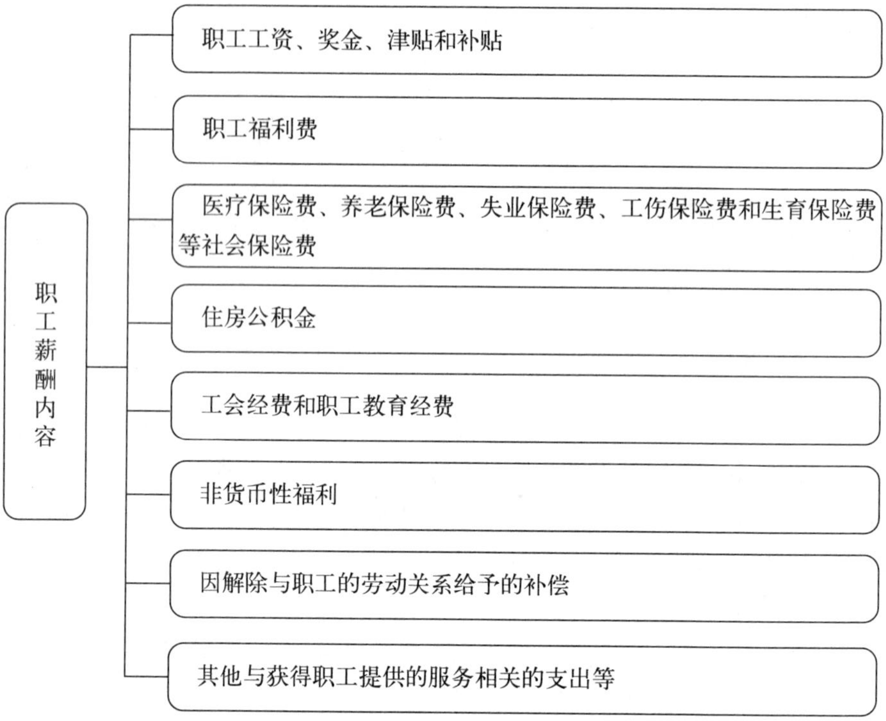

图 8－2　职工薪酬内容

施工企业应设置“应付职工薪酬”科目来核算施工企业根据有关规定应付给职工的各种薪酬。施工企业(外商投资)按照规定从净利润中提取的职工奖励及福利基金，也通过本科目核算。本科目应按照“职工工资”“奖金、津贴和补贴”“职工福利费”“社会保险费”“住房公积金”“工会经费”“职工教育经费”“非货币性福利”“辞退福利”等进行明细核算。

应付职工薪酬的账务处理主要涉及以下两方面的内容。

月末，施工企业应当将本月发生的职工薪酬区分以下情况进行分配：生产部门(提供劳务)人员的职工薪酬，借记“生产成本”“制造费用”等科目，贷记“应付职工薪酬”科目；应由在建工程、无形资产开发项目负担的职工薪酬，借记“在建工程”“研发支出”等科目，贷记“应付职工薪酬”科目；管理部门人员的职工薪酬和因解除与职工的劳动关系给予的补偿，借记“管理费用”科目，贷记“应付职工薪酬”科目；销售人员的职工薪酬，借记“销售费用”科目，贷记“应付职工薪酬”科目。

施工企业发放职工薪酬应当区分以下情况进行处理：向职工支付工资、奖金、津贴、福利费等，从应付职工薪酬中扣还的各种款项(代垫的家属药费、个人所得税等)，借记“应付职工薪酬”科目，贷记“库存现金”“银行存款”“其他应收款”“应交税费——应交个人所得税”等科目；支付工会经费和职工教育经费用于工会活动和职工培训，借记“应付职工薪酬”科目，贷记“银行存款”等科目；按照国家有关规定缴纳的社会保险费和住房公积金，借记“应付职工薪酬”科目，贷记“银行存款”科目；以其自产产品作为福利发放给职工的，按照其销售价格，借记“应付职工薪酬”科目，贷记“主营业务收入”科目，同时应结转产成品的成本，涉及增值税销项税额的还应进行相应的账务处理；支付的因解除与职工的劳动关系给予职工的补偿，借记“应付职工薪酬”科目，贷记“库存现金”“银行存款”等科目。

【例 8-5】 甲公司是施工企业，以银行存款替副总经理垫付应由其个人负担的医疗费 5 000 元，拟从其工资中扣回，应编制如下会计分录。

①垫付时。

借：其他应收款	5 000	
贷：银行存款		5 000

②扣款时。

借：应付职工薪酬	5 000	
贷：其他应收款		5 000

六、应交税费

施工企业应交税费的种类较多，营业税、增值税、企业所得税是其中最重要的税种，这里主要介绍应交营业税、应交增值税、应交城市维护建设税和应交教育费附加的核算。

（一）应交营业税

营业税是对建筑业、金融保险业、电信业、文化体育业、娱乐业、服务业等行业所提供的应税劳务，以及各行业转让无形资产和销售不动产所征收的一种流转税。在我国境内提供应税劳务、转让无形资产或者销售不动产的单位和个人为营业税的纳税义务人。

施工企业提供应税劳务、转让无形资产或者销售不动产，按照营业额和规定的税率计算应纳税额。应纳税额的计算公式如下：

$$应纳税额 = 营业额 \times 适用税率$$

以上公式中的营业额，除营业税暂行条例规定的有关情形外，是指企业提供应税劳务、转让无形资产或者销售不动产向对方收取的全部价款和价外费用。

为了反映和监督营业税的应交和实际交纳情况，施工企业应在“应交税费”科目下设置“应交营业税”明细科目。该明细科目的借方登记实际交纳的营业税金，贷方登记应交纳的营业税金，期末贷方余额表示尚未交纳的营业税金。

【例8-6】通达建筑公司是一家民用建筑承办商，其营业税税率为3%。该公司2014年3月份实现施工收入200 000元，当月以银行存款实际交纳营业税金5 800元。营业税应纳税额的计算，以及编制的有关会计分录如下：

营业税应纳税额=200 000×3%=6 000(元)。

①计算出应纳营业税税额时。

借：营业税金及附加　　6 000

　　贷：应交税费——应交营业税　　6 000

②实际交纳营业税时。

借：应交税费——应交营业税　　5 800

　　贷：银行存款　　5 800

(二)应交增值税

增值税是对在我国境内销售货物或者提供加工、修理修配劳务以及进口货物的单位和个人，就其取得的货物或应税劳务销售额以及进口货物金额计算税款，并实行税款抵扣制的一种流转税。

对于施工企业而言，其在建筑施工的过程中一般也是要提供建筑材料的，建筑材料的成本一般也包括在施工收入中，这种情况下应该按照建造合同的全额一并缴纳营业税。如果有少量的销售业务，而且没有和施工收入单独核算的，一般也是和施工收入一并缴纳营业税。

只有在销售业务单独核算的情况下，才需要按照正常的销售业务缴纳增值税。如果施工企业下属有以对外销售为主业的独立核算的单位，如施工企业下属的建材公司、水泥搅拌站、水泥预制件制造厂，则更应该按照普通工业企业、商品流通企业的要求，计算缴纳增值税。

在对增值税纳税人的管理中，根据纳税人经营规模的大小、企业财务制度执行水平的不同，可以划分为一般纳税人和小规模纳税人两种。两种纳税人应纳增值税税额的计算方法是不同的。下面以一般纳税企业为主，简单介绍应纳增值税税额的计算和应交增值税的核算。

1. 应纳税额的计算

从应纳增值税税额的一般计算原理来说，企业销售货物或者提供应税劳务，应纳税额为当期销项税额抵扣当期进项税额后的余额。其计算公式为：

$$应纳税额=当期销项税额-当期进项税额$$

因当期销项税额小于当期进项税额不足抵扣时，其不足部分可以结转下期继续抵扣。

增值税进项税额是指一般纳税人购进货物或接受应税劳务支付价款中所含的增值税税额。企业支付的增值税进项税额能否在销项税额中抵扣，应视具体情况而定。按照我国税法规定，下列项目的进项税额不得从销项税额中抵扣：

①用于非应税项目的购进货物或者应税劳务。

②用于免税项目的购进货物或者应税劳务。

③用于集体福利或者个人消费的购进货物或者应税劳务。

④非正常损失的购进货物。

⑤非正常损失的在产品、产成品所耗用的购进货物或者应税劳务。

增值税销项税额是指一般纳税人销售货物或提供应税劳务收取价款中所含的增值税税额。其计算公式为：

$$销项税额 = 销售额 \times 增值税税率$$

计算增值税销项税额所依据的销售额是指企业销售货物或提供应税劳务向购买方收取的除销项税额、代收代缴的消费税以及代垫运杂费以外的全部价款和价外费用。价外费用主要包括手续费、包装费、违约金(延期付款利息)以及运杂费等。

施工企业如果采用不含税定价的方法，销项税额可以直接根据不含税的销售额计算；如果采用销售额和销项税额合并定价的方法，应按下列公式将含税销售额还原为不含税销售额，并按不含税销售额计算销项税额：

$$不含税销售额 = 含税销售额/(1 + 增值税税率)$$

按照《中华人民共和国增值税暂行条例实施细则》的规定，对于施工企业将自产、委托加工的货物用于非应税项目，将自产、委托加工的货物用于投资、提供给其他单位或个体经营者，将自产、委托加工或购买的货物分配给股东或投资者，将自产或委托加工的货物用于集体福利或个人消费，将自产、委托加工或购买的货物无偿赠送他人的，应视同销售行为，需要计算交纳增值税。在这种情况下，会计核算不作为销售处理，按成本转账。在计算交纳增值税时，销售额应按下列顺序确定：

①按当月同类货物的平均销售价格确定。

②按最近时期同类货物的平均销售价格确定。

③按组成计税价格确定，其计算公式为：

$$组成计税价格 = 成本 \times (1 + 成本利润率)$$

属于应征消费税的货物，其组成计税价格应加计消费税税额。

2. 应纳增值税的会计核算

进行应交增值税的核算，企业应在“应交税费”科目下设置“应交增值税”和“未交增值税”两个明细科目。

在“应交增值税”明细账内，一般应在借方设置“进项税额”“已交税金”“转出未交增值税”等栏目；贷方一般应设置“销项税额”“进项税额转出”“转出多交增值税”等栏目。

通过“应交增值税”明细账借、贷双方各栏目的记录，可计算出以下数据：

公式(1)：抵减后的进项税额=进项税额-进项税额转出

公式(2)：本期应交增值税=本期销项税额-抵减后的进项税额

公式(3)：本期未交增值税=本期应交增值税-已交税金

上述公式(2)中，如果本期销项税额小于抵减后的进项税额，其差额为尚未抵扣的进项税额，保留在"应交增值税"明细账内，可以在以后期间继续抵扣。

上述公式(3)中，如果本期应交增值税大于已交税金，则差额为本期未交增值税，应将其通过"应交增值税"明细账借方的"转出未交增值税"专栏转入"未交增值税"明细账的贷方；如果本期应交增值税小于已交税金，则差额为本期多交增值税，应将其通过"应交增值税"明细账贷方的"转出多交增值税"专栏转入"未交增值税"明细账的借方。

"未交增值税"明细科目的借方登记转入的当期多交的增值税以及上缴的上期应交未交的增值税；贷方登记转入的当期应交未交的增值税。该明细科目若为借方余额，表示累计多交的增值税；若为贷方余额，表示累计未交的增值税。

在这里需要注意的是，小微企业在交纳增值税时，应将补交的以前月份未交增值税记入"应交税费——未交增值税"科目借方，将交纳的当月增值税记入"应交增值税——应交增值税(已交税金)"科目的借方。

(三)应交城市维护建设税

城市维护建设税是一种附加税。按现行税法的规定，城市维护建设税以应交纳的增值税、消费税、营业税为计税依据，按一定的比例计算交纳。应纳税额的计算公式为：

应纳税额=计税依据×适用税率

施工企业计算出应纳城市维护建设税时，应借记"营业税金及附加""其他业务支出""固定资产清理"等科目，贷记"应交税费——应交城市维护建设税"科目；实际交纳城市维护建设税时，应借记"应交税费——应交城市维护建设税"科目，贷记"银行存款"科目。

【例8-7】北方建筑工程公司2014年7月应交增值税和消费税如下：

销售产品应交增值税	60 000元
销售产品应交消费税	30 000元
合计	90 000元

根据以上数据和本企业城市维护建设税税率7%计算的应交城市维护建设税及会计分录如下：

本月应交城市维护建设税=90 000×7%=6 300(元)。

借：营业税金及附加　　6 300

　　贷：应交税费——应交城市维护建设税　　6 300

(四)应交教育费附加

教育费附加是一种附加费。应交教育费附加的计算方法与应交城市维护建设税的计算口径相同。旧准则是通过“应交税金”科目核算。《小企业会计准则》规定通过“应交税费”科目核算。

计算出应交教育费附加时，借记“营业税金及附加”“其他业务支出”“固定资产清理”等科目，贷记“应交税费——应交教育费附加”科目；实际交纳教育费附加时，借记“应交税费——应交教育费附加”科目，贷记“银行存款”科目。

【例 8－8】北方建筑工程公司 2014 年 7 月应交增值税和消费税如下：

销售产品应交增值税	60 000 元
销售产品应交消费税	30 000 元
合计	90 000 元

根据以上数据和本企业应交教育费附加的税率为 3% 计算的应交教育费附加金额及会计分录如下：

本月应交教育费附加＝90 000×3%＝2 700(元)。

借：营业税金及附加　　2 700

　　贷：应交税费——应交教育费附加　　2 700

第二节　长期负债的会计核算

一、长期借款

长期借款是施工企业向银行或其他金融机构借入的期限在 1 年以上(不含 1 年)的各项借款。为了核算施工企业借入的长期借款情况，应设置“长期借款”科目，该科目的贷方登记借入长期借款的本金和按期计提的利息；借方登记偿还的本金和支付的利息。期末贷方余额反映尚未偿还的借款本息。该科目应按照借款种类、贷款人和币种进行明细核算。

施工企业借入长期借款，借记“银行存款”科目，贷记“长期借款”科目。在应付利息日，应当按照借款本金和借款合同利率计提利息费用，借记“财务费用”“在建工程”等科目，贷记“应付利息”科目。偿还长期借款本金，借记“长期借款”科目，贷记“银行存款”科目。

【例8－9】企业甲是一家施工型企业，2014年1月1日从银行取得周转借款1 200 000元，期限3年，年利率8%，每年年底归还借款利息，到期一次还本。款项已存入银行。

①取得借款时。

借：银行存款　　1 200 000

　　贷：长期借款　　1 200 000

②第一年年末计息。

借：财务费用　　96 000

　　贷：应付利息　　96 000

③偿还借款利息。

借：应付利息　　96 000

　　贷：银行存款　　96 000

④第二年处理同上。

⑤第三年偿还借款本金和最后一期利息。

借：财务费用　　96 000

　　贷：应付利息　　96 000

借：长期借款　　1 200 000

　　应付利息　　96 000

　　贷：银行存款　　1 296 000

借款持有期间，《小企业会计准则》与《企业会计准则》处理的区别如下。

(1)利息费用计算不同。《小企业会计准则》下，应当按照借款本金和借款合同利率计算利息费用；《企业会计准则》下，应按摊余成本和实际利率计算确定长期借款的利息费用。

(2)非筹建期利息费用记入科目不同。《小企业会计准则》下，仅涉及“财务费用”“在建工程”科目；《企业会计准则》下，则涉及“在建工程”“制造费用”“财务费用”“研发支出”等科目。

二、长期应付款

长期应付款指施工企业除长期借款和应付债券以外的其他各种长期应付款项，包括：应付融资租入固定资产的租赁费、以分期付款方式购入固定资产发生的应付款项等。为此，施工企业应设置“长期应付款”科目。该科目贷方登记应付未付的长期应付款，借方登记已经支付的长期应付款，期末贷方余额反映企业尚未支付的各种长期应付款。该科目应按照长期应付款的种类和债权人进行明细核算。

施工企业融资租入固定资产，在租赁期开始日，应按照租赁合同约定的付款总额和在签订租赁合同过程中发生的相关税费等，借记“固定资产”或“在建工程”科目；贷记“长期应付款”等科目。

以分期付款方式购入固定资产，应当按照实际支付的购买价款和相关税费（不包括按照税法规定可抵扣的增值税进项税额），借记“固定资产”或“在建工程”科目；按照税法规定可抵扣的增值税进项税额，借记“应交税费——应交增值税（进项税额）”科目；同时按实际支付的款项贷记“长期应付款”科目。

【例8－10】 某施工企业融资租入一台机器设备，租期5年，该设备价值为2 000 000元，租赁合同规定租金分5年于每年年末等额支付，该项设备不需安装即可投入使用。设备预计净残值40 000元，采用直线法计提折旧。租赁期满后设备归承租方所有。

①租赁开始日。

借：固定资产——融资租入固定资产　　2 000 000

　　贷：长期应付款——应付融资租赁款　　2 000 000

②每年支付租金。

借：长期应付款——应付融资租赁款　　400 000

　　贷：银行存款　　400 000

③每年按期计提折旧。

每年折旧额＝(2 000 000－40 000)÷5＝392 000（元）。

借：制造费用　　392 000

　　贷：累计折旧　　392 000

④租赁期满后，该项融资租入固定资产转为承租方所有。

借：固定资产——生产用固定资产　　2 000 000

　　贷：固定资产——融资租入固定资产　　2 000 000

施工企业长期应付款所发生的借款费用（包括利息、汇兑损益等）比照长期借款借款费用处理的规定办理。

第三节　负债的主要税务问题

一、利用应付账款隐瞒收入

【例8－11】 税务人员对A公司2014年度的营业收入进行检查时，发现本年度的营业收入比上年明显减少，而根据前期调查了解到的情况是：A公司本年度营业情况应该是历史上最好的。税务人员对营业收入的真实性产生了怀疑，于是抽查了11、12月份相关的会计凭证，发现其原始凭证中有开具发票的记账联，而记账凭证中反映的却是“应付账款”，共计60万元。针对这种情况，税务人员询问了有关当事人，并向“应付账款”的对方企业函证，结果发现A公司是将企业正常的营业收入反映在“应付账款”中，作为其他企业的暂存款处理。此外，税务人员还发现有如下的账务处理：借记“应付账款”，贷记“库存商品”。经追查前期应付账款科目，发现是欠其他公司的货款，企业存在用商品抵顶债务的情况。

分析：应付账款是企业因购买商品、接受劳务而形成的债务，这个案例中的A企业正是利用“应付账款”科目，采取收入不入账的方式，隐瞒了营业收入。根据相关法律法规的规定，公司、企业进行会计核算不得有下列行为：虚列或者隐瞒收入，推迟或者提前确认收入。因此，该公司应调整账务、确认相关收入、补缴欠缴的各项税款。

二、利用应付票据截留收入

【例8-12】税务人员2014年到A公司检查时发现，该企业在被检查年度的9月有一笔会计分录：借记“其他应收款——B公司”150万元，贷记“应付票据——B公司”150万元，再追踪检查这两个账户，发现在12月又因退票如数冲回，两账户同时转平。但是A公司并不缺少资金，是什么原因从开出票据到退票，前后正好3个月。到B公司实地了解，B公司从未收到过A公司的银行承兑汇票，而且也没有与A公司的任何往来挂账，但其销售部门却与A公司在被检查年度的年初签订了为A公司2位老总各购一套住房的协议，两套房屋总价为230万元，并从A公司门市部(非独立核算)预付了80万元，同时承诺在拿到房后3个月内付完剩余款项。A公司被检查年度的9月，B公司在交付房屋的同时要求宏达公司提供担保或抵押。于是，A公司从本公司账户上开出了上述150万银行承兑汇票。但最后3个月到期时，A公司又从其账户上汇来了150万元，B公司遂将抵押的银行承兑汇票退回给A公司。审计人员立即请B公司财务调出了A公司为2位老总付款买房的会计凭证，发现了并未在账面反映的A公司另外的银行账户。回到A公司后，审计人员根据从B公司得到的A公司隐藏的银行账户，查出了A公司5年来共隐瞒销售收入420多万元，并将其中的230万元用于为2位公司老总买房的事实。

分析：这个案例说明税务人员在工作中，绝不能放过任何疑点，即使是平时作假可能性较小的科目。在日常税收检查中，许多检查人员往往习惯性地关注与税收有直接关联的收入、成本和费用等成本、损益类科目，而不关注其他会计科目，也不关注表面上看起来与纳税问题无关的经济事项，这实际上是一个误区。对此，检查人员要注意：

(1)企业的涉税违法问题不可能都通过涉税科目进行核算，所以，仅检查涉税科目往往发现不了问题。

(2)如果出现类似上述企业的情形，即涉税违法问题本身就没有通过账面核算，则企业的涉税违法资金很可能回流到大账或与大账发生收付关系。

检查人员需明白，既然是涉税违法问题，违法行为产生的利益必定会体现为货币资金形态，企业也一定会处置这些资金。正如上述案例中该企业将截留收入形成的资金用于为老总购买住房，这就使得违规所得的资金产生了流动，而这种流动一旦与大账产生关联，就给检查人员发现问题提供了机会。

三、让渡银行借款

【例 8－13】2014 年 1 月 1 日，泰安水泥制品厂从银行借款 100 万元，利率 10%，期限 6 个月。A 公司因资金紧张向泰安水泥制品厂借款，2014 年 2 月 1 日泰安水泥制品厂暂借给 A 公司，时间 3 个月，A 公司到期按协议(不收利息)还给泰安水泥制品厂 100 万元。2014 年 5 月 1 日，A 公司到期还款，实际也没有支付利息给泰安水泥制品厂。2014 年 7 月 1 日贷款到期，泰安水泥制品厂还本付息。税务机关发现该情况责令泰安水泥制品厂调增应税所得额。

分析：关于将银行借款无偿让渡他人使用的涉税问题。企业将银行借款无偿转借他人，实质上是将企业获得的利益转赠他人的一种行为。因此，税务部门有权按银行同期借款利率核定其转借收入，并就其适用营业税暂行条例按金融业税目征收营业税。泰安水泥制品厂将银行借款无偿让渡给 A 公司使用，所支付的利息与取得收入无关，应调增应税所得额。

四、长期负债的利息科目归属

【例 8－14】税务人员在对万里公司 2013 年企业所得税进行结算时，发现该企业 2013 年“财务费用”支出较往年有较大增长，增长比例达 40%。审查发现财务费用增长的主要原因在于利息支出过大，“长期负债”账户中，该企业因机械设备的引进与安装从银行获得一笔 200 万的贷款。该企业 2012 年将此项贷款利息 30 万元记入了“在建工程”科目，2013 年未完工，而万里公司却将贷款利息 30 万元记入了“财务费用”科目。

分析：税法规定，企业以获得的长期借款、长期债券等方式进行固定资产或无形资产购置安装的，在资产尚未交付使用或虽已交付使用但尚未办理竣工结算之前发生的以及计提的利息支出应计入构建资产的价值。资产交付使用后，借款尚未到期，所应支付的利息或计提的利息支出可以记入“财务费用”科目。

(1)在设备安装期间的账务处理应为：

借：在建工程	300 000	
贷：长期借款——利息支出		300 000

(2)设备安装、构建后，直至偿还借款期间的利息支出应作如下账务处理：

借：财务费用——利息支出	300 000	
贷：长期借款——利息支出		300 000

记入“在建工程”科目的利息支出，只能在竣工后转入“固定资产”通过折旧摊销，而不能一次性列为“财务费用”。

第四节　负债的主要审计问题

一、应付账款重复入账

【例8-15】 2014年1月，审计人员在A公司进行纳税检查时，从“原材料”账户借方发现两笔日期相近，数量、金额相同的购料。经翻阅有关凭证，审查“应付账款”的明细账目及材料盘点表发现如下问题：该公司2013年5月从某厂购入原材料一批，材料已验收入库，月末发票尚未到达，按订货合同价入库。账务处理为：借记“原材料”5万元，贷记“应付账款”5万元。2013年6月，估价的材料费并未冲销，当收到对方结算凭证后，又以发货票为依据再入一次原材料账，借记“原材料”5万元，贷记“银行存款”5万元。为掩盖重复记账的事实，该厂又在年末材料盘点时，以“盘亏”名义将价款列入“管理费用”。审计人员采取了函证应付账款的方式，发现了该公司重复入账、虚列应付账款的问题。

分析： A公司利用“应付账款”科目重复记账，在期末盘点时，以存货盘亏为由计入管理费用，导致公司多计费用、少计利润。

应付账款一般是一项比较大的流动负债，是评价企业短期偿债能力时必须考虑的一个重要因素，与应付票据共同构成了企业主要商业信用形式，成为其重要资金来源渠道之一。在审计中，应注意对应付账款的实质性测试，可通过以下审计程序来完成：

(1)获取或编制应付账款明细表；

(2)对应付账款明细余额进行分析并做必要的重新分类；

(3)函证应付账款；

(4)查找未入账的应付账款；

(5)抽取未能函证、期末余额变动较大以及函证未果的明细账户进行抽查；

(6)检查应付账款是否已在财务报表及附注中得到恰当披露；

(7)向企业管理当局索取有关负债说明书。

二、违规使用会计科目

【例8-16】 A公司2013年度实现营业收入90万元，职工人数15人，年工资总额32万元，已申报缴纳企业所得税3万元，未缴纳个人所得税。2014年3月，审计人员对该企业2013年地方各税的缴纳情况进行全面检查。通过检查，发现该公司在12月份的会计凭证中，按照自己规定的“全赔全奖制度”计提奖金5万元，列入“其他应付款——盘亏盘盈奖”科目。经审计人员向该公司财会人员进行了解后得知，原来是该企业为了给售货人员进行奖惩，制定了一个库存商品盘亏比例，对库存商品盘亏额在规定比例内的售货人员按规定给予一定的奖励。

分析：按照《小企业会计准则》要求，职工工资、资金、津贴、补贴等，应当是小企业根据劳动工资制度，依据考勤记录、工时记录、工资标准、资金制度、提成制度等编制出来的“工资单”，应反映在“应付职工薪酬”等科目，而不应该在“其他应付款”科目中列支。此外，对于在工资科目外发放的职工津贴、补贴等，应与职工工资合并缴纳个人所得税。

工资是企业成本费用的重要组成部分，因此，在这类企业的查账过程中，在核定企业工资时，一方面应对照应付工资明细账和职工工资表，核实企业职工人数和应付工资提取情况；另一方面要注意对各种费用支出明细账进行审查，防止企业用“应付职工薪酬”以外的会计科目和其他科目发放工资、奖金、实物，从而达到偷逃国家税款的目的。

三、长期应付款处理

【例 8－17】审计人员在对东方公司 2014 年账务审计时发现，该企业长期应付款账户在 2014 年 1 月 5 日融资租入甲公司设备 200 000 元，计入长期应付款科目；每月支付租赁费 20 000 元，冲减长期应付款科目，10 月份支付完毕。审计人员通过对记账凭证查阅，发现在该固定资产的入账凭证后仅附一张临时租入协议的原始凭证，而每月支付租赁款的会计凭证后所附的原始凭证为支票存根和白条收据。在支付最后一笔租金后，东方企业将该固定资产全额冲减，计入“管理费用——租赁费”科目。调查后发现，甲公司为东方公司的子公司，收到支票后又返还给东方公司，东方公司再将此款项用于发放奖金。

分析：上述案例中，该企业财务人员以虚拟的融资合同混入真实的合同中，套出企业资金，伪造原始凭证，掩人耳目，将套取的现金全部用于发放奖金。在审计类似问题时，应重点关注企业长期应付款的真实性，查证有无相关合同以及合同的合理性，分析长期应付款业务发生有无必要，是否存在套取现金等情况。

第九章　自给自足
——施工企业所有者权益的会计核算

第一节　所有者权益概述

一、所有者权益的概念

所有者权益又称为股东权益，是指施工企业所有者在企业资产中享有的经济利益。所有者权益在数量上等于全部资产减去全部负债后的余额。从其形成来源看，所有者权益主要来源于企业投资者的初始投资、按合同章程追加的投资以及企业在生产经营期间实现的留存收益。

二、所有者权益的特征

所有者权益的特征如图 9－1 所示。

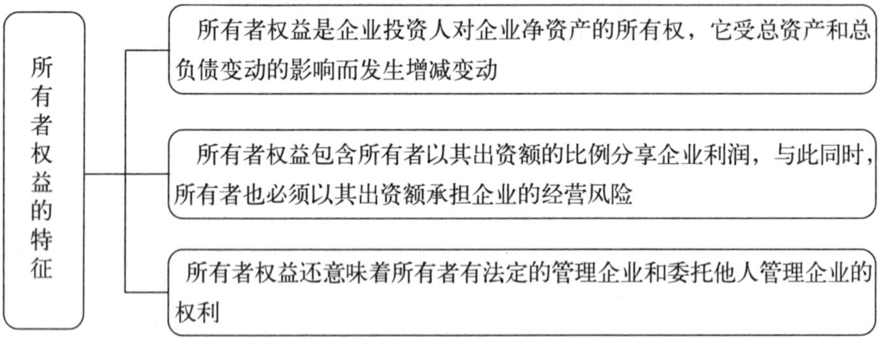

图 9－1　所有者权益的特征

三、所有者权益的内容

《小企业会计准则》依据各类所有者权益性质，将施工企业的所有者权益划分为实收资本(或股本)、资本公积、盈余公积和未分配利润，其中盈余公积和未分配利润组成留存收益，如图 9－2 所示。

所有者权益的内容

- 实收资本：指投资者按照合同协议约定或相关规定投入到施工企业、构成施工企业注册资本的部分
- 资本公积：指施工企业收到的投资者出资额超过其在注册资本或股本中所占份额的部分
- 盈余公积：指施工企业按照法律规定在税后利润中提取的法定盈余公积和任意盈余公积
- 未分配利润：指施工企业实现的净利润，经过弥补亏损、提取法定盈余公积和任意盈余公积、向投资者分配利润后，留存在本企业的、历年结存的利润

图9－2　所有者权益的内容

第二节　实收资本

一、实收资本概述

实收资本是指投资者按照企业章程或者合同、协议的约定，作为资本投入企业的各种财产，是企业汴册登记的法定资本总额的来源，它表明所有者对企业的基本产权关系。我国法律规定，企业申请设立必须具备一定的资本金，这种由法律规定的企业资本金的最低数额称为法定资本金。企业实际收到的并且作为投资人投入资本金的资金，就是实收资本。

二、我国《公司法》关于注册资本的规定

2014年2月28日，十二届全国人大常委会第六次会议决定，对《公司法》做出修改，并自2014年3月1日起施行。在《公司法》中，有关注册资本的规定，进行了比较大的修订。

(一)将注册资本实缴登记制改为认缴登记制

除法律、行政法规以及国务院决定对公司注册资本实缴有另行规定的以外，新公司法取消了关于公司股东(发起人)应自公司成立之日起两年内缴足出资，投资公司在五年内缴足出资的规定；取消了一人有限责任公司股东应一次足额缴纳出资的规定。转而采取公司股东(发起人)自主约定认缴出资额、出资方式、出资期限等，并记载于公司章程的方式。

(二)放宽注册资本登记条件

除对公司注册资本最低限额有另行规定的以外，取消了有限责任公司、一人有限责任公司、股份有限公司最低注册资本分别应达3万元、10万元、500万元的限制；不再限制公司设立时股东(发起人)的首次出资比例以及货币出资比例。

(三)简化登记事项和登记文件

有限责任公司股东认缴出资额、公司实收资本不再作为登记事项。公司登记时，不需要提交验资报告。

三、施工企业实收资本的会计核算

根据我国有关法律的规定，投资者投入资本的方式可以有多种，如投资者可以用现金资产投资，也可以用非现金资产投资。在国家规定比例范围内，还可以用无形资产投资。

(一)施工企业接受现金资产投资

投资者以现金投入的资本，应以实际收到或者存入施工企业开户银行的金额，借记“银行存款”科目；按投资者应享有施工企业注册资本份额计算的金额，贷记“实收资本”科目；按其差额，贷记“资本公积——资本溢价”科目。

【例9-1】某施工企业注册资本为150万元。根据合同约定，该企业收到E投资者投入的资本100万元、F投资者投入的资本50万元，款项已全部存入企业的开户银行。会计分录如下：

借：银行存款	1 500 000	
贷：实收资本——E企业		1 000 000
——F企业		500 000

(二)施工企业接受非现金资产投资

投资者以非现金资产投入的资本，应按投资各方确认的价值或合同协议约定的价值，借记有关资产科目，贷记“实收资本”和“资本公积”科目。

【例9-2】某施工企业收到A企业作为资本投入的不需要安装的机器一台，双方确认的价值为200万元。会计分录如下：

借：固定资产	2 000 000	
贷：实收资本——A企业		2 000 000

(三)施工企业接受外币资本投资

投资者投入的外币，合同约定汇率的，应按收到外币当日的汇率折合的人民币金额借记“银行存款”等科目，按合同约定汇率折合的人民币金额贷记“实收资本”科目，按其差额借记或贷记“资本公积——外币资本折算差额”科目；合同没有约定汇率的，应按收到出资额当日的汇率折合的人民币金额，借记“银行存款”科目，贷记“实收资本”科目。

【例9－3】某施工企业收到W外商投入的资本100 000美元，收到外币当日的汇率为1美元=6.8人民币元，该施工企业以人民币为记账本位币。合同没有约定汇率。会计分录如下：

借：银行存款	680 000	
贷：实收资本		680 000

(四)施工企业分次出资的会计核算

新修订的《公司法》允许股东分次出资，当股东第一次出资时，这时的实收资本和企业办理工商登记时申报的注册资本是不同的。那么，我们在进行会计处理时，应该以哪一个金额为准呢？

依据《小企业会计准则》的规定，投资者以现金投入的资本，应以实际收到或者存入施工企业开户银行的金额，借记“银行存款”科目；按投资者应享有施工企业注册资本的份额计算的金额，贷记“实收资本”科目；按其差额，贷记“资本公积——资本溢价”科目。

投资者以非现金资产投入的资本，应按投资各方确认的价值，借记有关资产科目；按投资者应享有施工企业注册资本的份额计算的金额，贷记“实收资本”科目；按其差额，贷记“资本公积———资本溢价”科目。

根据以上规定，应该按照股东实际出资的金额，与该股东享有施工企业注册资本的份额的乘积，记入“实收资本”科目。

四、施工企业资本变动的会计核算

我国有关法律和《小企业会计准则》规定，投资者根据有关规定对施工企业进行增资或减资，施工企业应当增加或减少实收资本。其会计处理如图9－3所示。

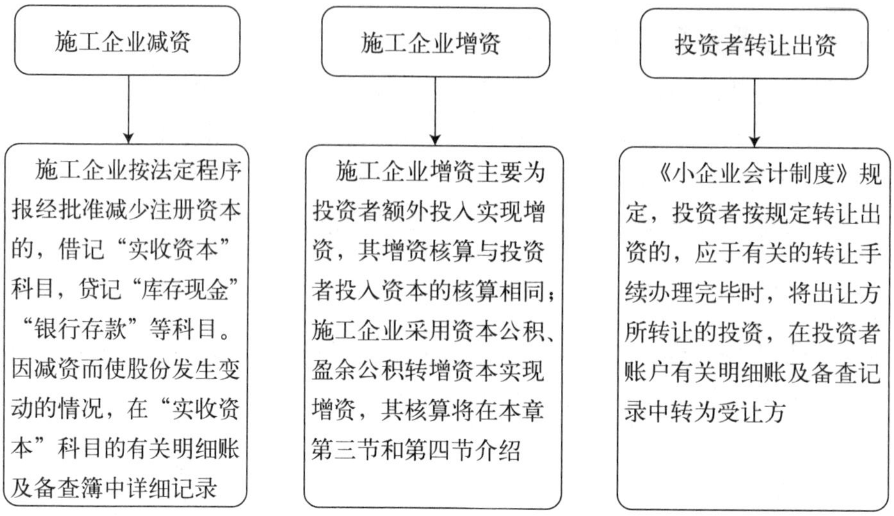

图9－3　施工企业资本变动的会计核算

第三节　资本公积

一、资本公积概述

资本公积是企业在筹资过程中形成的资本增值，将资本公积与实收资本相区分，有利于维护投资人按出资比例分享权益；将资本公积与经营损益相区分，则可以有效地避免将筹资过程中的资本增值当作经营利润分配，有利于资本保全。

资本公积应设置“资本公积”账户进行核算，凡是引起资本公积增加的项目记入贷方；引起资本公积减少的项目记入借方；期末余额在贷方，表示资本公积的结存数。

二、资本公积的会计核算

《小企业会计准则》下的资本公积核算内容基本上仅限于资本溢价，即收到投资者投入的资产，应按实际收到的金额或确定的价值，借记“银行存款”“固定资产”等科目；按其应享有企业注册资本的份额计算的金额，贷记“实收资本”科目；按其差额，贷记“资本公积——资本溢价”科目。

【例9－4】某施工企业原来由四个所有者投资组成，每一所有者各投资25万元。经营若干年后，有另一投资者加入该企业，经协商，企业将注册资本增加到125万元，该投资者缴入35万元，拥有该企业20%的份额。会计分录如下：

借：银行存款　　350 000
　　贷：实收资本　　250 000
　　　　资本公积——资本溢价　　100 000

另外，《小企业会计准则》中还规定：小企业用资本公积转增资本，应当冲减资本公积。小企业的资本公积不得用于弥补亏损。

第四节　留存收益

一、留存收益概述

留存收益是指施工企业从历年实现的利润中提取或形成的，留存于施工企业的内部积累，它来源于施工企业生产经营活动中所实现的净利润，包括盈余公积和未分配利润两部分。

利润分配是指企业根据国家有关规定和投资者决议，对企业当年可供分配的利润所进行的分配。可供分配的利润，按下列顺序分配：提取法定盈余公积，提取任意盈余公积，应付普通股股利。如有应付优先股股利，应在提取任意盈余公积前分配，如图 9－4 所示。

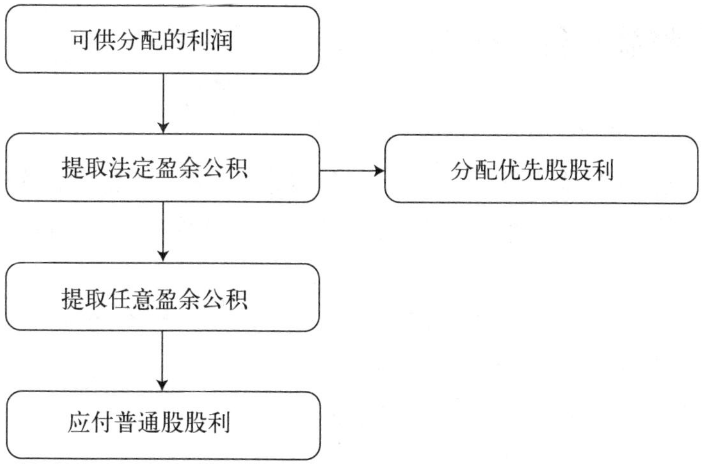

图 9－4　可供分配利润的分配顺序

（一）盈余公积的组成及用途

施工企业盈余公积包括法定盈余公积和任意盈余公积，如图 9－5 所示。

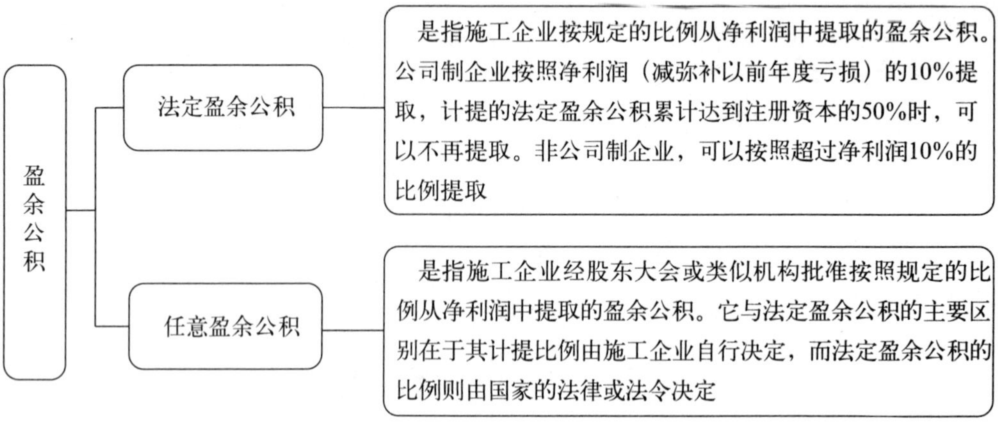

图9－5　施工企业盈余公积的构成

施工企业用盈余公积弥补亏损或者转增资本，应当冲减盈余公积。施工企业的盈余公积还可以用于扩大生产经营。

（二）未分配利润的形成和用途

未分配利润是施工企业实现的净利润经过弥补亏损、提取法定盈余公积和任意公积金、向投资者分配利润后留存在企业的、历年结存的利润，通常用于留待以后年度向投资者进行分配。

二、留存收益的会计核算

（一）提取盈余公积

施工企业按规定提取盈余公积时，借记“利润分配——提取法定盈余公积、提取任意盈余公积”科目，贷记“盈余公积——法定盈余公积、任意盈余公积”科目。

【例9－5】某施工企业税后盈利1 000 000元，按10%提取法定盈余公积。

借：利润分配——提取法定盈余公积　　100 000

　　贷：盈余公积——法定盈余公积　　100 000

（二）盈余公积弥补亏损

施工企业经董事会或类似机构决议批准，用盈余公积弥补亏损时，借记“盈余公积”科目，贷记“利润分配——盈余公积补亏”科目。

【例9－6】某施工企业上年亏损150 000元，用盈余公积弥补。

借：盈余公积　　150 000

　　贷：利润分配——盈余公积补亏　　150 000

（三）盈余公积转增资本

施工企业经批准用盈余公积转增资本时，应当于实际转增资本时，借记“盈余公积”科目，贷记“实收资本”等科目。

【例 9-7】某施工企业以盈余公积 200 000 元转增资本，增资后企业盈余公积仍不少于注册资本的 25%。

借：盈余公积　　200 000

　　贷：实收资本　　200 000

（四）未分配利润

未分配利润是指“利润分配——未分配利润”账户的期末余额。年度终了，企业将全年实现的净利润自“本年利润”账户转入“利润分配——未分配利润”账户贷方，如为净亏损则编制相反的会计分录，同时将“利润分配”内的其他明细账户转入“利润分配——未分配利润”账户的借方，结转后“未分配利润”明细账户的借方余额即为未弥补的亏损，贷方余额为未分配的利润。

【例 9-8】某施工企业 2014 年年初未分配利润为 20 万元，2014 年度实现净利润 600 万元，当年提取法定盈余公积 60 万元，提取任意盈余公积 30 万元，应付利润 170 万元。会计分录如下：

借：本年利润　　6 000 000

　　贷：利润分配——未分配利润　　6 000 000

借：利润分配——未分配利润　　2 600 000

　　贷：利润分配——提取法定盈余公积　　600 000

　　　　　　　　——提取任意盈余公积　　300 000

　　　　　　　　——应付利润　　1 700 000

通过上述会计处理可以得到“利润分配——未分配利润”科目的年末贷方余额为 3 600 000（200 000 + 6 000 000 - 2 600 000）元，即为该公司 2014 年年末的未分配利润数额。

第五节　所有者权益的主要税务问题

一、盈余公积虚列费用

【例 9-9】A 公司 2014 年税前利润 230 万元，据此申报缴纳所得税 57.5 万元，利润表显示计提法定盈余公积15万元，未分配利润为135万元。随后，税务人员检查发现，该公司直接在成本费用中提取的法定盈余公积，计提盈余公积的账务处理为：借记“管理费用”科目，贷记“盈余公积——法定盈余公积”科目。

分析：以上案例中，A公司的账务处理存在问题，直接影响了利润和企业所得税。法定盈余公积应在税后利润中进行提取，通过“利润分配”“盈余公积”科目进行处理，借记“利润分配——提取法定盈余公积”，贷记“盈余公积——法定盈余公积”。因此，该公司应调整相关账务，补缴欠缴的所得税。

二、盘盈资产未计收入

【例9-10】A公司在对自身资产进行盘查时，发现未入账加工机器设备一台，价值50 000元。该公司将未入账固定资产进行了账务处理，借记“固定资产”科目，贷记“资本公积”科目。但税务机关认为其账务处理错误，少缴了所得税。

分析：在这个案例中，企业盘盈资产已经入账，但账务处理存在问题，少计了营业外收入，以至于少缴企业所得税。根据《中华人民共和国企业所得税法实施条例》规定，盘盈的固定资产，以同类固定资产的市场价格或评估价值为计税基础入账，计入营业外收入账户。因此，该公司应调整相关账务，补缴欠缴的所得税。

三、关联企业减资

【例9-11】税务人员在对东方公司2013年账务审查时发现，5月25日金额为100万元的经济业务账务处理为：

借：实收资本——A公司　　1 000 000

　　贷：银行存款　　1 000 000

财务人员解释是投资人A公司撤回部分投资款。追溯以前年度，税务人员发现这笔款项是2011年由A公司进行投资的，具有股权投资协议书，A公司的账务上也已体现了投资，收回时也相应冲减了投资额，但工商部门没有东方公司的任何变更手续，双方只是以增减资的名义进行资金融通，加之两公司为关联企业，东方公司并未支付利息。

分析：案例中两公司并不是投资与被投资的关系，而是资金借贷关系，而且双方并未收取资金占用费，东方公司明显混淆权益性资本与借入资金的界限。关联企业相互占用资金，应按照独立企业之间的业务往来收取资金占用费并补缴相关税款。

第六节　所有者权益的主要审计问题

一、利用盈余公积隐瞒收入

【例9-12】审计人员对A公司进行例行检查，在履行了常规的发票核对，账实、账账、账表核实等程序后，没有发现异常情况。但审计人员发现，A公司生意很好，推算每年不应该只有几万元的收入。审计人员初步判断有隐瞒收入的可能，但在往来科目中并未发现有价值的线索。审计人员又了解到该公司现金结算的客户比较少，通过银行存款隐瞒收入的可能性应该比较大。在调阅了银行对账单与银行存款日记账进行核对后，并未发现账单不符和等额资金进出的情况，但审计人员在银行日记账上发现有多笔冲销错账的记录。抽查部分记账凭证发现，贷方科目全部是盈余公积，而所附原始凭证竟然是现金支票。原来，该公司为了隐瞒收入，想到通过盈余公积这个平时很少被关注的科目进行转账，而且对入账的银行存款采取了化整为零的做法，以冲销错账的方式分批取出。

分析：该企业的做法比较隐蔽，与通过往来款隐瞒收入的方式实质上是一致的。上述案例告诉我们，在进行相关性审计时，绝不可遗漏任何应关注的线索，除必要的常规审计外，关注可能隐藏收入的各类往来款项，如应收应付款项、预收预付款项、长期应付款、其他应收款等，当然更不能忽视平时很少被用作隐藏收入的资本公积、盈余公积等科目。因此，当这些科目的金额发生异常变化时，一定要进行仔细核查，尤其像本例中进行错账冲销，而且不能只关注发生额的变化，因为如果是红字冲销，发生额也为零。

二、违规虚假注册资本

【例9-13】审计人员在对A公司2014年账务进行审计时发现，该企业"其他应收款——张某"的账户年初与年末的金额都为30万元，经追溯以前年度该账户情况，审计人员又发现这笔资金于2012年2月开始就一直挂账，原始凭证为张某的一张借条。是什么钱要挂这么长时间？企业财务人员解释是借给了老板张某的，一直没有归还就挂在账上。但是，细心的审计人员发现，该公司2012年1月才成立，注册资本正是30万元。由此，该企业虚假注资的事实被发现。

分析：《公司法》中要求注册资本与实缴资本必须一致，这样，公司在成立之初就必须一次性缴清注册资本金，因而许多想开公司而资金不足的都会想方设法虚假注资，待注册成功后再把资金抽走，钻法律的空隙。因为，企业只有在银行基本账户批下来后才能将投资款转到基本账户，这时候钱才可以动用。上述流程中缺少任何环节，投资人的款一般是不能转走的。一些企业投资者投入的货币资金待验资后，反而以借款等名义达到变相抽走资本的目的。

三、无法偿付应付款项

【例9－14】和顺公司2012年购买A公司价值10万元的运输设备，由于资金不足未支付全部价款，仅支付6万元，其余挂在“应付账款”科目，直到2014年A公司也没有追讨。和顺公司经了解得知A公司2013年已倒闭，便将4万元全额转入盈余公积。年底未进行纳税调整。

分析：A公司倒闭，和顺公司应付账款无法偿付，但应缴纳企业所得税。根据《中华人民共和国企业所得税法实施条例》规定，其他收入应纳税，其中包括确实无法偿付的应付款项。因此，该公司应调整相关账务，补缴欠缴的企业所得税。

第十章 利润之源
——施工企业业务收入的会计核算

第一节 收入概述

一、收入的概念

收入是指施工企业在日常生产经营活动中形成的、会导致所有者权益增加、与所有者投入资本无关的经济利益的总流入，包括销售商品收入和提供劳务收入。收入的基本特征如图 10－1 所示。

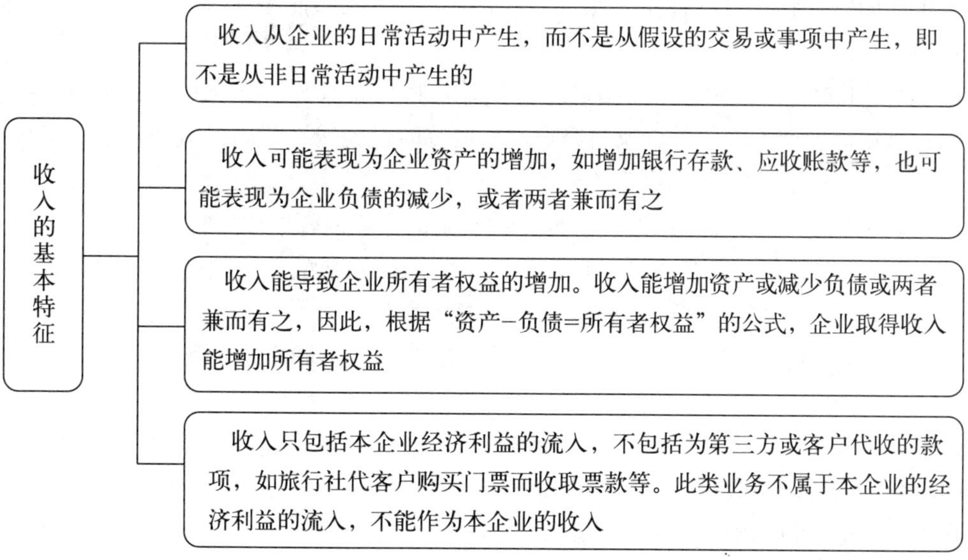

图 10－1 收入的基本特征

二、收入的确认条件

施工企业收入的来源渠道不同，收入来源的特征有所不同，其收入确认条件也往往存在差别，如销售商品、提供劳务等。一般而言，收入只有在经济利益很可能流入从而导致企业资产增加或者负债减少且经济利益的流入额能够可靠计量时才能予以确认，如图 10－2 所示。

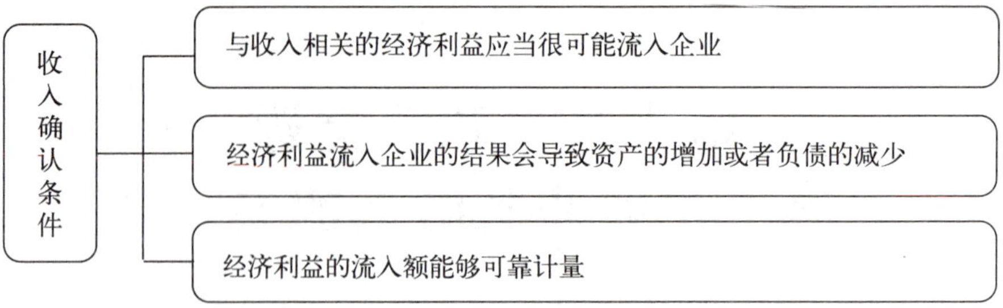

图 10－2　收入确认条件

三、施工企业收入的主要内容

施工企业的营业收入是指企业在生产经营活动中，由于承包工程、销售产品、提供劳务等实现的收入，营业收入是企业生产经营成果的价值表现，是企业的一项重要财务指标。

(一)建造工程合同收入

建造工程合同收入是指施工企业承包工程所获得的收入，包括合同中规定的初始收入和因合同变更、索赔、奖励等形成的收入。它是施工企业的主营业务收入。工程结算收入在施工企业的营业收入中占有较大比重，其收入水平的变化直接影响着企业的经济效益。其主要内容包括：

(1)建造工程合同初始收入，指建造承包方与客户在双方签订合同中最初商定的合同总金额。它包括合同工程价款以及向客户收取的临时设施费、劳动保险费、施工机构调迁费等。

(2)合同变更收入，是指因客户改变合同规定的作业内容增加的收入。

(3)工程索赔款收入，是指因客户或第三方的原因造成的、由建造承包方向客户或第三方收取的、用以补偿不包括在合同造价中的成本款项。

(4)奖励款，是指工程达到或超过规定的标准时，客户同意支付给建造承包方的额外款项。

其中，合同变更收入、索赔款和奖励款三部分收入并不构成合同双方在签订合同时已在合同中商定的合同总金额，而是在执行合同过程中由于合同变更、索赔、奖励等原因形成的收入。建造承包方施工企业不能随意确定这部分收入，只有在符合规定条件时才能构成合同总收入。

(二)其他业务收入

其他业务收入是施工企业除建造工程合同收入以外的兼营活动中取得的各项收入，是对主营业务收入的一种补充。其主要内容包括：

(1)产品销售收入，是指企业内部独立核算的生产单位销售产品取得的收入。如销售自制的各种建筑结构件，钢木门窗、砖、瓦、机械设备和机械配件等。

(2)机械作业收入，是指企业或其所属内部独立核算单位的机械或运输设备对外单位或内部其他独立核算单位提供机械作业、运输作业等取得的收入。

(3)材料销售收入，是指企业向其他企业(或内部独立核算单位)出售建筑材料或其他材料而获得的收入。

(4)无形资产转让收入，是指无形资产对外转让实现的收入。

(5)固定资产出租收入，是指企业对外单位出租机械设备等固定资产而取得的收入。

(6)对外承包工程收入，是指企业承包国外工程、国内外资工程和提供劳务获得的收入。

(7)多种经营收入，指施工企业开展多种经营业务(如饮食、服务、商业等)而获得的收入。

(8)其他兼营业务收入。

第二节　建造工程合同收入的会计核算

一、建造工程合同的概念及特征

建造合同，是指为建造一项或数项在设计、技术、功能、最终用途等方面密切相关的资产而订立的合同。其中，所指资产主要包括房屋、道路、桥梁、水坝等建筑物以及船舶、飞机、大型机械设备等。由于本书主要针对施工企业，如无特殊的说明，建造合同均指建造工程合同。

建造合同的主要特征在于：

(1)先有买主(即客户)，后有标底(即资产)，建造资产的造价在合同签订时就已经确定；

(2)资产的建设周期长，一般都要跨越一个会计年度，有的长达数年；

(3)所建造资产的体积大、造价高；

(4)建造合同一般为不可撤销合同。

二、建造工程合同的类型

建造合同一般分为两种类型，即固定造价合同和成本加成合同。

(一)固定造价合同

固定造价合同是指按照固定的合同价或固定单价确定工程价款的建造合同。例如，第一建筑公司与客户签订一项高速公路施工合同，总里程为100公里，每公里单价为600万元，该合同就是固定造价合同。

(二)成本加成合同

成本加成合同是指以合同约定或其他方式议定的成本为基础，加上该成本的一定比例或定额费用确定工程价款的建造合同。

例如，某建筑公司与客户签订一项建造污水处理设施的建造合同，双方约定以该设备的实际成本为基础，采用2%的加成率来计算合同总造价，该合同就是成本加成合同。

固定造价合同与成本加成合同的根本区别在于风险的承担者不同。固定造价合同中，由于工程价款已确定，使发包人的资产得以锁定，承包人的利润大小取决于承包合同实际成本的大小，因此固定造价合同风险主要由建造合同承包人来承担。在成本加成合同中，由于加成率或者定额费用固定，建造合同成本越大，导致建造资产的成本也越高，因此建造成本加成合同的风险主要由建造合同发包人承担。

(三)会计处理中的合同的合并与分立

施工企业通常应当按照单项建造合同进行会计处理。但是，在某些情况下，为了反映一项或一组合同的实质，需要将单项合同进行分立或将数项合同进行合并。

(1)一项包括建造数项资产的建造合同，同时满足下列条件的，每项资产应当分立为单项合同：

①每项资产均有独立的建造计划；

②与客户就每项资产单独进行谈判，双方能够接受或拒绝与每项资产有关的合同条款；

③每项资产的收入和成本可以单独辨认。

(2)追加资产的建造，满足下列条件之一的，应当作为单项合同：

①该追加资产在设计、技术或功能上与原合同包括的一项或数项资产存在重大差异；

②议定该追加资产的造价时，不需要考虑原合同价款。

(3)一组合同无论对应单个客户还是多个客户，同时满足下列条件的，应当合并为单项合同：

①该组合同按一揽子交易签订；

②该组合同密切相关，每项合同实际上已构成一项综合利润率工程的组成部分；

③该组合同同时或依次履行。

三、建造工程合同收入的内容

合同收入包括合同规定的初始收入和因合同变更、索赔、奖励等形成的收入两部分。合同规定的初始收入，即建造承包商与业主在双方签订的合同中最初商订的合同总金额，它构成了合同收入的基本内容。因合同变更、索赔、奖励等形成的收入并不构成合同双方在签订合同时已在合同中商订的合同总金额，而是在执行合同过程中由于合同变更、索赔、奖励等原因而形成的追加收入。

合同变更是指客户为改变合同规定的作业内容而提出的调整；索赔款是指因客户或第三方原因造成的、向客户或第三方收取的、用以补偿不包括在合同造价中成本的款项；奖励款是指工程达到或超过规定的标准，客户同意支付的额外款项。

（一）初始收入

初始收入是指建造承包商与客户双方签订的合同中最初商订的合同总金额，它构成了合同收入的基本内容。

（二）追加收入

追加收入并不构成合同双方在签订合同时已在合同中商订的合同总金额，而是在执行合同过程中由于合同变更、索赔、奖励等原因而形成的追加收入。建造承包商不能随意确认这部分收入，只有在符合规定条件时才能构成合同总收入。

追加收入具体包括以下的内容。

1. 合同变更收入

合同变更是指客户为改变合同规定的作业内容而提出的调整。合同的变更可能会导致最初的合同总金额发生变化。因合同变更而增加的收入，应在同时具备下列条件时予以确认：

（1）客户能够认可因变更而增加的收入；

（2）收入能够可靠地计量。

如果不同时具备上述两个条件，则不能确认变更收入。

2. 索赔款收入

索赔款是指因客户或第三方的原因造成的、由建造承包商向客户或第三方收取的、用于补偿不包括在合同造价中的成本的款项。因索赔款而形成的收入，应在同时具备下列条件时予以确认：

（1）根据谈判情况，预计对方能够同意这项索赔；

（2）对方同意接受的金额能够可靠地计量。

如果不同时具备上述条件，则不能确认索赔款收入。

3. 奖励款收入

奖励款是指工程达到或超过规定的标准时，客户同意支付给建造承包商的额外款项。因奖励而形成的收入应在同时具备下列条件时予以确认：

（1）根据目前合同完成情况，足以判断工程进度和工程质量能够达到或超过既定的标准；

（2）奖励金额能够可靠地计量。

如果不同时具备上述条件，则不能确认。

四、建造工程合同收入与费用的账务处理

（一）应设置的会计科目

施工企业应根据实施建造合同所发生的经济业务，准确、及时地登记合同发生的实际

成本和已办理结算的工程价款及实际已收取的工程价款，并根据工程施工进展情况，准确地确定合同完工进度，计量和确认当期的合同收入和费用。对于上述会计事项，可设置下列会计科目进行账务处理。

1.“工程施工”科目

“工程施工”科目核算企业实际发生的合同成本和合同毛利。本科目应当按照建造合同，分别“合同成本”“间接费用”“合同毛利”进行明细核算，期末借方余额反映企业尚未完工的建造合同成本和合同毛利。

企业进行合同建造时发生的人工费、材料费、机械使用费以及施工现场材料的二次搬运费、生产工具和用具使用费、检验试验费、临时设施折旧费等其他直接费用，借记“工程施工——合同成本”科目，贷记“应付职工薪酬”“原材料”等科目；发生的施工、生产单位管理人员职工薪酬、固定资产折旧费、财产保险费、工程保修费、排污费等间接费用，借记“工程施工——间接费用”科目，贷记“累计折旧”“银行存款”等科目。月末，将间接费用分配计入有关合同成本时，借记“工程施工——合同成本”科目，贷记“工程施工——间接费用”科目。

根据《企业会计准则——建造合同》确认合同收入、合同费用时，借记“主营业务成本”科目，贷记“主营业务收入”科目，按其差额借记或贷记“工程施工——合同毛利”科目。

合同完工时，将“工程施工”科目金额与相应的“工程结算”科目对冲，借记“工程结算”科目，贷记“工程施工”科目。

2.“工程结算”科目

“工程结算”科目核算企业根据建造合同约定向购买方办理结算的累计金额。本科目是“工程施工”科目的备抵科目，应当按照建造合同进行明细核算，期末贷方余额反映尚未完工工程已开出工程价款结算单办理结算的价款。

施工企业向购买方办理工程价款结算时，按应结算的金额，借记“应收账款”等科目，贷记“工程结算”科目。合同完工时，将“工程结算”科目余额与相应的“工程施工”科目对冲，借记“工程结算”科目，贷记“工程施工”科目。

(二)合同收入与合同费用的确认

1. 合同收入与合同费用确认的基本原则

合同收入与合同费用确认的基本原则是：

(1)如果建造合同的结果能够可靠估计，企业应根据完工百分比法在资产负债表日确认合同收入和合同费用。

(2)如果建造合同的结果不能够可靠估计，应分两种情况进行处理：

①合同成本能够收回的，合同收入根据能够收回的实际合同成本金额予以确认，合同成本在其发生的当期确认为合同费用；

②合同成本不可能收回的，应在发生时立即确认为合同费用，不确认合同收入。

合同预计总成本超过合同总收入的，应当将预计损失确认为当期费用。

2. 结果能够可靠估计的建造合同

建造合同的结果能够可靠估计的，企业应根据完工百分比法在资产负债表日确认合同收入和合同费用，完工百分比法是根据合同完工进度确认合同收入和费用的方法，运用这种方法确认合同收入和费用，能为报表使用者提供有关合同进度及本期业绩的有用信息，体现了权责发生制的要求。

(1)建造合同的结果能够可靠估计的认定标准。

固定造价合同的结果能够可靠估计的认定标准为：

①合同总收入能够可靠地计量；

②与合同相关的经济利益很可能流入企业；

③实际发生的合同成本能够清楚地区分和可靠地计量；

④合同完工进度和为完成合同尚需发生的成本能够可靠地确定。

成本加成合同的结果能够可靠估计的认定标准为：

①与合同相关的经济利益很可能流入企业；

②实际发生的合同成本能够清楚地区分和可靠地计量。

(2)完工进度的确定。

确定合同完工进度有以下三种方法：

①根据累计实际发生的合同成本占合同预计总成本的比例确定。

该方法是确定合同完工进度比较常用的方法。计算公式如下：

合同完工进度＝累计实际发生的合同成本/合同预计总成本×100%

累计实际发生的合同成本是指形成工程完工进度的工程实体和工作量所耗用的直接成本和间接成本，不包括与合同未来活动相关的合同成本(如施工中尚未安装、使用或耗用的材料成本)，以及在分包工程的工作量完成之前预付给分包单位的款项(根据分包工程进度支付的分包工程进度款，应构成累计实际发生的合同成本)。

【例10－1】某建筑公司承建A工程，工期2年，A工程的预计总成本为2 000万元。第一年，该建筑公司的“工程施工——A工程”账户的实际发生额为1 200万元。其中：人工费400万元，材料费500万元，机械作业费250万元，其他直接费用和工程间接费用50万元。经查明，A工程领用的材料中有一批虽已运到施工现场但尚未使用，尚未使用的材料成本为100万元，根据上述资料计算第一年的完工进度如下：

合同完工进度＝(1 200－100)/2 000×100%＝55%。

②根据已经完成的合同工作量占合同预计总工作量的比例确定。

该方法适用于合同工作量容易确定的建造合同，如道路工程、土石方挖掘、砌筑工程等。计算公式如下：

合同完工进度＝已经完成的合同工作量/合同预计总工作量×100%

【例 10－2】新华道桥公司签订了修建一条 100 公里高速公路的一项建造合同，合同规定的总金额为 6 000 万元，工期为 3 年。该公司第一年修建了 30 公里，第二年修建了 40 公里。根据上述资料，计算合同完工进度如下：

第一年合同完工进度＝30/100×100%＝30%。

第二年合同完工进度＝(30＋40)/100×100%＝70%。

③根据实际测定的完工进度确定。

该方法是在无法根据上述两种方法确定合同完工进度时所采用的一种特殊的技术测量方法，适用于一些特殊的建造合同，如水下施工工程等。需要注意的是，这种技术测量并不是由建造承包商自行随意测定，而应由专业人员现场进行科学测定。

(3)完工百分比法的运用。

确定建造合同的完工进度后，就可以根据完工百分比法确认和计量当期的合同收入和费用。当期确认的合同收入和费用可用下列公式计算：

当期确认的合同收入＝合同总收入×完工进度－以前会计期间累计已确认的收入

当期确认的合同费用＝合同预计总成本×完工进度－以前会计期间累计已确认的费用

当期确认的合同毛利＝当期确认的合同收入－当期确认的合同费用

注：上述公式中的完工进度指累计完工进度。

对于当期完成的建造合同，应当按照实际合同总收入扣除以前会计期间累计已确认收入后的金额，确认为当期合同收入；同时，按照累计实际发生的合同成本扣除以前会计期间累计已确认费用后的金额，确认为当期合同费用。

【例 10－3】北方建筑工程公司于 2013 年 5 月开始承包一项办公用房的建筑工程，预计 2015 年 8 月完成。合同总造价 12 000 000 元，估计成本为 8 000 000 元，最后，实际的工程总成本为 810 万元。这三年来，此项工程的成本投入情况如表 10－1 所示。

表 10－1　工程的成本投入情况表

单位：万元

项目	2013 年	2014 年	2015 年
本年度实际投入成本	200	300	310
累计发生的成本	200	500	810
估计应继续投入的成本	600	300	0
应收工程结算款项	400	400	400
当年实际收回的工程款	350	450	400

由于此项建造合同的结果能够可靠估计，因此依据完工百分比法对每一年的成本收入进行确认，据累计实际发生的合同成本占合同预计总成本的比例确定完工百分比。对每一年的经济业务进行相应的账务处理。

(1) 2013 年年末。

当年年底的完工进度 =200/(200 +600) ×100% =25%。

当期确认的合同收入 = 1 200 ×25% =300(万元)。

当期确认的合同费用 = 800 ×25% =200(万元)。

当期确认的合同毛利 = 300 -200 = 100(万元)。

应进行如下的账务处理:

①2013 年当工程领用材料、发生人工等累计发生的工程成本时。

借:工程施工——合同成本　　2 000 000

　　贷:原材料、应付职工薪酬等　　2 000 000

②根据计算所得,2013 年度应确认的收入和毛利。

借:工程施工——毛利　　1 000 000

　　主营业务成本　　2 000 000

　　贷:主营业务收入　　3 000 000

③根据合同规定 2013 年确认应收工程价款。

借:应收账款——应收工程款　　4 000 000

　　贷:工程结算　　4 000 000

④2013 年收取工程价款时。

借:银行存款　　3 500 000

　　贷:应收账款——应收工程款　　3 500 000

(2)2014 年年末。

当年年底的完工进度 =500/(500 +300) ×100% =62.5%。

当期确认的合同收入 =1 200 ×62.5% -300 =450(万元)。

当期确认的合同费用 =800 ×62.5% -200 =300(万元)。

当期确认的合同毛利 =450 -300 =150(万元)。

应进行如下账务处理:

①2014 年当工程领用材料、发生人工等累计发生的工程成本时。

借:工程施工——合同成本　　3 000 000

　　贷:原材料、应付职工薪酬等　　3 000 000

②根据计算所得,2014 年度应确认的收入和毛利。

借:工程施工——毛利　　1 500 000

　　主营业务成本　　3 000 000

　　贷:主营业务收入　　4 500 000

③根据合同规定,2014 年确认应收工程价款时:

借:应收账款——应收工程款　　4 000 000

　　贷:工程结算　　4 000 000

④2014 年收取工程价款时：

借：银行存款　　4 500 000

　　贷：应收账款——应收工程款　　4 500 000

(3)2015 年 10 月末，竣工后。

当年的完工进度 =(200 + 300 + 310)/810 × 100% = 100%。

当期确认的合同收入 = 1 200 × 100% - 300 - 450 = 450(万元)。

当期确认的合同费用 = 810 × 100% - 200 - 300 = 310(万元)。

当期确认的合同毛利 = 450 - 310 = 140(万元)。

应进行如下的账务处理：

①2015 年当工程领用材料、发生人工等累计发生的工程成本时。

借：工程施工——合同成本　　3 100 000

　　贷：原材料、应付职工薪酬等　　3 100 000

②根据计算所得，2015 年度应确认的收入和毛利。

借：工程施工——合同毛利　　1 400 000

　　主营业务成本　　3 100 000

　　贷：主营业务收入　　4 500 000

③根据合同规定，2015 年确认应收工程价款时。

借：应收账款——应收工程款　　4 000 000

　　贷：工程结算　　4 000 000

④2015 年收取工程价款时。

借：银行存款　　4 000 000

　　贷：应收账款——应收工程款　　4 000 000

(4)2015 年记录工程完工，结转工程成本。

借：工程结算　　12 000 000

　　贷：工程施工——合同成本　　8 100 000

　　　　工程施工——毛利　　3 900 000

3. 结果不能可靠估计的建造合同

如果建造合同的结果不能可靠估计，则不能采用完工百分比法确认和计量合同收入和费用，而应区别以下两种情况进行会计处理：

(1)合同成本能够收回的，合同收入根据能够收回的实际合同成本予以确认，合同成本在其发生的当期确认为合同费用；

(2)合同成本不可能收回的，应在发生时立即确认为合同费用，不确认合同收入。

【例 10 -4】北方建筑工程公司与客户签订了一项总金额为 120 万元的建造合同。第一年实际发生工程成本 50 万元，双方均能履行合同规定的义务，但建筑公司在年末时对该项工程的完工进度无法可靠确定。

①该公司不能采用完工百分比法确认收入。由于客户能够履行合同，当年发生的成本均能收回。所以，公司可将当年发生的成本金额同时确认为当年的收入和费用，当年不确认利润。其账务处理如下：

借：主营业务成本　　500 000

　　贷：主营业务收入　　500 000

②如果该公司当年与客户只办理价款结算30万元，其余款项可能无法收回，在这种情况下，该公司只能将30万元确认为当年的收入，50万元应确认为当年的费用。其账务处理如下：

借：主营业务成本　　500 000

　　贷：主营业务收入　　300 000

　　　　工程施工——合同毛利　　200 000

③如果使建造合同的结果不能可靠估计的不确定因素不复存在，就不应该再按照上述规定确定合同收入和费用，而应转为按照完工百分比法确认合同收入和费用。

如果到了第二年，完工进度无法可靠确定的因素消除。第二年实际发生成本为30万元，预计为完成合同尚需发生的成本为20万元，则企业应该确认的合同收入和费用如下：

第二年合同完工进度 $=(50+30)/(50+30+20)=80\%$。

第二年确认的合同收入 $=120\times80\%-30=66$（万元）。

第二年确认的合同成本 $=(50+30+20)\times80\%-50=30$（万元）。

第二年确认的合同毛利 $=66-30=36$（万元）。

账务处理如下：

借：主营业务成本　　300 000

　　工程施工——合同毛利　　360 000

　　贷：主营业务收入　　660 000

第三节　工程价款结算的会计核算

一、工程价款结算的方式

施工企业对于已完工程或竣工工程，应与发包单位结算工程价款。建筑安装工程价款的结算，一般可采用以下几种方式：

(1)按月结算，即在月终按已完分部分项工程结算工程价款。

施工企业在采用按月结算工程价款方式时，要先取得各月实际完成的工程数量，并按照工程预算定额中的工程直接费用预算单价、间接费用定额和合同中采用的利税率，计算出已完工程造价。实际完成的工程数量，由施工单位根据有关资料计算，并编制“已完工程月报表”，然后按照发包单位编制“已完工程月报表”，将各个发包单位的本月已完工程造价汇总反映。再根据“已完工程月报表”编制“工程价款结算账单”，与“已完工程月报表”一起，分送发包单位和经办银行，据以办理结算。

(2)分段结算，即按工程形象进度划分的不同阶段(部位)，分段结算工程价款。

施工企业在采用分段结算工程价款方式时，要在合同中规定工程部位完工的月份，根据已完工程部位的工程数量计算已完工程造价，按发包单位编制“已完工程月报表”和“工程价款结算账单”。

(3)竣工后一次结算，即在单项工程或建设项目全部建筑安装工程竣工以后结算工程价款。

实行完成合同后(竣工)一次结算工程价款办法的工程合同，应于合同完成、施工企业与客户进行工程价款结算时，确认工程结算收入的实现，实现的收入额为承发包双方结算的合同价款总额。

“工程价款结算账单”是办理工程价款结算的依据。工程价款结算账单中所列应收工程款应与随同附送的“已完工程月报表”中的工程造价相符，“工程价款结算账单”除了列明应收工程款外，还应列明应扣预收工程款、预收备料款、发包单位供给材料价款等应扣款项，算出本月实收工程款。

为了保证工程按期收尾竣工，工程在施工期间，不论工程长短，其结算工程款一般不得超过承包工程价值的95%，结算双方可以在5%的幅度内协商确定尾款比例，并在工程承包合同中订明。施工企业如已向发包单位出具履约保函或有其他保证的，可以不留工程尾款。

二、工程结算收入的会计核算

(一)核算工程结算收入时应设立的科目

为了反映施工企业已完工程结算收入，工程结算成本和工程结算税金及附加，应设置如下会计科目：

(1)“主营业务收入”科目，用以核算企业承包工程实现的工程价款收入，向客户收取的各种索赔款，以及按照规定列作营业收入的临时设施费、劳动保险费、施工机构迁移费等其他款项。本科目贷方登记企业实现的工程价款收入和应向客户收取的临时设施费、劳动保险费及施工机构迁移费等其他款项；借方登记实现的工程价款转入“本年利润”账户的数额，转结后本科目应无余额。

(2)“主营业务成本”科目，用以核算企业已完工程的实际成本。本科目借方登记本月办理已完工程价款结算的已完工程实际成本，贷方登记期末转入“本年利润”账户的数额，期末结转后无余额。

(3)“营业税金及附加”科目，用以反映企业因从事建筑安装生产活动取得工程价款结算收入而按规定缴纳的城市维护建设税和教育费附加等。本科目借方登记企业按规定计算出应缴纳的各种税金及附加费，贷方登记期末转入“本年利润”的数额，结转后本科目应无余额。

(4)“应收账款——应收工程款”科目，用以核算企业与客户办理工程价款结算时，按照工程合同规定应向其收取的工程价款和按照规定标准单独计算收取的临时设施费和劳动保险费。本科目借方登记根据工程价款结算账单确定的工程价款和同工程价款一并向客户收取的临时设施费和劳动保险费，贷方登记收到的工程款、临时设施费、劳动保险费和根据工程合同规定扣还预收的工程款以及一定比例的预收备料款，余额在借方，反映尚未收到的应收工程款。本科目应按客户和工程合同进行明细分类核算。

(二)核算工程结算收入的账务处理

1. 非竣工结算方式的核算

非竣工结算就是定期结算。按照这种结算办法的规定，施工企业可以向客户预收工程备料款和工程进度款。

【例10-5】某施工企业承包一项工程，工期18个月，施工图预算造价1 200 000元，工程合同规定按合同造价的30%预付备料款，工程款月中预支，月末按进度结算。分录如下：

①收到客户按合同规定拨付的预收备料款360 000元。

借：银行存款　　360 000

　　贷：预收账款——预收备料款(某单位)　　360 000

②本月月中开出“工程款预支账单”，向客户预支工程款60 000元，已存入银行。

借：银行存款　　60 000

　　贷：预收账款——预收工程款(某单位)　　60 000

③月末开出“工程价款结算账单”，向客户办理工程价款结算，本月完工价款150 000元。

借：应收账款——应收工程款　　150 000

　　贷：工程结算　　150 000

④本月应扣还预收备料款50 000元，同时抵扣月中预收的工程款60 000元。

借：预收账款——预收工程款　　110 000

　　贷：应收账款——应收工程款　　110 000

⑤应另向发包单位收取临时设施费5 000元，劳动保险费1 000元。

借：应收账款——应收工程款　　6 000

　　贷：工程结算　　6 000

⑥按规定税率计算并结转应交的营业税3 480元，城市维护建设税244元。

借：营业税金及附加　　3 724

　　贷：应交税费——应交营业税　　3 480

　　　　　　　——应交城建税　　244

⑦结转本月已办理结算工程的实际成本96 000元

借：主营业务成本　　96 000

　　工程施工——合同毛利——某工程　　60 000

　　贷：主营业务收入　　156 000

⑧结转本月工程结算成本款96 000元。

借：本年利润　　96 000

　　贷：主营业务成本　　96 000

⑨结转本月工程结算款156 000元。

借：主营业务收入　　156 000

　　贷：本年利润　　156 000

⑩收到客户46 000元的支票一张。

借：银行存款　　46 000

　　贷：应收账款——应收工程款　　46 000

最后工程全部完工，将“工程施工”和“工程结算”账户对冲。

2. 竣工结算方式的核算

【例10－6】某施工企业年初承包一项工程，工期9个月，施工图预算造价500 000元。工程实际成本为380 000元。工程合同规定，按造价30%付备料款，其中20%由客户直接拨付水泥、钢材抵付备料款。工程价款竣工后一次性付款。分录如下：

①收到发包合同规定拨付的备料款50 000元。

借：银行存款　　50 000

　　贷：预收账款——预收备料款　　50 000

②收到客户按规定拨付抵作备料款的水泥、钢材，预算价格为100 000元。该批钢材计划价格与预算价格相同。

借：原材料——水泥、钢材　　100 000

　　贷：预收账款——预收备料款　　100 000

③年末工程按期竣工交付使用，企业开出“工程价款结算账单”向客户结算工程价490 000元。

借：应收账款——应收工程款　　490 000

　　贷：工程结算——某工程　　490 000

④从应收款中扣还客户预收的备料款。

借：预收账款——预收工程款　　150 000

　　贷：应收账款——应收工程款　　150 000

⑤按工程价款收入计算并结转应交纳的营业税 14 700 元，城市维护建设税 1 029 元。

借：营业税金及附加　15 729
　　贷：应交税费——应交营业税　14 700
　　　　　　　——应交城建税　1 029

⑥结转该工程实际成本 380 000 元。

借：主营业务成本——某工程　380 000
　　工程施工——合同毛利——某工程　110 000
　　贷：主营业务收入——某工程　490 000

⑦结转该项工程结算成本 380 000 元。

借：本年利润　380 000
　　贷：主营业务成本　380 000

⑧结转该项工程结算收入 490 000 元。

借：主营业务收入　490 000
　　贷：本年利润　490 000

⑨收到客户转账支付的工程价款 340 000 元。

借：银行存款　340 000
　　贷：应收账款——应收工程款　340 000

⑩用银行存款上交营业税 14 700 元和城市维护建设税 1 029 元。

借：应交税费——应交营业税　14 700
　　　　　　——应交城建税　1 029
　　贷：银行存款　15 729

⑪最后工程完工，将“工程施工”和“工程结算”账户对冲。

借：工程结算　490 000
　　贷：工程施工——合同成本——某工程　380 000
　　　　　　　——合同毛利——某工程　110 000

3. 分包工程价款结算的核算

施工企业承包的工程，除了自行施工外，往往还要将其中的一部分工程分包给外单位施工，相互之间发生的工程价款结算的核算举例如下。

【例 10－7】某施工企业根据预付备料款额度，通过银行向分包单位预付备料款 27 600 元，应记入“预付账款——预付分包备料款”科目的借方和“银行存款”科目的贷方：

借：预付账款——预付分包备料款　27 600
　　贷：银行存款　27 600

该企业与发包单位办好手续，由发包单位拨给分包单位主要材料一批(计价20 000元)抵作预付备料款时，应记入“预付账款——预付分包备料款”科目的借方和“预收账款——预收备料款”科目的贷方：

借：预付账款——预付分包备料款　　20 000

　　贷：预收账款——预收备料款　　20 000

该企业按工程分包合同规定，于月中根据工程进度预付给分包单位15 000元工程款时，应记入“预付账款——预付分包工程款”科目的借方和“银行存款”科目的贷方：

借：预付账款——预付分包工程款　　15 000

　　贷：银行存款　　15 000

月末，根据经审核的分包单位提出的“工程价款结算账单”结算应付已完工程款32 000元时，应记入“工程施工”或“生产成本——工程施工成本”科目的借方和“应付账款——应付分包工程款”科目的贷方：

借：工程施工——工程施工成本　　32 000

　　贷：应付账款——应付分包工程款　　32 000

该企业根据合同规定，从应付分包工程款中扣除预付的工程款15 000元和预付备料款2 000元时，应记入“应付账款——应付分包工程款”科目的借方和“预付账款——预付分包工程款”“预付账款——预付分包备料款”科目的贷方：

借：应付账款——应付分包工程款　　17 000

　　贷：预付账款——预付分包工程款　　15 000

　　　　　　　　——预付分包备料款　　2 000

从银行存款支付分包单位工程款15 000(32 000－17 000)元时，应记入“应付账款——应付分包工程款”科目的借方和“银行存款”科目的贷方：

借：应付账款——应付分包工程款　　15 000

　　贷：银行存款　　15 000

(三)工程完工时“工程施工”科目与“工程结算”科目的结平

施工企业为了正确组织合同工程成本的核算，应当根据工程合同确定的成本核算对象，开设成本明细账，把工程施工过程中发生的各种成本费用及时记入按成本核算对象设置的成本明细账。当合同工程完工时，该明细账汇总的累计发生的费用，即为该项已完工程的实际成本。当工程完工时，将“工程施工”科目的余额，与“工程计算”的科目余额进行对冲。

【例10-8】安泰工程本月完工，工程累计实际成本513 835元。累计结算工程价款620 000元，工程合同毛利106 165元，结转已完工程成本，编制如下会计分录：

借：工程结算　620 000

　贷：工程施工——合同毛利——某工程　106 165

　　　——合同成本——某工程　513 835

第四节　其他业务收入的会计核算

一、其他业务收入的确认

施工企业的其他业务收入一般包括商品销售收入、作业销售收入、材料销售收入和其他销售收入等。各种类型收入的确认条件如下。

（一）商品销售收入的确认

销售商品收入同时满足下列条件的，才能加以确认：

(1)企业已将商品所有权上的主要风险和报酬转移给购货方；

(2)企业既没有保留通常与所有权相联系的继续管理权，也没有对已售出的商品实施有效控制；

(3)收入的金额能够可靠地计量；

(4)相关的经济利益很可能流入企业；

(5)相关的已发生或将发生的成本能够可靠地计量。

其中，商品包括企业为销售而生产的产品和为转售而购进的商品，如工业企业生产的产品、商业企业购进的商品等，企业销售的其他存货如原材料、包装物等，也视同商品。

企业销售商品应同时满足上述5个条件，才能确认收入。任何一个条件没有满足，即使收到货款，也不能确认收入。

（二）提供劳务交易结果能够可靠估计的条件

如果劳务是在同一会计年度开始并完成，应在完成劳务时确认。如果劳务的开始和完成分属不同的会计年度，在提供劳务交易结果能够可靠估计的情况下，应按完成百分比法确认营业收入。提供劳务交易的结果能够可靠估计，是指同时满足下列条件：

(1)收入的金额能够可靠地计量，是指提供劳务收入的总额能够合理地估计。

(2)相关的经济利益很可能流入企业，是指提供劳务收入总额收回的可能性大于不能收回的可能性。

(3)交易的完工进度能够可靠地确定，是指交易的完工进度能够合理地估计。

(4)交易中已发生和将发生的成本能够可靠地计量，是指交易中已经发生和将要发生的成本能够合理地估计。

(三)让渡资产使用权取得收入的确认

施工企业出租机器设备的业务属于让渡资产使用权，让渡资产使用权收入主要包括两类，即利息收入和使用费收入。企业对外出租资产收取的租金、进行债权投资收取的利息、进行股权投资取得的股利，也属于让渡资产使用权形成的收入。

让渡资产使用权收入同时满足下列条件的，才能予以确认：一是相关的经济利益很可能流入企业；二是收入的金额能够可靠地计量。

二、其他业务收入的会计核算

施工企业的其他销售收入业务应通过“其他业务收入”和“其他业务成本”账户进行核算。为了分别反映产品销售、作业销售、材料销售和其他销售的销售收入和销售成本、销售税金，应在“其他业务收入”账户下设置“产品销售收入”“作业销售收入”“材料销售收入”等二级账户；在“其他业务成本”账户下设置“产品销售支出”“作业销售支出”“材料销售支出”等二级账户分别进行核算。

(一)产品销售核算

施工企业附属工业企业销售产品实现的销售收入、发生的销售成本和销售税金支出，应分别在“其他业务收入——产品销售收入”和“其他业务成本——产品销售支出”账户核算。

【例10-9】北方建筑工程公司所属水泥搅拌站销售水泥100吨，每吨售价400元，实际成本为每吨260元。该公司营业税率为3%，城市维护建设税为营业税的7%，教育费附加为营业税的3%。此笔销售业务应缴纳的营业税为1 200元，城建税为84元，教育费附加为36元。

注：北方建筑工程公司是缴纳营业税的单位，对于其零散的销售业务，视为兼业收入，按缴纳营业税处理。

①收到货款时，分录如下。

借：银行存款　　40 000

　　贷：其他业务收入——产品销售收入　　40 000

②结转成本时，分录如下。

借：其他业务成本——产品销售支出　　26 000

　　贷：库存商品　　26 000

③结转应交营业税、城建税和教育费附加，分录如下。

借：其他业务成本——产品销售支出　1 320

　　贷：应交税费——应交营业税　1 200

　　　　　　　　——应交城建税　84

　　　　　　　　——应交教育费附加　36

④月份终了，应将“其他业务收入——产品销售收入”“其他业务成本——产品销售支出”账户的余额，分别转入“本年利润”账户的贷方和借方，分录如下。

借：其他业务收入　40 000

　　贷：本年利润　40 000

借：本年利润　27 320

　　贷：其他业务成本　27 320

(二)作业销售的核算

施工企业为其他企业提供机械、运输作业所发生的销售收入和销售成本、销售税金，应分别在“其他业务收入——作业销售收入”和“其他业务成本——作业销售支出”账户核算。

【例 10－10】 北方建筑工程公司出动一台铲车和三辆载重汽车给其他施工企业清运砂石，应收价款 10 000 元，应交营业税金 300 元，应交城市维护建设税 21 元，应交教育费附加 9 元。按规定台班成本标准，应结转的作业成本为 8 000 元。

①收到作业收入 10 000 元时，分录如下。

借：银行存款　10 000

　　贷：其他业务收入——作业销售收入　10 000

②结转机械对外作业成本，分录如下。

借：其他业务成本——作业销售支出　8 000

　　贷：机械作业　8 000

③结转应交税费及教育费附加，分录如下。

借：其他业务成本——作业销售支出　330

　　贷：应交税费——应交营业税　300

　　　　　　　　——应交城建税　21

　　　　　　　　——应交教育费附加　9

(三)材料销售的核算

施工企业对外销售材料所发生的收入，应记入“银行存款”“应收账款”等账户的借方和“其他业务收入——材料销售收入”账户的贷方。结转销售材料的实际成本，记入“其他业务成本——材料销售支出”账户的借方和“原材料”“材料成本差异”等账户的贷方；应交的税金和教育费附加，应记入“其他业务成本——材料销售支出”账户的借方和“应交税费”“应交税费——应交教育费附加”账户的贷方。

【例10－11】北方建筑工程公司将本公司剩余的一批地砖对外销售。这批地砖的实际成本为20 000元，该公司对材料按照实际成本法进行核算。获得销售款30 000元，货款收到并存入开户银行。

注：北方建筑工程公司是缴纳营业税的单位，对于其零散的销售业务，视为兼业收入，按缴纳营业税处理。

①收到材料销售货款时，分录如下。

借：银行存款　　30 000

　　贷：其他业务收入——材料销售收入　　30 000

②结转材料实际成本，分录如下。

借：其他业务成本——材料销售支出　　20 000

　　贷：原材料——主要材料　　20 000

③这项销售业务需要缴纳营业税900元、城市维护建设税共计63元。应交教育费附加27元。分录如下。

借：其他业务成本——材料销售支出　　990

　　贷：应交税费——营业税　　900

　　　　　　　　——城建税　　63

　　　　　　　　——应交教育费附加　　27

(四)其他销售的核算

施工企业对其他企业提供技术服务、技术转让所发生的收入，应记入“银行存款”账户的借方和“其他业务收入——技术服务收入”和“其他业务收入——无形资产转让收入”账户的贷方。提供技术服务和技术转让的成本以及应交税费和教育费附加，应记入“其他业务成本——技术服务支出”“其他业务成本——无形资产转让支出”账户的借方和“应交税费——应交教育费附加”等账户的贷方。

施工企业对其他企业出租机械、设备所发生的收入，应记入“银行存款”“应收账款”等账户的借方和“其他业务收入——机械设备出租收入”账户的贷方。出租机械、设备所发生的各项费用，应先记入“机械作业——机械出租”账户借方，月终转出出租机械设备实际成本和应交税费、教育费附加时，应记入“其他业务成本——机械设备出租支出”账户的借方和“机械作业——机械出租”“应交税费”“应缴税费——应交教育费附加”等账户的贷方。

第五节　收入的主要税务问题

一、预收、应收款长期挂账

【例 10－12】某工程公司 2014 年实现工程结算收入 500 万、利润 50 万元。税务人员对“预收账款”等往来科目检查时发现：该公司 2014 年 10～12 月预收 A 工程款 150 万元，未结转工程结算收入。该公司的解释为工程刚刚开工，但税务人员经实地考察得知该工程已竣工。

分析：该公司将应结转收入的工程款挂在预收账款上，隐匿工程进度，从而减少了应纳的营业税税款和企业所得税税款，应当补缴企业所得税。

二、房租收入管理混乱

【例 10－13】税务机关在对中友工程公司 2014 年账面进行检查时发现，该公司房租收入数额较大，但未及时申报缴纳房产税且房租收入归类混乱，有些收入反映在“其他业务收入”账户，有些则反映在“营业外收入”账户。税务人员查询得知，收入归类混乱是年度中间会计更换频繁所致。该公司 2014 年工区的房租收入 10 万元，未申报房产税。

分析：该公司违反《会计法》有关规定在年度中间频繁更换会计，导致会计工作缺乏连续性，执行会计制度不严格，从而忽视了房产税的及时申报工作。且其房租收入应按时申报缴纳房产税，租金的税率为 12%，应交房产税 12 000 元（100 000 × 12%）。账务调整：

①提取房产税时。

借：管理费用	12 000	
贷：应交税费——应交房产税		12 000

②上缴税款时。

借：应交税费——应交房产税	12 000	
贷：银行存款		12 000

第六节　收入的主要审计问题

一、隐匿收入

【例 10－14】A 公司被举报隐瞒收入、偷逃税款。审计人员发现，该公司费用水平比较均衡，都是每月 10 万元左右，而收入却呈现出前高后低的走势，即上半年和下半年收入差距比较明显，下半年根本没有收入。审计人员开始怀疑是隐瞒收入，但经询问公司财务人员得知公司下半年厂房在装修，又核对了相关票据和账务后，排除了判断。审计人员要求公司提供装修合同，合同显示工期为6月25日至1月25日，整整7个月，装修款分3笔支付，最后一笔应在工程验收完后10天支付。但审计人员核对了付款依据，发现其中最晚一笔在10月5日支付。装修没有完成，为什么要提前付款？审计人员又在公司每月的工资清单上发现，10月份人员与9月份的相比发生了很大变化，超过2成是新名字。面对种种疑问，该公司不得不承认，装修实际早在9月20日就已经完工，人员也是全部重新招聘的，10月1日正式生产，但是销售货物并未给客户提供发票，只提供收据。该公司提供的真正合同显示，工期为6月25日至9月25日，整整3个月。

分析：从该案例可以看出，该公司采取真装修、假工期的方式，利用假合同隐瞒真正工期、偷逃收入。采用这种方式的企业虽然不多，但是很有典型性。由于审计人员都是事后审计，企业完全有作弊的时间和空间，这就对审计人员提出了比较高的要求。在类似以人为延长工期隐瞒收入的审计中，应重点关注小型企业在此期间相关费用的支出情况，尤其要仔细核对货币资金的变动，有无在工期内支付所有款项的依据。同时，要重视对人员薪酬的核实，尤其是采取提成工资的企业，一般工期内不可能有效益，如果在工期内发放高额的工资就要引起足够的怀疑。

二、销售收入计入应付账款

【例10－15】审计人员对A公司2014年度的销售收入进行分析，发现本年度的销售收入比上年明显减少，而对照在前期调查中的了解，A公司本年度生产销售情况是历史上最好的情况。审计人员认为销售收入的真实性值得怀疑，于是抽查了8月份、10月份的会计凭证，发现其原始凭证中有发票的记账联反映的“应付账款”共计120万元。审计人员针对这种情况询问了当事人，并向应付账款的对方企业函证，发现A公司是将企业正常的销售收入反映在“应付款项”中，作为其他的暂存款处理。

分析：被审计单位的做法是错误的，审计人员应当要求被审计单位及时进行改正。

第十一章　有所得，须有付出
——施工企业成本费用的会计核算

第一节　工程成本概述

施工企业在其存续期间内，为了进行施工生产而发生的各种耗费，可以笼统地称之为施工成本费用。在施工企业的会计核算实务中，为了准确地核算每一个施工项目的成本耗费，以比较各种工程项目的经济效益，往往需要把与生产有直接关系的生产费用，以各个单项工程为对象，按一定的方法进行归集，就构成各项工程的工程成本。

施工企业工程成本的会计核算，就是对在一定时期内的费用成本支出的归集、分配、再归集、再分配和工程成本形成的会计核算，它是施工企业会计核算的主要内容。

一、工程成本的概念与分类

（一）工程成本的概念

施工企业为进行某一项工程的施工所发生的直接人工、直接材料、机械使用费、其他直接费用和间接费用的总和，构成了施工企业的工程成本。施工企业在施工过程中，一方面生产出建筑产品，另一方面消耗一定数量的人力、物力和财力，这些消耗的货币表现即为施工费用。也就是说，施工费用是指施工企业在生产经营过程中发生的各种耗费，费用包括工程成本和期间费用两部分。

一般而言，工程成本是依据配比性原则，可以和某一项工程的施工收入相联系配比的，而期间费用很难和某一项工程的施工收入相联系配比，它作为施工企业整体的支出，作为企业当期的一项成本耗费，从当期的总收入中扣除。

（二）工程成本的分类

根据建筑安装工程的特点和工程成本管理的要求，施工企业的工程成本一般可分为工程预算成本、工程计划成本和工程实际成本。

(1) 工程预算成本，是指施工企业根据施工图纸设计确定的建筑安装工程实物量和国家或地区制定的预算定额、预算单价以及有关收费标准计算确定的工程成本。

(2) 工程计划成本，是指施工企业以工程预算为基础，根据确定的一定时期降低成本的目标，结合工程实际情况，在充分考虑可以达到的实际能力前提下，计算得出的工程成本。

(3)工程实际成本，是指施工企业为了完成特定的建筑安装工程任务，按照确定的工程成本核算对象和成本项目归集的实际成本。

二、工程成本项目的内容

建筑安装工程成本，是施工企业在生产经营过程中，为完成一定数量的建筑工程和安装工程所发生的费用总和。它是全面反映经营管理工作质量的一个综合指标。

建筑承包商建造工程合同成本，应当包括从合同签订开始至合同完成为止所发生的与执行合同有关的所有直接费用和间接费用。建造工程合同成本在施工企业通常称为建筑安装工程成本，具体分为以下项目。

(一)材料费

材料费指在施工过程中所耗用的、构成工程实体或有助于工程形成的各种主要材料、外购结构件(包括内部独立核算附属工业企业供应的结构件)的费用，以及周转材料的摊销及租赁费用。

(二)人工费

人工费是指直接从事建筑安装工程施工生产的作业人员开支的各项费用，也可以理解为完成各项分部分项工程所需支出的生产工人工资或费用，它等于完成各项分部分项工程所需要消耗的劳动量乘以生产工人日工资单价。

(三)机械使用费

机械使用费是指建筑安装工程施工过程中使用施工机械所发生的费用(包括机上操作人员人工费，燃料、动力费，机械折旧、修理费，替换工具及部件费，润滑及擦拭材料费，安装、拆卸及辅助设施费，养路费，牌照税，使用外单位施工机械的租赁费，以及保管机械而发生的保管费等)和按照规定支付的施工机械进出场费等。

(四)其他直接费用

其他直接费用是指直接费用以外的施工过程中发生的其他费用。同材料费、人工费、机械使用费相比，其他直接费用具有较大弹性。就具体单项资产(单位工程)来讲，可能发生也可能不发生，需要根据现场具体施工条件加以确定。具体包括设计有关的技术援助费用、施工现场材料的二次搬运费、生产工具和用具使用费、检验试验费、工程定位复测费、工程点交费用、场地清理费用等其他直接费用。

(五)间接费用

间接费用是企业下属的施工单位或生产单位为组织和管理施工生产活动所发生的费

用，通常是指分公司或项目经理部为施工准备、组织施工生产和管理所需的费用，包括临时设施摊销费用和施工、生产单位管理人员工资、奖金、职工福利费、劳动保护费、固定资产折旧费及修理费、物料消耗、低值易耗品摊销、取暖费、水电费、办公费、差旅费、财产保险费、工程保修费、排污费等。

以上第(一)~(四)项内容记入直接费用，在发生时应当直接计入合同成本；第(五)项内容计入间接费用，应当在期末按照合理的方法分摊计入合同成本。与合同有关的零星收益，如合同完成后处置残余物资取得的收益，应当冲减合同成本。

三、工程成本核算的重要作用

工程成本按其经济实质来说，是工程价值的重要组成部分。工程成本的高低，直接体现着企业工程价款中用于生产耗费补偿数额的大小。在完成的施工工程量不变的情况下，工程成本越低，用于生产耗费补偿的数额就越小，企业的盈利也就越多；反之，企业的盈利就少，甚至连简单再生产也难以维持。因此，节约耗费、降低工程成本是增加企业利润、提高经济效益、实现企业扩大再生产的重要途径，也是在工程项目实行招标承包制下增加企业竞争能力的关键。

工程成本核算是建筑工程成本管理的基础，是进行成本预测、成本决策、成本计划、成本控制、成本分析、成本考核各项工作的主要信息源，同时也是企业进行成本控制的重要实施手段。工程成本核算的意义体现在：

(1)通过工程成本核算，将各项生产费用按照它的用途和一定程序，直接记入或分配记入各项工程，正确算出各项工程的实际成本，将它与预算成本进行比较，可以检查预算成本的执行情况，为企业制定经营战略提供依据。

(2)通过工程成本核算，可以及时了解施工过程中人力、物力、财力的耗费，检查各项费用的耗用情况和间接费用定额的执行情况，分析成本升降的原因，挖掘降低工程成本的潜力、发挥竞争优势、增强企业核心竞争力。

(3)通过工程成本核算，可以计算施工企业各个施工单位的经济效益和各项承包工程合同的盈亏，分清各个单位的成本责任，在企业内部实行经济责任制，方便资源的优化配置。

(4)通过工程成本核算，可以为各种不同类型的工程积累经济技术资料，为修订预算定额、施工定额提供依据，使企业成本的定量化管理有了科学的依据。

由此可见，工程成本既是一个价值范畴，又是一个反映企业经济效益的综合性指标，正确地组织工程成本核算、科学地计算和确定工程成本，对于促进企业加强经济核算、改善经济管理、进行经济预测和参与经济决策等都有着十分重要的作用。

四、工程成本核算的基本要求

（一）严格遵守国家规定的工程成本开支范围与标准

按照《小企业会计准则》的要求，一切与生产经营有关的各项耗费，都应记入企业的成本费用。凡不属于上述成本的开支，均不得记入成本。在审核过程中，对于符合国家财经制度和企业计划、定额，有利于企业发展生产的费用开支，要积极支持；否则，就要坚决抵制。

企业应按规定的成本项目，汇集生产经营过程中发生的各项支出。因此，要通过成本核算加强成本管理，应在成本发生之前就加强审核和控制。严格遵守成本费用开支范围，正确组织成本费用核算。

根据新《小企业会计准则》的规定：建筑工程成本项目包括人工费、材料费、机械使用费、其他直接费用和间接费用；管理费用、财务费用单独核算，直接从当期收益中扣除，不记入施工成本。

（二）正确划分各种费用的界限

1. 正确划分资本性支出与收益性支出的界限

凡支出的效益涉及几个会计年度的应作为资本性支出，如固定资产的购建和购入无形资产均属于资本性支出，应作增加资产处理，在以后使用过程中再逐渐通过折旧和摊销方式记入成本。凡支出的效益仅涉及本年度的应作为收益性支出，如各种直接费用、间接费用以及期间费用均属收益性支出。直接费用与间接费用构成企业生产经营成本，期间费用不记入成本，单独核算。二者的支出全部由当期收益抵偿。要严格划分资本性支出与收益性支出的界限，坚决杜绝将资本性支出列为收益性支出的做法。

2. 正确划分生产费用及期间费用的界限

按照成本核算的要求，生产费用记入产品的生产经营成本，期间费用不能记入产品成本，只能列入当期损益。因此，为了正确核算成本，必须将生产费用和期间费用严格划分开。

3. 正确划分成本计算期的费用界限

按照权责发生制原则，企业在核算成本、费用时，凡应由本期负担而尚未支出的费用，应作为预提费用记入本期成本、费用；凡已经支付的应由本期和以后各期负担的费用，应作为待摊费用，分期摊入成本费用；本期发生的费用要全部在本期入账，不应延至下期或提前结账。只有按照权责发生制原则，正确计算本期费用，正确计算待摊费用与预提费用并按合同完工进度准确计量成本、费用，才能正确划分各期费用界限，正确计算各期产品、工程成本，而不允许利用任意多提或少提待摊费用和预提费用的办法调节各月产品、工程成本。

4. 正确划分各项工程的费用界限

为了分别考核和分析各项工程(一般是单项合同或单位工程)的成本计划完成情况，还必须将应由本期工程成本负担的生产费用在各项工程之间进行划分。凡能分清应由哪个产品、哪项工程负担的直接费用，应直接记入该产品、工程成本。若由几项工程共同耗用，分不清应由哪个工程负担的间接费用，要采用适当的分配方法，分配记入各个产品、各项工程成本。分配的方法要合理、简便，各项工程之间不允许任意增减费用、保“重点”(侧重于成本低，收效高的工程成本核算)、以盈补亏。

5. 正确划分已完工程和未完工程的界限

月末，将各项生产费用记入各项工程的成本以后，如果某项工程已全部完工(竣工)，则各项费用之和就是该项工程本月完成部分的成本。如果工程尚未完工(竣工)，还必须将记入该项工程的生产费用，在本月已完工程(即已完成预算定额规定的全部工序、可向客户办理结算的分部分项工程)和未完工程(又称未完施工)之间进行分配，以便计算本月已完工程和月末未完工程成本。所采用的分配方法也要合理简便，不允许任意提高或降低月末未完工程、在产品成本，人为地调节已完工程的成本。

(三)加强基础工作，保证成本计算资料的质量

为了保证成本计算的数字真实可靠，要做好各项与成本计算密切相关的基础工作，使施工过程中的劳动消耗和施工活动的经济效益及时、正确地反映出来。在这些基础工作中，除了制定符合企业实际情况的各项施工定额外，还包括材料物资的计量、验收、领退、保管制度和各项消耗的原始记录。

1. 科学制定定额标准

定额是用数量来控制企业施工经营活动的手段。施工企业的施工定额是在一定的施工技术和施工组织条件下，企业在人力、物力、财力的利用和消耗方面应当遵守和达到的标准。它和据以计算工程造价的预算定额不同：预算定额是建筑生产部门的平均定额，而施工定额是企业定额。因此，施工定额是编制企业计划的依据，也是进行成本控制和分析的依据。正确制订施工定额，对于推动企业厉行节约、提高经济效益、降低工程成本具有重要的意义。

施工企业的施工定额，主要有劳动定额、材料消耗定额、机械设备利用定额、工具消耗定额、费用定额等。劳动定额据图纸算量和合同约定的劳动定额签发“工程任务单”，考核班组工效；材料消耗定额据“工程任务单”签发“领料单”，考核班组消耗；机械设备利用定额和工具消耗定额，据以考核机械设备效率和工具节约情况；费用定额据事先制定的产品定额成本控制费用开支。各项施工定额既要积极先进，又要切合实际。在制订定额时，要充分发动群众，并且注意结合本企业的施工条件和施工组织管理水平。

2. 严格执行资金收支、物资进出的各项手续

施工企业对于资金的收支、物资的进出，都应同有关部门密切配合，严格凭证手续，

健全管理制度，克服收支不清、手续不全的现象。工程施工所需的材料，从采购到领用，都要有计量、验收、领退手续。如果材料进场不验收，供应单位账单上列多少就算多少，不仅不利于企业的经济核算，而且还会给贪污盗窃分子以可乘之机。企业内部各单位、各部门领用材料时，都要办理必要的手续，严格审批制度。现场进料的数量，要与工程用料预算相适应，防止多进材料，以免往返运输。各施工班组耗用的材料，要按施工定额发给，防止造成浪费。用剩的材料，要办理退库或转移手续。月末现场已领未用材料，要进行盘点。库存材料，要定期进行清查，做到账物相符，防止差错和变质。对于大堆材料，如砖、瓦、砂、石等，也应采取一些简便易行的计量方法，定期进行盘点。

3. 认真做好原始记录，保存好各种原始凭证

原始记录是企业经济业务实际发生或完成情况的书面证明，是明确经济责任并据以记账的依据。如果原始记录不可靠，工程成本计算就不会正确。为此，我们必须根据部门分工，建立和健全原始记录的填制、审核和交接等责任制度，使每项原始记录都有人负责。对施工经营管理过程中发生的各项经济业务，如对材料的验收、领退、转移和盘点，工时的消耗，机械设备的利用，费用的开支，月末已完工程的盘点等，都要正确及时地做好原始记录，以便正确计算材料消耗，合理分配工资和其他施工费用，做到物资进出有手续、工时消耗有数据。

(四)健全企业内部成本核算的其他工作

1. 企业必须按季计算工程成本

有条件的企业必须按月计算；内部独立核算的工业企业、机械施工和运输单位以及材料供应部门，按月计算产品、作业和材料成本的材料消耗和费用开支，应与工程、产品、作业量和材料采购数量的起讫日期一致，不得提前或延后。

2. 坚持实际成本的原则

施工企业必须根据计算期内已完成工程、已完作业和材料采购的数量以及实际消耗和实际价格，计算工程、作业和材料的实际成本。不得以估计成本、预算成本或计划成本代替实际成本。

3. 计算口径一致的原则

施工企业进行实际成本核算时，其实际成本的会计核算范围，项目设置和计算口径，应与国家有关财务制度、施工图预算、施工预算或成本计划取得一致。投标承包和投标包干的工程，其实际成本的会计核算范围、项目设置和计算口径，应与按中标价或合同编制的施工预算取得一致。

4. 账册齐全，核算依据合规

施工企业及其内部独立核算单位对施工、生产经营过程中所发生的各项费用，必须设置必要的账册，以审核无误、手续齐全的原始凭证为依据，按照成本核算对象、成本项目、费用项目和单位进行核算，做到真实、准确、完整、及时。

5. 会计处理方法保持一致

施工企业成本核算的各种处理方法，包括材料的计价、材料成本差异的调整、周转材料和低值易耗品的摊销、费用的分配、已完工程和未完工程的计算等，前后各期必须一致，不得任意变更。如需变更，需报经主管部门批准并将变更的原因及其对成本和财务状况的影响，在当期的财务报告中加以说明。

第二节　工程成本核算的对象、组织与程序

一、工程成本核算的对象

为了正确组织工程成本核算，必须合理确定工程成本的核算对象。工程成本核算的对象，是指在工程成本的核算时，应该选择什么样的工程作为目标，来归集和分配生产费用，确定它的实际成本。工程成本核算的对象既可根据本企业施工组织特点、所承包工程实际情况和工程价款结算办法而确定，也可根据与施工图预算相适应的原则来决定。

一般来说，施工企业应该以每一个单位工程作为成本核算对象。但是，一个施工企业要承包多个建设项目，每个建设项目的具体情况往往很不相同，有的工程规模很大、工期很长；有的是一些规模较小、工期短的零星改、扩建工程；还有的建设项目，在一个工地上有若干个结构类型相同的单位工程同时施工、交叉作业，共同耗用现场堆放的大堆材料等。因此，工程成本核算对象的确定，一般要根据与施工图预算相适应的原则，以每一独立编制施工图预算的单位工程为依据，根据承包工程的规模大小、结构类型、工期长短以及施工现场条件等具体情况，结合本企业施工组织的特点和加强成本管理的要求，确定建筑安装工程成本核算对象。具体地讲，主要有以下几种划分方法：

(1)建筑安装工程一般应以每一独立编制施工图预算的单位工程成本作为核算对象。

(2)一个单位工程由几个施工单位共同施工时，各施工单位都应以同一单位工程成本为核算对象，各自核算自行完成的部分。

(3)规模大、工期长的单位工程，可以将工程划分为若干部分，以分部工程作为成本核算对象。

(4)同一建设项目，由同一单位施工，同一施工地点、同一结构类型、开竣工时间相近的若干个单位工程，可以合并作为一个成本核算对象。

(5)改建、扩建零星工程，可以将开竣工时间相接近、属于同一建设项目的各个单位工程，合并作为一个成本核算对象。

(6)土石方工程、打桩工程，可以根据实际情况和管理需要，以一个单位工程成本为核算对象，或将同一施工地点的若干个工程量较小的单项工程合并作为一个成本核算对象。

(7)独立施工的装饰工程的成本核算对象，应与土建工程成本核算对象一致。

（8）工业设备安装工程，可按单位工程或专业项目，如机械设备、管道、通风设备、工业筑炉的安装等作为工程成本核算对象。变电所、配电站、锅炉房等可按所、站、房等安装工程作为成本核算对象。

工程成本核算的对象一经确定，在一定期限内不能随意更改，若要更改应及时通知施工企业内部相关部门，以统一工程成本的核算口径，减少因此造成的成本分析和考核上的潜在矛盾。为了集中反映各个工程成本核算对象的成本发生情况，财务部门应当为每一个成本核算对象分别设置工程成本明细账（卡），并按照成本项目设置专栏来组织核算。另外，所有的原始记录都必须按照规定的成本核算对象写清楚，以便于归集和分配成本费用。

二、工程成本核算的组织

（一）三级核算体制

实行总公司、分公司、项目经理部三级管理体制的企业一般可以把工程成本计算工作划归分公司，实行总公司汇总企业的生产成本，分公司计算工程成本，项目经理部计算本项目发生的工料等直接费用。具体地说，总公司汇总企业的生产成本，指导所属各个分公司建立和健全成本管理制度、汇总成本报表、全面进行生产成本的分析；分公司和附属生产单位负责计算工程成本、编制成本报表和竣工决算，进行工程成本分析；项目经理部负责计算工料等直接费用，签发工程任务单和定额领料单，根据人工、材料、机械使用的原始记录，开展班组经济核算，办理设计变更、材料代用等技术经济签证手续，分析工料成本节超的原因。也可以扩大核算范围，计算工程成本。

（二）两级核算体制

在实行公司、项目经理部两级管理体制的企业，一般可在项目经理部（或施工队）计算工程成本，公司进行全面的成本核算工作，汇总核算全部工程、作业的实际生产成本。项目经理部核算工程、作业的直接费用及现场管理费用，及时向公司提供成本核算资料。

无论由哪一层级核算工程成本，各级会计人员都要关心并协助工人搞好班组经济核算，记录好工、料耗用量，分析节约或超支的原因，使工程成本有广泛扎实的群众基础。

三、工程成本核算应设置的会计科目

施工企业为总括地核算和监督建筑企业施工过程中各项施工费用的发生、归集和分配情况，正确计算工程成本，要设置下列总分类会计科目，在此基础上还要进行明细分类核算，以利于成本管理。施工企业的会计科目和其他类型的企业有着共同性，但由于其业务的特殊性，还需要设置特定的会计科目来实现会计的核算。

（一）工程施工

“工程施工”科目核算施工企业（建造承包商）实际发生的合同成本和合同毛利。该科目可按建造合同，分别“合同成本”“间接费用”“合同毛利”进行明细核算。

施工企业进行合同建造时发生的人工费、材料费、机械使用费以及施工现场材料的二次搬运费、生产工具和用具使用费、检验试验费、临时设施折旧费等其他直接费用，借记“工程施工——合同成本——人工费（材料费）”科目，贷记“应付职工薪酬”“原材料”等科目。

发生的施工、生产单位管理人员职工薪酬、固定资产折旧费、财产保险费、工程保修费、排污费等间接费用，借记“工程施工——间接费用”科目，贷记“累计折旧”“银行存款”等科目。会计期末，将间接费用分配记入有关合同成本，借记“工程施工——合同成本”科目，贷记“工程施工——间接费用”科目。

确认合同收入、合同费用时，借记“主营业务成本”科目；贷记“主营业务收入”科目；按其差额，借记或贷记“工程施工——合同毛利”科目。

合同完工时，应将该科目余额与相关工程施工合同的“工程结算”科目对冲，借记“工程结算”科目，贷记“工程施工”科目。

该科目期末借方余额，反映企业尚未完工的建造合同成本和合同毛利。

（二）机械作业

“机械作业”科目核算施工企业（建造承包商）及其内部独立核算的施工单位、机械站和运输队使用自有施工机械和运输设备进行机械作业（包括机械化施工和运输作业等）所发生的各项费用。企业及其内部独立核算的施工单位，从外单位或本企业其他内部独立核算的机械站租入施工机械发生的机械租赁费，直接在“工程施工”科目核算。

“机械作业”科目可按施工机械或运输设备的种类等进行明细核算。施工企业内部独立核算的机械施工、运输单位使用自有施工机械或运输设备进行机械作业所发生的各项费用，可按成本核算对象和成本项目进行归集。成本项目一般分为：人工费、燃料及动力费、折旧及修理费、其他直接费用、间接费用（为组织和管理机械作业生产所发生的费用）。

施工企业发生机械作业支出时，借记“机械作业”科目，贷记“原材料”“应付职工薪酬”“累计折旧”等科目。

会计期末，企业及其内部独立核算的施工单位、机械站和运输队为本单位承包的工程进行机械化施工和运输作业的成本，应转入承包工程的成本，借记“工程施工”科目，贷记“机械作业”科目。对外单位、专项工程等提供机械作业（包括运输设备）的成本，借记“劳务成本”科目，贷记“机械作业”科目。该科目期末应无余额。

（三）待摊费用

“待摊费用”科目用来核算施工企业已经支出但应由本期和以后各期分别负担的各项工程施工费用，如低值易耗品摊销、一次支付数额较大的财产保险费、排污费和技术转让费等。

发生各项待摊费用时，借记“待摊费用”科目，贷记“银行存款”等科目。按受益期限分期摊销时，借记“管理费用”“销售费用”等科目，贷记“待摊费用”科目。本科目期末余额反映尚未摊销的待摊费用。

（四）预提费用

“预提费用”用来核算施工企业预先提取但是尚未支付的各项施工费用，如预提收尾工程费用、预提固定资产修理费用等。其贷方登记预先提取记入工程成本的预提费用，在实际发生支付时，借记“预提费用”科目，贷记“银行存款”等科目。期末余额反映尚未支出但已预提的费用。

除上述科目外，企业如果由附属内部独立核算的工业企业（如预制构件厂、机械加工厂等）为满足施工工程需要进行产品（包括代制品、代修品）生产并发生各种生产费用，可单设“生产成本——工业生产成本”科目进行核算。企业非独立核算的辅助生产部门为工程施工、产品生产、机械作业、专项工程等生产材料和提供劳务（如设备维修，构件的现场制作，铁木件加工，固定资产清理，供应水、电、气，施工机械安装、拆卸的辅助设备的搭建工程等）所发生的各项费用，可单设“生产成本——辅助生产成本”科目核算。

四、工程成本核算的一般程序

工程成本的核算程序，是指施工企业及其所属施工单位有关部门的成本核算人员，根据成本核算的体制和成本核算的职责，在具体组织工程实际成本核算时所应遵循的次序和步骤，也就是对各种生产费用进行审核、控制，并将它们按照经济用途进行归类，记入各个成本核算对象、各个成本项目的过程所应遵循的步骤，一般分为工程成本的总分类核算和明细分类核算。

（一）工程成本总分类核算的核算程序

总分类核算的程序如下：

（1）在会计期末，将本期发生的各项施工费用，按其用途归集到有关成本、费用科目。

（2）在会计期末，将归集在“生产成本——辅助生产成本”科目中的辅助生产费用，按照受益对象和受益数量，经分配后转入“工程施工”“机械作业”等科目。

（3）在会计期末，将归集在“待摊费用”科目的各项费用，按照一定的标准分摊记入“工程施工”“机械作业”科目。

（4）在会计期末，应将由本月成本负担的“预提费用”，转入有关成本、费用科目。

（5）在会计期末，将归集在“机械作业”科目中的各项费用，按照受益对象和受益数量进行分配，记入“工程施工”科目。

（6）在会计期末，计算确定本期已完工工程的实际成本，并将已经完工的实际成本从“工程施工”科目的贷方结转到“工程结算”科目的借方。尚未完工的工程的实际成本仍然保留在“工程施工”科目中，不予结转。

（二）工程成本明细分类核算的程序

施工企业应当按照成本核算对象设置“工程成本明细账（卡）”，按照施工机械或运输设备的种类设置“机械作业明细账”，按照费用的种类或项目设置“待摊费用明细账”“间接费用明细账”等，用于归集和分配各项施工生产费用。工程成本明细分类核算的程序如下：

（1）根据各种费用的原始凭证和有关费用分配计算表，将本期发生的施工费用按照用途分别记入“工程成本明细账（卡）”“机械作业明细账”“待摊费用明细账”“预提费用明细账”“间接费用明细账”等。

（2）根据“待摊费用明细账”编制“待摊费用计算表”，按照一定的标准分配记入“工程成本明细账（卡）”“机械作业明细账”“间接费用明细账”等。

（3）根据“预提费用明细账”编制“预提费用计算表”，预提应当由本期承担的工程成本，分别记入“工程成本明细账（卡）”“机械作业明细账”“间接费用明细账”等。

（4）根据“机械作业明细账”和“机械使用台账”编制“机械使用分配表”，将应当由成本核算对象承担的机械使用费分别记入“工程成本明细账（卡）”。

（5）根据“间接费用明细账”编制“间接费用明细表”，将归集在“工程施工——合同成本——间接费用”下的间接费用，分别记入各成本核算对象的“工程成本明细账（卡）”。

（6）在会计期末，各项施工费用全部记入“工程成本明细账（卡）”后，计算各个成本核算对象的本期已经完工工程的实际成本，并编制“工程成本表”，将已经完工的“工程成本卡”抽出归档保管。

第三节　工程成本的会计核算

一、工程成本中材料费的归集和分配

（一）材料费的概念及内容

工程成本中的“材料费”项目，包括在施工过程中耗用、构成工程实体或有助于工程形成的各种主要材料、结构件的实际成本以及周转材料的摊销及租赁费用。

（二）材料费用的会计核算方法及其归集

施工企业建筑安装活动中需要耗费大量的材料，品种非常多，大堆材料比重大，各工程往往在同一施工现场、同一时间进行施工。因此，材料费的分配应按照材料费领用的不同情况进行归集分配，并建立健全材料物资的管理制度。

（1）凡能点清数量和分清用料对象的，能直接用于工程的材料，如钢材、木材、水泥，通常都可分别按成本核算对象直接记入各工程成本的材料费项目中。

(2)凡能点清数量、集中配料或统一下料的，如油漆、玻璃、木材等，应在领料凭证上注明“工程集中配料”字样，月末由材料管理人员或领用部门根据用料情况，结合材料消耗定额，编制“集中配料耗用分配表”，在各成本核算对象之间分配。

(3)凡不能点清数量，也很难立即分清用料对象的一些大堆材料，如砖、瓦、白灰、砂石等，几个单位工程共同使用的，则先由材料员或领料部门验收保管，月末实地盘点结存数量，然后根据月初结存数量与本月进料数量，倒轧出本月实际数量，结合材料耗用定额，编制“大堆材料耗用计算单”，据以记入各成本核算对象的成本。

(4)对于其他不能点清数量的材料，也需要采用适当的方法分配记入各工程成本材料费项目。用于辅助生产部门、机械作业部门的各种材料应分别记入“辅助生产”“机械作业”账户的借方。

(5)实行材料节约奖的，应按材料节约的数额直接记入各成本核算对象。

(6)成本计算期内已办理领料手续但没有全部耗用的材料，应在期末进行盘点，填制“退料单”，作为办理退料的凭证，据以冲减本期材料费。工程施工后的剩余材料，应填制“退料单”，办理退料手续。施工过程中发生的残次料和包装物等，应尽量回收利用并填制“废料交库单”估价入账，并冲减工程材料费。

(7)周转材料，应根据各个工程成本核算对象在用的数量，按照规定的摊销方法计提当月的摊销额，并编制各种“周转材料摊销计算表”。

月末，财会部门必须严格审核各种领退料凭证，并根据各种领料凭证、退料凭证及材料成本差异，编制“材料费分配表”，计算受益对象应分配的材料费。

(三)材料费用的分配

材料费用的分配，就是定期地将审核后的领料凭证按材料的用途归类，并将应记入工程成本的材料费用记入工程成本，将不应记入工程成本的材料费记入各自费用项目。

周转材料应按受益的工程项目采用适当的方法计算摊销额，记入各工程成本的材料费项目。租用周转材料的租赁费，应直接记入受益工程项目。

低值易耗品的摊销可直接记入工程成本的，应记入“工程施工”“机械作业”等科目的借方；如摊销数额较大，则应先记入“待摊费用”科目，再分期记入上述各科目。

材料费用的分配一般是根据各种领料凭证按各个成本计算对象汇总编制“耗用材料分配表”，汇总计算各成本计算对象耗用材料计划成本和分摊的材料成本差异，据以记入各项工程成本的材料费项目。

【例11－1】2014年5月，北方建筑工程公司第一工程处根据审核无误的各种领料凭证、大堆材料耗用分配表、周转材料摊销分配表等汇总编制“材料费用分配表”，如表11－1所示。

表 11－1　材料费用分配表

单位：第一工程处　　2014 年 5 月　　单位：元

工程成本核算对象	主要材料								水泥预制件		其他材料		合计		
	钢材		水泥		其他主要材料		合计								
	计划成本	成本差异	计划成本	成本差异	计划成本	成本差异	计划成本	成本差异	计划成本	成本差异	计划成本	成本差异	计划成本	成本差异	
		-1%		2%		-4%				-1%		5%		超支	节约
甲工程	120 000	-1 200	50 000	1 000	15 000	-600	185 000	-800	350 000	-3 500	8 000	400	543 000	1 400	-5 300
乙工程	90 000	-900	30 000	600	12 000	-480	132 000	-780	70 000	-700	3 000	150	205 000	750	-2 080
合计	210 000	-2 100	80 000	1 600	27 000	-1 080	317 000	-1 580	420 000	-4 200	11 000	550	748 000	2 150	-7 380

根据“材料费用分配表”资料，编制如下会计分录：

①确认甲工程应承担的各种材料费用。

借：工程施工——甲工程——材料费　543 000

　贷：原材料——主要材料　185 000

　　原材料——结构件　350 000

　　原材料——其他材料　8 000

②对甲工程应该承担的材料成本差异进行调整。

借：材料成本差异——主要材料　800

　贷：材料成本差异——其他材料　400

　　工程施工——甲工程——材料费　400

借：材料成本差异——结构件　3 500

　贷：工程施工——甲工程——材料费　3 500

③确认乙工程应承担的各种材料费用。

借：工程施工——甲工程——材料费　205 000

　贷：原材料——主要材料　132 000

　　原材料——结构件　70 000

　　原材料——其他材料　3 000

④对乙工程应该承担的材料成本差异进行调整。

借：材料成本差异——主要材料　780

　贷：工程施工——甲工程——材料费　630

　　材料成本差异——其他材料　150

借：材料成本差异——结构件　700

　贷：工程施工——甲工程——材料费　700

二、工程成本中人工费的归集和分配

(一)人工费的概念和内容

工程成本中的人工费，是指在施工过程中直接参加施工生产的建筑安装工人以及在施工现场直接为工程制作构件和运料、配料等辅助生产工人的工资、工资性津贴、职工福利费和劳动保护费等。具体包括：

(1)基本工资，也称标准工资。它是按照规定的标准计算的工资，在结构工资制下包括基础工资、职务工资和工龄津贴，是职工的基本收入，基本工资又可分为计时工资和计件工资两种形式。

(2)经常性奖金。它是指对完成和超额完成工作量以及有关经济技术指标的职工而支付的各种奖励性报酬。如超产奖、质量奖、安全(无事故)奖、考核各项经济技术指标的综合奖、提前竣工奖、年终奖、节约奖、劳动竞赛奖等。

(3)津贴。它是指为了补偿职工额外或特殊的劳动消耗，鼓励职工安心于劳动强度大、条件艰苦的工作岗位而支付给职工的各种津贴。如高空津贴、井下津贴、野外津贴、夜班津贴和技术性津贴等。

(4)补贴。它是指为了保证职工的工资水平不受物价的影响而支付给职工的各种物价补贴。

(5)加班加点工资。它是指按规定支付给职工的加班工资和加点工资。

(6)特殊情况下支付的工资。它是指根据国家法律、法规和政策的规定，在非工作时间内支付给职工的工资和其他工资。

(二)人工费的归集与分配

人工费用计入成本的方法，一般应根据企业实行的具体工资制度确定：

(1)施工企业采用计件工资制度，人工费的受益对象容易确定，根据“工程任务单”和“工程结算汇总表”，将所归集的人工费用直接记入到工程成本中去。借记“工程施工——合同成本——××工程——人工费”科目，贷记“应付职工薪酬——应付工资、应付福利费”等科目。

(2)施工企业采用计时工资制度，如果能够正确区分工人劳动的服务对象，就可以采用和计件工资制度下相同的方法，直接将人工费记入“工程施工”科目中去。如果建筑安装工人同时为多项工程工作，就需要将发生的工资在各个核算对象之间进行分配。分配的方法是按照当月工资总额和工人的出勤日计算出平均日工资，然后乘以各工程当月实际用工数就可求得。分配人工费的计算公式是：

工人日平均工资＝当月全部计时工资总额/安装工人实际出勤日数

应负担的人工费＝该成本核算对象当月实际耗费的工作日数×日平均工资

【例11－2】2014年5月，北方建筑工程公司第一工程处本年度有甲、乙两个单位工程，分别计算工程成本。本月发生的人工资料如下：

①本月为折弯钢筋件支付的计件工资24 000元，这批钢筋件甲工程耗用5吨，乙工程耗用3吨。

工资分配标准＝24 000÷(3＋5)＝3 000(元)。

计件工资可以明确地归属到甲、乙两个工程中，人工费分配如表11－2所示。

表11－2 人工费分配表(计件工资)

单位：第一工程处　　2014年5月　　金额单位：元

成本核算对象	耗用钢筋件	平均工时工资	分配人工费
甲工程	5	3 000	15 000
乙工程	3		9 000
合计	8		24 000

②本月发生计时工资60 000元，其中甲工程耗用2 200工时，乙工程耗用1 800工时。计时工资分配如表11－3所示。

表11－3　人工费分配表(计时工资)

单位：第一工程处　　2014年5月　　金额单位：元

成本核算对象	耗用工时	平均工时工资	分配人工费
甲工程	2 200	15	33 000
乙工程	1 800		27 000
合计	4 000		60 000

注：表中，平均工时工资＝60 000÷(2 200＋1 800)＝15(元/工时)。

根据上述“人工费分配表”，编制如下会计分录：

借：工程施工——合同成本——甲工程——人工费　　48 000
　　　　　　　　　　　　——乙工程——人工费　　36 000
　贷：应付职工薪酬——职工工资　　84 000

三、工程成本中机械使用费的归集和分配

工程成本项目中的“机械使用费”，指建筑安装工程施工过程中使用施工机械所发生的费用(包括机上操作人员人工费，燃料、动力费，机械折旧、修理费，替换工具及部件费，润滑及擦拭材料费，安装、拆卸及辅助设施费，养路费，牌照税，使用外单位施工机械的租赁费，以及保管机械而发生的保管费等)和按照规定支付的施工机械进出场费等。

(一)施工机械的管理

目前，对施工机械的管理一般分为对中小施工机械和大型施工机械两种管理方法：

(1)一般中小机械和小微挖土机、机动翻斗车、混凝土搅拌机、砂浆搅拌机等，由土建施工单位使用并负责管理。

(2)大型机械和数量不多的特殊机械设备如大型挖土机、推土机、压路机、大型吊车、升板滑模设备等，由机械施工单位负责管理，根据各土建施工单位施工的需要，由机械施工单位进行施工或将机械租给土建施工单位，向土建施工单位结算机械台班费或机械租赁费。

(二)施工机械的分类

施工企业使用的施工机械可分为租赁的(包括向企业外部和向企业内部独立核算的机械供应站租赁)和自行管理的两种，它们的会计核算方法不同。对于施工企业各工程项目租赁施工机械而支出的租赁和进出场费，应根据结算账单直接记入有关各工程成本“机械使用费”项目，不通过“机械作业”账户。账务处理见如下分录：

借：工程施工——合同成本——××工程(机械使用费)　　　　×××

　　贷：银行存款　　　　×××

对于自有施工机械，其使用过程中发生的费用应首先按机组或单机归集，计算每台班的实际成本，然后根据各个成本核算对象使用台班数，确定应记入各成本核算对象的机械使用费。进行机械作业所发生的各项费用的归集和分配，通过"机械作业"账户进行，并按照机械设备的类别设置明细账，按规定的成本项目归集费用。费用项目的确定通常应和机械台班预算定额的构成内容一致，以便计算出来的台班实际成本与定额相比较，费用发生记入该账户的借方；月末根据归集的费用和设备作业时间计算各类机械的台班成本或按适当的标准分配记入各项工程成本的"机械使用费"项目，同时记入"机械作业"账户的贷方。

(三)机械使用费包括的内容

为了便于与预算数对比分析，机械使用费的内容要和机械台班费定额中规定的内容相同，一般包括：

(1)人工费，指施工设备操作人员的工资和职工福利费。

(2)燃料、动力费，指施工机械耗用的燃料、动力费。

(3)材料费，指施工机械耗用的润滑材料和擦拭材料等。

(4)折旧修理费，指对施工机械计提的折旧费、大修理费用摊销和发生的经常修理费，以及租赁施工机械的租赁费。

(5)替换工具、部件费，指施工机械上使用的传动皮带、轮胎、胶皮管、钢丝绳、变压器、开关、电线、电缆等替换工具和部件的摊销和维修费。

(6)运输装卸费，指将施工机械运到施工现场、远离施工现场(若运往其他现场，运出费用由其他施工现场的工程成本负担)和在施工现场范围内转移的运输、安装、拆卸及试车等费用。

(7)辅助设施费，指为使用施工机械而建造、铺设的基础、底座、工作台、行走轨道等费用。施工机械的辅助设施费，如果数额较大，也应先记入"待摊费用""递延资产"或"长期待摊费用"科目，然后按照在现场内施工的期限，分次从"待摊费用""递延资产"或"长期待摊费用"科目转入"机械作业"或"生产成本——机械作业成本"科目，摊入各月工程成本。

(8)养路费、牌照税，指为施工运输机械(如铲车等)交纳的养路费和牌照税。

(9)间接费用，指机械施工单位组织机械施工、保管机械发生的费用和停机棚的折旧、维修费等。如果是内部独立核算单位，应设置间接费用明细分类账，进行明细分类核算。

至于施工机械所加工的各种材料，如搅拌混凝土时所用的水泥、砂、石等，应记入工程成本的"材料费"项目，为施工机械担任运料、配料和搬运成品的工人的工资，应记入工程成本的"人工费"项目。

(四)机械使用费的分配方法

(1)按施工机械的实际台时(或完成工程量)分配机械使用费。

月末，根据各类机械明细账借方发生额及实际作业台班数计算台班成本，填写“机械作业——吊车机械使用费明细账”（表11－4），同时编制“机械使用费分配表”（11－5）并按照当月“机械作业”发生的费用借记“工程施工——合同成本”；同时，贷记“机械作业”；当月“机械作业”账户发生的费用一般当月分配完毕，月末没有余额。

【例11－3】2014年6月，北方建筑工程公司第一工程处的一台吊车和一台铲车分别对本公司的甲、乙两处工程进行了机械作业。“机械作业——吊车机械使用费”明细科目的借方发生额为47 380元，吊车实际作业情况为甲工程132小时、乙工程68小时。“机械作业——铲车机械使用费”明细科目的借方发生额为60 000元，铲车实际作业情况为甲工程90小时、乙工程160小时。

编制机械使用费分配表如表11－5所示，并进行相应的账务处理。

表11－4　机械作业——吊车机械使用费明细账

2014年6月份

单位：元

日期		摘要	借方						贷方科目
月	日		人工费	燃料及动力费	折旧及修理费	其他直接费	间接费用	合计	
6	6	材料分配表		16 000				16 000	
6	8	修理车间转来修理费			3 500			3 500	
6	19	低值易耗品摊销表			4 600			4 600	
6	20	操作工工资	2 200					2 200	
6	15	安装拆卸费结算单	300					300	
6	30	应由吊车承担的其他直接费用与间接费用				3 400	2 380	5 780	
6	30	本月吊车折旧			15 000			15 000	
6	30	将机械作业费用结转							47 380
		本月合计	2 500	16 000	23 100	3 400	2 380	47 380	47 380

表11－5　机械使用费分配表

2014年6月份

单位：元

受益对象	吊车			挖土机			合计
	台班数	每台班成本	金额	台班数	每台班成本	金额	
甲工程	132	236.90	31 270.80	90	240	21 600.00	52 870.80
乙工程	68		16 109.20	160		38 400.00	54 509.20
合计	200		47 380.00	250		60 000.00	107 380.00

①依据机械使用费分配表，对甲工程应分摊的机械使用费进行如下的账务处理。

借：工程施工——合同成本——甲工程　52 870.80

　　贷：机械作业——吊车　31 270.80

　　　　　　　　——铲车　21 600.00

②依据机械使用费分配表，对乙工程应分摊的机械使用费进行如下的账务处理。

借：工程施工——合同成本——乙工程　　54 509.20

　贷：机械作业——吊车　　16 109.20

　　　　　　　——铲车　　38 400.00

(2)先按机械的计划台时费对机械使用费进行分配，然后依据计划机械使用费与实际机械使用费之间的比值调整为实际机械使用费的方法。

为了简化计算手续，对于各种中型施工机械的机械使用费，可在月终先根据“机械使用月报”中各种机械的工作台时(或完成工程量)合计和该种机械台时费计划数，算出当月按台时费计划数计算的机械使用费合计，再计算实际发生的机械使用费占按台时费计划数计算的机械使用费计划数合计的百分比，然后将各个成本计算对象按台时费计划数计算的机械使用费计划数，按算得的百分比加以调整：

公式1：

按台时费计划数计算的机械使用费合计 = ∑(机械工作台时合计 × 该机械台时费计划数)

公式2：

某项工程应分配的机械使用费 = ∑(该项工程使用机械的工作台时 × 机械台时费计划数) × (实际发生的机械使用费/按台时费计划数计算的机械使用费合计)

上述内容具体操作步骤如下：

(1)确定各种施工机械每种台时费计划数；

(2)求出各种施工机械按台时费计划数计算的机械使用费合计；

(3)根据“机械作业明细分类账”汇总计算实际发生的机械使用费；

(4)计算机械使用费实际数占按台时费计划数计算的百分比；

(5)将各成本计算对象按台时费计划数计算的机械使用费，按算得的百分比加以调整；

(6)编制相关机械使用费分配的会计分录。

【例11-4】北方建筑工程公司机械施工的情况如表11-6所示，2014年6月该企业“机械作业明细分类账”汇总计算实际发生的机械使用费为37 560元。

表11-6 机械使用费资料

2014年6月份

施工机械名称	计划台时费(元/台时)①	本期实际使用台时(台时)②	合计 ③=①×②	实际机械施工费
履带挖土机	50	380台时(其中：甲工程280台时，乙工程70台时，丙工程30小时)	19 000	23 600
混凝土搅拌机	15	180台时(其中：甲工程90台时，乙工程40台时，丙工程50台时)	2 700	2 500
吊车	80	120台时(其中：甲工程80台时，乙工程40台时，丙工程0台时)	9 600	11 460
合计			31 300	37 560

依据以上的数据，请先按机械的计划台时费对机械使用费进行分配，然后依据计划机械使用费与实际机械使用费之间的比值调整为实际机械使用费，并进行相应的账务处理。

计算与处理的步骤如下：

①各种施工机械按台时费计划数计算的机械使用费合计为 31 300 元。

②该企业“机械作业明细分类账”汇总计算实际发生的机械使用费为 37 560 元。

③机械使用费实际数占按台时费计划数计算的百分比 = 37 560/31 300 × 100% = 120%。

④各成本计算对象按台时费计划数计算的机械使用费，按算得的百分比加以调整后可得表 11 - 7。

表 11 - 7　机械使用费分配表

2014 年 6 月　　　　单位：元

工程名称	履带挖土机			混凝土搅拌机			吊车			按计划数计算的机械使用费总额	调整比例	调整后的机械使用费
	计划数（元/台）	实际工时	总费用	计划数（元/台）	实际工时	总费用	计划数（元/台）	实际工时	总费用			
甲工程	50	280	14 000	15	90	1 350	80	80	6 400	21 750	120%	26 100
乙工程		70	3 500		40	600		40	3 200	7 300		8 760
丙工程		30	1 500		50	750		0	0	2 250		2 700
合计		380	19 000		180	2 700		120	9 600	31 300		37 560

根据表 11 - 7，编制其机械使用费分配的会计分录：

借：工程施工——合同成本——甲工程　　26 100

　　　　　　　　　　　——乙工程　　8 760

　　　　　　　　　　　——丙工程　　2 700

　贷：机械作业——挖土机　　23 600

　　　　　　——搅拌机　　2 500

　　　　　　——吊车　　11 460

四、工程成本中辅助生产费用的归集和分配

施工企业一般都设置若干个非独立核算的辅助生产部门，主要是为工程施工服务，包括机修车间、木工车间、供水站、供电站、混凝土搅拌站、运输队等，为工程施工、管理部门和企业内部其他部门提供产品（如材料、构件、水、电等）和劳务（设备维修、安装）等。

由于《小企业会计准则》取消了“辅助生产”科目，辅助生产部门所发生的各项费用的归集和分配，首先通过“生产成本——辅助生产”账户进行，并按辅助生产车间、单位和产品、劳务的品种设置三级明细账，按规定的成本项目归集费用。

对于辅助生产费用金额较大、业务发生频繁的企业，在不违反会计准则中确认、计量

和报告规定的前提下，也可以根据本单位的实际情况单独设立“辅助生产”科目，本书就采用了这种方式。

辅助生产费用发生后，记入“辅助生产”账户的借方，月末根据归集的费用计算产品、劳务的总成本和单位成本，然后再按各工程和部门的受益数量分配记入各项工程成本、机械作业成本以及其他费用项目中，同时记入“辅助生产”账户贷方。期末若有借方余额，为在产品实际成本。

辅助生产费用常用的分配方法有：直接分配法、一次交互分配法、计划成本分配法和代数分配法等。由于施工企业辅助生产一般规模较小，品种比较单一，各辅助生产单位之间相互服务数量也较少，因此，多采用直接分配法。

所谓直接分配法，就是将各辅助生产单位所实际发生的全部费用，直接分配给辅助生产单位以外的各受益单位，而不考虑各辅助生产单位之间相互服务情况的一种分配方法。

【例 11－5】北方建筑工程公司运输队本月发生各种费用共 261 900 元，已根据有关凭证登记入账，辅助生产费用明细账如表 11－8 所示。

该公司发生辅助生产费用时，进行的账务处理如下：

借：辅助生产　261 900

　贷：原材料　134 500

　　应付职工薪酬　71 800

　　累计折旧　51 800

　　工程施工——合同成本——其他直接费用　1 600

　　制造费用　2 200

表 11－8　辅助生产费用明细账

类别　运输费　　　　2014 年 6 月份　　　　单位：元

日期		凭证及摘要	借方						贷方
月	日		人工费	燃料及动力费	折旧及修理费	其他直接费用	间接费用	合计	
		材料分配表		134 500		1 600		136 100	
		折旧计算表			17 200			17 200	
		修理费			33 800			33 800	
		低值易耗品摊销			800		800		
		工资分配表	71 800					71 800	
		分配制造费用					2 200	2 200	
		分配运输费							261 900
		合计	71 800	134 500	51 800	1 600	2200	261 900	261 900

月末，根据各辅助生产明细账借方发生额及实际提供的产品、劳务数量，编制“辅助生产费用分配表”，如表11－9所示。

表11－9　辅助生产费用分配表

类别　运输费　　2014年6月份　　单位：元

受益对象	受益数量(吨公里)	分配系数	金额
甲项目部	18 580	5元/吨公里	92 900
乙项目部	12 380		61 900
其中：1号工程	9 120		45 600
2号工程	3 260		16 300
公司总部	21 420		107 100
合计	52 380		261 900

根据分配表编制会计分录如下：

借：工程施工——合同成本——甲项目部　　92 900
　　　　　　　　　　　——乙项目部　　61 900
　　管理费用　　107 100
　　贷：辅助生产　　261 900

五、其他直接费用的归集和分配

其他直接费用是指不包括在人工费、材料费、机械使用费项目内而在预算定额以外，在施工现场发生的材料二次搬运费、临时设施摊销费、生产工具用具使用费、检验试验费、工程定位复测费、工程点交费及场地清理费等。

施工企业发生的其他直接费用，凡是能分清成本对象的，应直接记入各受益的工程成本核算对象下的“其他直接费用”项目中。当由于是几个工程共同发生，不能直接确定成本核算对象的其他直接费用，可以先行汇总在“其他直接费用”明细账中归集，并按照定额用量预算费用或以工程的工料成本作为分配基数，月末或竣工时编制“其他直接费用分配表”分配记入各成本核算对象。

【例11－6】北方工程建筑公司第一工程处，本月发生其他直接费用19 000元。其中，分配给1号工程12 000元，2号工程7 000元。编制如以下分录。

借：工程施工——合同成本——1号工程　　12 000
　　　　　　　　　　　——2号工程　　7 000
　　贷：工程施工——合同成本——其他直接费用　　19 000

六、间接费用的归集和分配

(一)间接费用的内容

建筑安装工程成本中除了各项直接费用外，还包括企业所属各施工单位，如工程处、施工队、项目经理部为施工准备、组织和管理施工生产所发生的各项费用。这些费用不能确定其为某项工程所应负担，因而无法将它直接记入各个成本计算对象。为了简化核算手续，可将它先记入"工程施工——间接费用"或"生产成本——工程施工成本——间接费用"科目，然后按照适当的分配标准分别记入各项工程成本。

为了编制施工单位间接费用计划，组织间接费用的明细分类核算，以便据以考核费用预算的执行结果，分析各项费用增减变动的原因，进一步节约费用开支，降低工程成本，间接费用应按有关规定分设如下明细项目：

(1)临时设施摊销费，指为保证施工和管理的正常进行而建造的各种临时性生产和生活设施，如临时宿舍、文化福利及公用设施，仓库、办公室、加工厂，以及规定范围内道路、水、电管线等临时设施的摊销费(详见第十一章第五节)。

(2)管理人员工资，指施工单位管理人员的工资、奖金和工资性津贴。

(3)职工福利费，指按照施工单位管理人员工资总额的14%提取的职工福利费。

(4)劳动保护费，指用于施工单位职工的劳动保护用品和技术安全设施的购置、摊销和修理费，供职工保健用的解毒剂、营养品、防暑饮料、洗涤肥皂等物品的购置费或补助费，以及工地上职工洗澡、饮水的燃料费等。

(5)办公费，指施工单位管理部门办公用的文具、纸张、账表、印刷、邮电、书报、会议、水电、烧水和集体取暖(包括现场临时宿舍取暖)用煤等费用。

(6)差旅交通费，指施工单位职工因公出差期间的旅费、住勤补助费，市内交通费和误餐补助费，职工探亲路费，劳动力招募费，职工离退休、退职一次性路费，工伤人员就医路费，工地转移费，以及现场管理使用的交通工具的油料、燃料、养路费及牌照费等。

(7)折旧费，指施工单位施工管理和试验部门等使用属于固定资产的房屋、设备、仪器，以及不实行内部独立核算的辅助生产单位的厂房等的折旧费。

(8)修理费，指施工单位施工管理和试验部门等使用属于固定资产的房屋、设备、仪器，以及不实行内部独立核算的辅助生产单位的厂房等的经常修理费和大修理费。

(9)工具用具使用费，指施工单位施工管理和试验部门等使用不属于固定资产的工具、器具、家具和检验、试验、测绘、消防用具等的购置、摊销和维修费。

(10)保险费，指施工管理用财产、车辆保险费，以及海上、高空、井下作业等特殊工种安全保险费。

(11)工程保修费，指工程竣工交付使用后，在规定保修期以内的修理费用。应采用预提方式记入。

(12)其他费用，指上列各项费用以外的其他间接费用，如工程排污费等。

从间接费用明细项目中，可以看出它与材料费等变动费用不同。它属于相对固定的费用，其费用总额并不随着工程量的增减而成比例地增减。但就单位工程分摊的费用来说，则随着工程数量的变动成反比例的变动，即完成工程数量增加，单位工程分摊的费用随之减少；反之，完成工程数量减少，单位工程分摊的费用随之增加。因此，超额完成工程任务也可降低工程成本。

（二）间接费用的归集和分配

间接费用属于共同费用，难以分清受益对象。为了归集和分配间接费用，企业应在“制造费用”账户下进行核算，汇总本期发生的各种间接费用，并按费用项目进行明细核算。

当间接费用发生时，记入“制造费用”科目的借方；月末将归集的费用采用一定的标准全数分配，借记相应的工程成本项目，贷记“制造费用”科目，月末应该没有余额。其分配标准因工程类别不同而有所不同：

（1）土建工程一般应以工程成本的直接费用为分配标准。

（2）安装工程应以安装工程的人工费用为分配标准。

在实际工作中，由于施工单位施工的工程往往有土建工程和安装工程，有时辅助生产单位生产的产品或劳务可能还会对外销售，所以施工单位的间接费用一般要经过两次分配。

间接费用的第一次分配是将发生的全部间接费用在不同类的工程、劳务和作业间进行分配。一般是以各类工程、劳务和作业中的人工费为基础进行分配，其计算公式如下：

间接费用分配率＝间接费用总额/各类工程（劳务、作业）成本中人工费总额×100%

某类工程应分配的间接费用＝该类工程成本中的人工费×间接费用分配率

间接费用的第二次分配是将第一次分配到各类的工程间接费用再分配到本类的工程、劳务和作业中去。一般是按各类工程、劳务和作业发生的直接费用或人工费为基础进行分配的，其计算公式如下：

①土建工程：以工程的直接成本（即人工费、材料费、机械使用费、其他直接费之和）实际发生数或已完工程直接费预算数为标准进行分配。

间接费用分配率＝建筑工程分配的间接费用总额/全部土建工程直接费用总额×100%

某土建工程应分配的间接费用＝该土建工程直接费用×间接费用分配率

②安装工程：以工程实际发生人工费或已完工程人工费预算数作为标准分配。

间接费用分配率＝安装工程应分配的间接费用总额/各安装工程人工费总额×100%

某安装工程应分配的间接费用＝该安装工程人工费×间接费用分配率

另外，在实际核算工作中，对于间接费用的分配，若已给出间接费用定额，也可采用先计算本月实际发生的间接费用与按间接费用定额计算的间接费用的百分比，再将各项建筑安装工程按定额计算的间接费用进行调整。即：

某项工程本月应分配的间接费用＝该项工程本月实际发生的直接费或人工费×该项工程规定的间接费用定额×本月实际发生的间接费用/∑（各项工程本月实际发生的直接费或人工费×各项工程规定的间接费用定额）

【例11－7】北方建筑工程公司道路工程处在2014年6月只有甲、乙两处建筑工程，没有安装工程和劳务。本月间接费用的发生情况如表11－10“间接费用明细账”所示，该公司的间接费用采用直接分配法，按照各个工程项目所耗费的直接费用为依据进行分配，本月甲工程发生直接费用750 000元，乙工程发生直接费用650 000元。

编制间接费用分配表如表11－11所示，并进行相应的会计处理。

表11－10 间接费用明细账

单位名称：道路工程处　　　　单位：元

日期		凭证及摘要	借方										贷方
月	日		工作人员工资	奖金	职工福利费	办公费差旅费	固定资产及工具使用费	劳动保护费	工程保修费	财产保险费	其他	合计	
6	9	工资汇总分配表	25 800	32 500								58 300	
6	12	以银行存款支付				12 000		9 290	12 600	7 465	1 700	43 055	
6	15	以现金支付费用				6 825		4 394	12 806			24 025	
6	30	折旧计算表					6 800					6 800	
6	30	低耗品摊销表						1 620				1 620	
6	30	材料汇总分配表					6 200					6 200	
6	30	分配间接费用											140 000
		合计	25 800	32 500	0	18 825	13 000	15 304	25 406	7 465	1 700	140 000	140 000

表11－11 间接费用分配表

2014年6月　　　　单位：元

工程项目	直接费	分配系数	金额
甲工程	1 500 000		75 000
乙工程	1 300 000	0.05	65 000
合计	2 800 000		140 000

分配系数＝140 000/2 800 000＝0.05。

根据分配表作会计分录：

借：工程施工——合同成本——甲工程　　75 000

　　　　　　　　　　　——乙工程　　65 000

　贷：制造费用　　140 000

第四节　工程成本结算

施工企业的各项生产费用，按上节所述在各成本核算对象之间进行归集和分配以后，应记入本月各成本核算对象的生产费用，全部归集在“工程施工——合同成本”账户的借方和有关的成本计算单中。

月末，对于已经竣工的工程，自开工到竣工记入该工程成本的全部生产费用，就是该工程的竣工成本；对于尚未竣工或正在施工的工程，还应将本月发生的生产费用和月初结转的上月末未完施工的生产费用之和，在本月已完工程和月末未完施工的成本之间进行分配。

月初未完工程成本+本月生产费用=已完工程成本+月末未完工程成本

一、未完工程成本的计算

施工企业的已完工程即竣工工程，从理论上来说，应指在企业范围内全部竣工，不再需要进行任何施工活动的工程。但是，由于建筑安装工程施工周期长，如果等到工程竣工之后再结算工程成本，就不能发挥成本计算在企业管理中的作用，也就满足不了企业管理的需要。因此，为了有利于企业经济核算、加速资金周转、及时检查成本计划、考核经济效果，现行制度规定：凡是已经完成预算定额所规定的全部工序，在本企业不需要再进行任何加工的分部分项工程，称为已完工程(或已完施工)。分部分项工程虽不具有完整的使用价值，也不是竣工工程，但是由于在企业内已完成全部施工活动，已可确定工程数量和工程质量，故可将它视为已完工程，可以计算它的预算成本和预算价值，向客户收取工程价款。对虽已投入人工、材料进行施工，但尚未达到预算定额规定的全部工程内容的一部分工序，则称为未完施工(或未完工程)，不能据以收取工程价款。例如，砖墙抹石灰砂浆工程，按工程预算定额规定的工程内容为修整表面、清扫、抹灰、抹平、罩面、压光、做护角等工序，如果某房屋砖墙抹石灰浆工程在月末时已完成了上述全部工程内容，就应作为“已完工程”计算；如果只完成了其中一部分工序，则应算作“未完施工”。

未完工程成本的计算，通常是由统计人员月末到施工现场实地丈量盘点未完施工实物量，并按其完成施工的程度折合为已完工程数量，根据预算单价计算未完工程成本。计算公式如下：

未完工程成本=未完施工实物量×完工程度×预算单价

期末，未完工程成本一般不负担管理费。如果未完施工工程量占当期全部工程量的比重很小或期初与期末数量相差不大，可以不计算未完工程成本。

根据计算结果填制“未完施工盘点单”，并记入“工程成本计算单”，即可据以结转已完工程实际成本。

【例11－8】北方城建有限公司在其承包的一处学校的建筑工程(甲工程)中，包括一项3 000平方米的风雨操场工程，该分部分项工程包括平整、硬化和铺设塑胶等三道工序。目前，第二道工序已经完成，约等于已完工程量70%，折合已完工程量为：

折合已完工程量＝3 000×70%＝2 100(平方米)。

设每平方米涂料工程预算单价为220元，3 000平方米的风雨操场未完工程成本为：

未完工成本＝2 100×220＝462 000(元)。

再按预算单价所含工、料费比例进一步分解计算出人工费、材料费等。编制“未完施工盘点单”，如表11－12所示。

表11－12　未完施工盘点单

编制：项目部　　　　2014年6月　　　　单位：元

单位	分部分项工程		已完工序					其中			
工程名称	名称	预算单价	工序名称或内容	占分部分项工程比率	已做数量	折合分部分项工程量	预算成本	人工费	材料费	机械费	其他直接费
甲工程	塑胶风雨操场	220	已完成硬化	70%	3 000平方米	2 100平方米	462 000	69 300	369 600	23 100	0
小计							462 000	69 300	369 600	23 100	0

二、已完工程实际成本的计算

月末未完工程成本确定后，即可根据下列公式确定当月各个成本核算对象已完工程的实际成本。

已完工程实际成本＝月初未完工程成本＋本月生产费用－月末未完工程成本

根据各成本核算对象的“成本计算单”的实际成本，填入“已完工程成本表”中的实际成本栏，据此结转本月已完工程实际成本，将已完工程的实际成本从“工程施工——合同成本”账户的贷方转入“主营业务成本”账户的借方。

三、已完工程预算成本的计算

已完工程实际成本确定以后，为了对比考察成本的升降情况和与客户进行结算，还要计算当月已完工程的预算成本和预算价值。

已完工程预算成本的计算是根据已完工程实物量、预算单价和间接费用定额进行的。其计算公式如下：

$$已完工程预算成本=\sum(实际完成工程量\times预算单价)(1+间接费定额)$$

$$已完安装工程预算成本=\sum(实际完成安装工程量\times预算单价)+(已完安装工程人工费\times间接费定额)$$

在实际工作中，已完工程预算成本通常是由统计部门于月末先行实地丈量已完工程实物量，再根据预算定额中的预算单价和间接费定额，在“已完工程结算表”或“已完工程月报表”中进行计算。

“已完工程结算表”反映的是当月已完工程的预算总价值，由直接费用、间接费用、计划利润和税金四部分组成。直接费用包括按预算单价计算的人工费、材料费、机械使用费、其他直接费用。间接费用包括按间接取费率计算的管理费和临时设施费、劳动保险费等构成的其他间接费用。由于“已完工程结算表”中所提供的预算成本项目所包含内容和实际成本不完全一致，为了和工程实际成本的各个项目进行对比，须根据“已完工程结算表”将属于预算成本范围的项目进行分解调整，主要有以下几项：

(1)按上式间接费用定额计算的间接费用包括公司机关和施工单位的管理费，由于公司机关管理费不记入工程成本而记入期间费用，因此，必须分别测算出公司机关管理费和施工单位管理费各自所占比重，将按综合取费率计算的间接费用分开。

(2)包括在其他间接费用中的临时设施费，已列入工程实际成本的其他直接费用项目中，预算成本也应作相应调整。

(3)将预算成本中包括的综合性取费项目，如冬雨季施工增加费、夜间施工增加费等，应按所含工、料费比重分解为人工、材料费等项目，分别记入预算成本的相应项目。

第五节　期间费用的会计核算

一、管理费用

管理费用是指企业为组织和管理生产经营活动而发生的各种管理费用，包括企业在筹建期间发生的开办费、董事会和行政管理部门在企业的经营管理中发生的或者应由企业统一负担的公司经费(包括行政管理部门职工薪酬、物料消耗、低值易耗品摊销、办公费和差旅费等)、工会经费、董事会费(包括董事会成员津贴、会议费和差旅费等)、聘请中介机构费、咨询费(含顾问费)、诉讼费、业务招待费、房产税、车船使用税、土地使用税、印花税、技术转让费、矿产资源补偿费、研究费用、排污费以及企业生产车间(部门)和行政管理部门发生的固定资产修理费等。

施工企业应通过“管理费用”科目，核算管理费用的发生和结转情况。该科目借方登记企业发生的各项管理费用，贷方登记期末转入“本年利润”科目的管理费用，结转后该科目应无余额。该科目应按管理费用的费用项目进行明细核算。

【例 11－9】某施工企业筹建期间发生办公费、差旅费等开办费 25 000 元，均用银行存款支付。会计分录如下：

借：管理费用　　25 000

　　贷：银行存款　　25 000

【例 11－10】某施工企业行政部 9 月份共发生费用 224 000 元，其中：行政人员薪酬 150 000 元，行政部专用办公设备折旧费 45 000 元，报销行政人员差旅费 21 000 元(假定报销人均未预借差旅费)，其他办公、水电费 8 000 元(均用银行存款支付)。会计分录如下：

借：管理费用　　224 000

　　贷：应付职工薪酬　　150 000

　　　　累计折旧　　45 000

　　　　库存现金　　21 000

　　　　银行存款　　8 000

二、销售费用

销售费用是指企业在销售商品和材料、提供劳务过程中发生的各项费用，包括企业在销售商品过程中发生的包装费、保险费、展览费和广告费、商品维修费、预计产品质量保证损失、运输费、装卸费等费用，以及企业发生的为销售本企业商品而专设的销售机构的职工薪酬、业务费、折旧费、固定资产修理费等费用。

施工企业应通过“销售费用”科目，核算销售费用的发生和结转情况。该科目借方登记企业所发生的各项销售费用，贷方登记期末结转入“本年利润”科目的销售费用，结转后该科目应无余额。该科目应按销售费用的费用项目进行明细核算。

【例 11－11】某工程公司销售部 8 月份共发生费用 220 000 元，其中：销售人员薪酬100 000 元，销售部专用办公设备折旧费 50 000 元，业务费 70 000 元(均用银行存款支付)。会计分录如下：

借：销售费用　　220 000

　　贷：应付职工薪酬　　100 000

　　　　累计折旧　　50 000

　　　　银行存款　　70 000

三、财务费用

财务费用是指企业为筹集生产经营所需资金等而发生的筹资费用，包括利息支出(减利息收入）、汇兑损益以及相关的手续费、企业发生的现金折扣或收到的现金折扣等。

施工企业应通过“财务费用”科目，核算财务费用的发生和结转情况。该科目借方登记企业发生的各项财务费用，贷方登记期末结转入“本年利润”科目的财务费用。结转后该科目应无余额。该科目应按财务费用的费用项目进行明细核算。

【例 11－12】某施工企业于 2014 年 1 月 1 日向银行借入生产经营用短期借款 360 000 元，期限 6 个月，年利率 5%，该借款本金到期后一次归还，利息分月预提、按季支付。假定，1 月份其中 120 000 元暂时作为闲置资金存入银行，并获得利息收入 400 元。假定所有利息均不符合利息资本化条件。1 月份相关利息的会计处理如下：

①1 月末，预提当月应计利息。

应计利息＝360 000×5%/12＝1 500（元）。

借：财务费用　　1 500

　　贷：应付利息　　1 500

②同时，当月取得的利息收入 400 元应作为冲减财务费用处理。

借：银行存款　　400

　　贷：财务费用　　400

第六节　成本费用的主要税务问题

一、不得扣除的支出未进行纳税调整

【例 11－13】A 公司 2014 年 1 月由于使用假发票被当地税务机关查出，被罚款20 000 元；8 月因为非法经营，被工商机关没收价值 20 000 元的物品；由于出纳失误，将本应在 10 月份缴纳的营业税拖至 11 月份才缴纳，同时补交滞纳金 12 000 元。该公司将上述资金全部记入“营业外支出”科目，年终则按实现的利润总额进行纳税申报并计缴所得税。

分析：在这个案例中，公司为了少缴所得税，将罚款、滞纳金及被没收的财物损失直接记入了“营业外支出”，而申报所得税也未作纳税调整。公司盘盈资产已经入账，但账务处理存在问题，少计了营业外收入，以至于少缴企业所得税。根据《中华人民共和国企业所得税法》（中华人民共和国主席令第 63 号）第十条规定，在计算应纳税所得额时，下列支出不得扣除：

（1）向投资者支付的股息、红利等权益性投资收益款项；

（2）企业所得税税款；

（3）税收滞纳金；

（4）罚金、罚款和被没收财物的损失；

（5）本法规定以外的捐赠支出；

(6)赞助支出；

(7)未经核定的准备金支出；

(8)与取得收入无关的其他支出。

因此，该公司应调增应纳税所得额，补缴欠缴的所得税。

二、跨年度费用支出的纳税调整

【例11－14】某公司在12月份发生费用支出，由于发票和出差等特殊情况不能在12月31日前取得并报销入账，对于这部分费用该如何进行会计处理和所得税处理呢？

分析：跨年度费用支出，在税收方面主要影响企业所得税。由于企业所得税按年计算、分期预缴，在纳税年度内发票跨月入账并不影响当年度所得税的计算。对跨越年度取得发票入账，虽然不过是时间性差异，但影响不同纳税年度的配比和应纳所得税额的计算，有关税法的要求：

(1)费用税前列支的一般原则。

①权责发生制原则。即纳税人应在费用发生时而不是实际支付时确认扣除。

②配比原则。即纳税人发生的费用在应配比或应分配的当期申报扣除。纳税人某一纳税年度应申报的可扣除费用不得提前或滞后申报扣除。

(2)以前年度应计未计费用的处理：企业纳税年度内应计未计扣除项目，包括各类应计未计费用、应提未提折旧等，不得移转以后年度补扣是指年度终了，纳税人在规定的申报期申报后发现的应计未计、应提未提的税前扣除项目。

(3)所得税汇算清缴期间发现漏计费用的处理：企业在所得税汇算清缴期限内，发现当年年度所得税申报有误的，可在所得税汇算清缴期限内向主管税务机关重新办理年度所得税申报和汇算清缴。

(4)对广告费扣除的限制：内资企业申报扣除的广告费支出，必须符合的条件包括已实际支付费用并已取得相应发票，即广告费支出没有取得发票的一律不允许在所得税前列支。

从以上规定可以看出：

(1)按税法的要求，费用只能在所属年度扣除，不能提前或结转到以后年度扣除。

(2)当年的费用当年没有取得发票，并不意味着这笔费用就不能在当年的所得税前列支。

第七节　成本费用的主要审计问题

一、期间费用核算不正确

【例11－15】审计人员审计某公司时，发现其在2014年2月份向银行借款500万元建设办公楼，应当资本化的借款费用记入了“财务费用”科目，导致当年的费用增加、利润减少。

分析：期间费用包括管理费用、财务费用和销售费用。企业应当将发生的每笔与期间费用相关的事项及时计入当期的期间费用。该公司向银行的借款500万的利息费用应当予以资本化，计入固定资产的成本。

二、成本核算问题

【例11－16】审计人员在审计某公司的产品成本时，发现该企业产品成本核算有问题，把生产车间应当费用化的费用计入成本中，导致成本升高。

分析：企业应当正确归集产品成本。企业生产产品的成本要及时、正确地分配入账。

第十二章　享受胜利果实
——施工企业利润及利润分配的会计核算

第一节　利润

利润是企业在一定会计期间的经营成果，表现为企业净资产的增加，是反映企业经济效益的一个重要指标。

一、利润的构成

利润是由一定会计期间内生产经营活动所获得的各项收入抵减各项支出后形成的。相抵后若为正数，表示盈利；若为负数，则表示亏损。施工企业利润可分为营业利润、利润总额和净利润。

(一)营业利润

营业利润，是指营业收入减去营业成本、营业税金及附加、销售费用、管理费用、财务费用，加上投资收益(或减去投资损失)后的金额。营业收入，是指施工企业销售商品和提供劳务实现的收入总额。投资收益，由施工企业股权投资取得的现金股利(或利润)、债券投资取得的利息收入和处置股权投资和债券投资取得的处置价款扣除成本或账面余额以及相关税费后的净额三部分构成。企业的上述利润构成可用公式表示如下：

营业利润 = 营业收入 - 营业成本 - 营业税金及附加 - 销售费用 - 管理费用 - 财务费用 + 投资收益(或 - 投资收益)

(二)利润总额

利润总额，是指营业利润加上营业外收入，减去营业外支出后的金额。

利润总额 = 营业利润 + 营业外收入 - 营业外支出

(三)净利润

净利润，是指利润总额减去所得税费用后的净额。

净利润 = 利润总额 - 所得税费用

二、营业外收入、营业外支出及本年利润的会计核算

主营业务收入、主营业务成本、营业税金及附加、其他业务收入、其他业务支出、投资收益等内容，其核算方法大多已在前面有关章节中作过介绍，这里主要介绍营业外收入、营业外支出、本年利润等的核算。

(一)营业外收入的会计核算

营业外收入，是指施工企业非日常生产经营活动形成的、应当计入当期损益、会导致所有者权益增加、与所有者投入资本无关的经济利益的净流入。施工企业的营业外收入包括：非流动资产处置净收益、政府补助、捐赠收益、盘盈收益、汇兑收益、出租包装物和商品的租金收入、逾期未退包装物押金收益、确实无法偿付的应付款项、已作坏账损失处理后又收回的应收款项、违约金收益等。通常，施工企业的营业外收入应当在实现时按照其实现金额计入当期损益。

施工企业应设置"营业外收入"科目，核算企业发生的与其生产经营无直接关系的各项收入。期末，应将该科目的余额转入"本年利润"科目，结转后该科目应无余额。本科目应按照营业外收入项目进行明细核算。

(1)施工企业确认非流动资产处置净收益，比照"固定资产清理""无形资产"等科目的相关规定进行账务处理。

(2)确认的政府补助收入，借记"银行存款"或"递延收益"科目，贷记"营业外收入"科目。

(3)施工企业按照规定实行企业所得税、增值税(不含出口退税)、消费税、营业税等先征后返的，应当在实际收到返还的企业所得税、增值税、消费税、营业税等时，借记"银行存款"科目，贷记"营业外收入"科目。

(4)确认的捐赠收益，借记"银行存款""固定资产"等科目，贷记"营业外收入"科目。

(5)确认的盘盈收益，借记"待处理财产损溢——待处理流动资产损溢/待处理非流动资产损溢"科目，贷记"营业外收入"科目。

(6)确认的汇兑收益，借记有关科目，贷记"营业外收入"科目。

(7)确认的出租包装物和商品的租金收入、逾期未退包装物押金收益、确实无法偿付的应付款项、违约金收益等，借记"其他应收款""应付账款""其他应付款"等科目，贷记"营业外收入"科目。

(8)确认的已作坏账损失处理后又收回的应收款项，借记"银行存款"等科目，贷记"营业外收入"科目。

(二)营业外支出的会计核算

营业外支出，是指施工企业非日常生产经营活动发生的、应当计入当期损益、会导致所有者权益减少、与向所有者分配利润无关的经济利益的净流出。

施工企业的营业外支出包括：存货的盘亏、毁损、报废损失，非流动资产处置净损

失，坏账损失，无法收回的长期债券投资损失，无法收回的长期股权投资损失，自然灾害等不可抗力因素造成的损失，税收滞纳金，罚金，罚款，被没收财物的损失，捐赠支出，赞助支出等。

通常，施工企业的营业外支出应当在发生时按照其发生额计入当期损益。施工企业应设置"营业外支出"科目，核算所发生的营业外支出，并在发生该类支出时，借记"营业外支出"科目。期末，应将该科目的余额转入"本年利润"科目，结转后该科目应无余额。该科目应按具体的支出项目设置明细账，进行明细核算。

(1)施工企业确认存货的盘亏、毁损、报废损失，非流动资产处置净损失，自然灾害等不可抗力因素造成的损失，借记"营业外支出""累计摊销"等科目，贷记"待处理财产损溢——待处理流动资产损溢/待处理非流动资产损溢""固定资产清理""无形资产"等科目。

(2)根据《小企业会计准则》规定：确认实际发生的坏账损失、长期债券投资损失，应当按照可收回的金额，借记"银行存款"等科目，按照应收账款、预付账款、其他应收款、长期债券投资的账面余额；贷记"应收账款""预付账款""其他应收款""长期债券投资"等科目，按照其差额，借记"营业外支出"科目。

(3)根据《小企业会计准则》规定：确认实际发生的长期股权投资损失，按照可收回的金额，借记"银行存款"等科目；按照长期股权投资的账面余额，贷记"长期股权投资"科目；按照其差额，借记"营业外支出"科目。

(4)支付的税收滞纳金、罚金、罚款，借记"营业外支出"科目，贷记"银行存款"等科目。

(5)确认被没收财物的损失、捐赠支出、赞助支出，借记"营业外支出"科目，贷记"银行存款"等科目。

(三)本年利润的核算和结转

企业本年利润的计算和结转方法有表结法和账结法两种，小企业的本年利润一般采用账结法。

账结法的具体做法是：每期期末结出损益类科目的本月发生额和余额，然后编制记账凭证，将损益类科目的余额结转到"本年利润"科目，结转后损益类科目均无余额，最后利用"本年利润"科目计算确定本期利润和本年利润。

在期末结转利润时，应将"主营业务收入""其他业务收入""营业外收入"等科目的期末余额，分别转入"本年利润"科目，借记"主营业务收入""其他业务收入""营业外收入"等科目，贷记"本年利润"科目。将"主营业务成本""营业税金及附加""其他业务成本""销售费用""管理费用""财务费用""营业外支出""所得税费用"等科目的期末余额，分别转入"本年利润"科目，借记"本年利润"科目，贷记"主营业务成本""营业税金及附加""其他业务成本""销售费用""管理费用""财务费用""营业外支出""所得税费用"等科目。将"投资收益"科目的净收益转入"本年利润"科目，借记"投资收益"科目，贷记"本年利润"科目；如为净亏损，编制相反会计分录。

年度终了，企业应将本年收入和支出相抵后结出的本年实现的净利润转入"利润分配"

科目，借记“本年利润”科目，贷记“利润分配——未分配利润”科目；如为净亏损，编制相反会计分录。结转后“本年利润”科目应无余额。

【例12－1】某施工企业当年年末，各损益类科目的期末余额如表12－1所示。

表12－1　损益类科目期末余额表

单位：元

科目名额	借方	贷方
主营业务收入		300 000
主营业务成本	150 000	
营业税金及附加	9 700	
其他业务收入		17 500
其他业务成本	9 800	
销售费用	8 600	
管理费用	9 300	
财务费用	6 700	
投资收益		13 500
营业外收入		5 000
营业外支出	2 300	
所得税费用	34 900	

①结转各项收入和利得。

借：主营业务收入　300 000
　　其他业务收入　17 500
　　投资收益　13 500
　　营业外收入　5 000
　　贷：本年利润　336 000

②结转各项费用和损失。

借：本年利润　231 300
　　贷：主营业务成本　150 000
　　　　营业税金及附加　9 700
　　　　其他业务成本　9 800
　　　　销售费用　8 600
　　　　管理费用　9 300
　　　　财务费用　6 700
　　　　营业外支出　2 300
　　　　所得税费用　34 900

第二节　利润分配

对于所取得的利润，企业均需按一定的程序进行分配。

一、利润分配的一般顺序

企业当年实现的净利润，加上年初未分配利润(或减去年初未弥补亏损)和其他转入后的余额，为可供分配的利润。可供分配的利润按下列顺序分配，如图 12－1 所示。

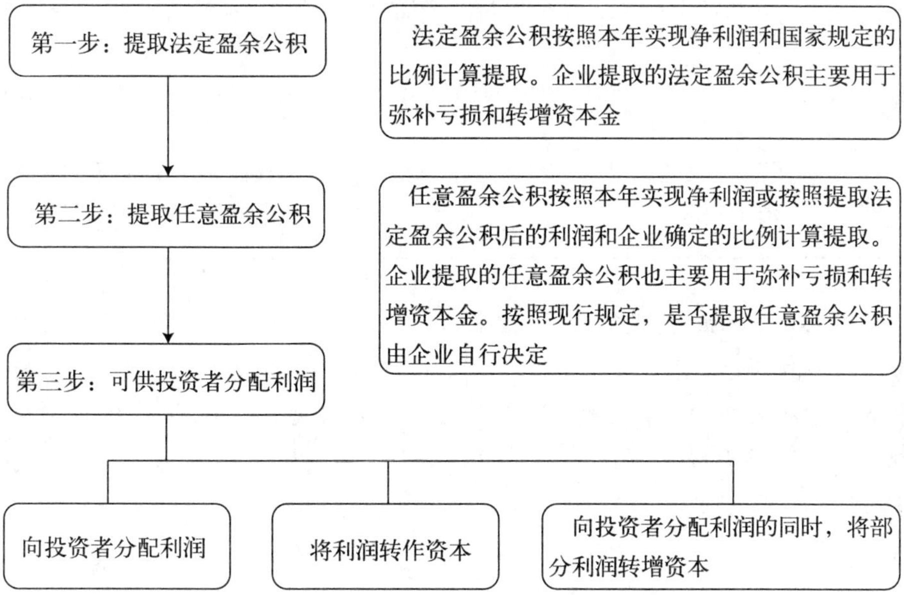

图 12－1　利润分配的一般顺序

可供分配的利润减去提取的法定盈余公积和任意盈余公积后，为可供投资者分配的利润。可供投资者分配的利润一般有以下几种分配方式：一是向投资者分配利润；二是将利润转作资本；三是向投资者分配利润的同时，将部分利润转增资本。

可供投资者分配的利润减去应付利润和转增资本的利润后，为未分配利润。

未分配利润可留待以后年度进行分配。企业如发生亏损，可以按规定由以后年度利润进行弥补。按现行税收政策规定，企业发生经营亏损，可以在以后的五年内用实现的利润在交纳所得税前进行弥补，在五年内弥补不完的部分应用交纳所得税后的利润再行弥补，或者用提取的盈余公积进行弥补。

二、利润分配的会计核算

施工企业应当按照利润分配的去向设置如下明细科目，进行明细核算。如表 12－2 所示。

表 12－2 “利润分配”科目的明细科目

明细科目名称	核算内容及方法
盈余公积补亏	用盈余公积弥补亏损时，借记“盈余公积”科目，贷记“利润分配——盈余公积补亏”科目
提取法定盈余公积 提取任意盈余公积	按规定从净利润中提取盈余公积时，借记“利润分配——提取法定盈余公积、提取任意盈余公积”科目，贷记“盈余公积——法定盈余公积、任意盈余公积”科目
应付利润	应当分配给投资者的利润，借记“利润分配——应付利润”科目，贷记“应付利润”科目
转作资本的利润	按董事会或类似机构批准的应转增资的金额，在办理增资手续后，借记“利润分配——转作资本的利润”科目，贷记“实收资本”等科目
未分配利润	年度终了，将“本年利润”科目转入本科目，借记“本年利润”科目，贷记“利润分配——未分配利润”科目；如为净亏损，编制相反会计分录。同时，将“利润分配”科目下的其他明细科目的余额转入本科目

【例 12－2】某施工企业 2014 年实现的净利润为 600 000 元。根据国家有关规定，首先按净利润的 10% 提取法定盈余公积，再根据董事会决定按提取法定盈余公积后利润的 10% 提取任意盈余公积，最后确定应分配给投资者利润 100 000 元，转作资本的利润 200 000 元。有关会计分录如下：

①结转本年净利润。

借：本年利润　　600 000

　　贷：利润分配——未分配利润　　600 000

②提取法定盈余公积。

借：利润分配——提取法定盈余公积　　60 000

　　贷：盈余公积——法定盈余公积　　60 000

③提取任意盈余公积。

借：利润分配——提取任意盈余公积　　54 000

　　贷：盈余公积——任意盈余公积　　54 000

④应分配给投资者的利润。

借：利润分配——应付利润　　100 000

　　贷：应付利润　　100 000

⑤利润转增资本。

借：利润分配——转作资本的利润　　200 000

　　贷：实收资本　　200 000

⑥结转“利润分配”中除“未分配利润”明细科目外的其他明细科目的余额：

借：利润分配——未分配利润　414 000

　贷：利润分配——提取法定盈余公积　60 000

　　　　　　——提取任意盈余公积　54 000

　　　　　　——应付利润　100 000

　　　　　　——转作资本的利润　200 000

经上述结转后，“利润分配——未分配利润”科目的贷方余额为 186 000(600 000 - 414 000)元，为年末未分配利润。

【例 12 -3】某施工企业 2014 年发生经营净亏损 160 000 元，经董事会批准，用提取的法定盈余公积 100 000 元弥补部分亏损。有关会计分录如下：

①结转本年净亏损。

借：利润分配——未分配利润　160 000

　贷：本年利润　160 000

②用法定盈余公积弥补亏损。

借：盈余公积　100 000

　贷：利润分配——盈余公积补亏　100 000

③将“利润分配”科目中的“盈余公积补亏”明细科目余额转入“未分配利润”明细科目。

借：利润分配——盈余公积补亏　100 000

　贷：利润分配——未分配利润　100 000

结转后，“利润分配——未分配利润”科目的借方余额为 60 000(160 000 - 100 000)元，为年末未弥补亏损。

第三节　利润的主要税务问题

【例 12 -4】中安公司主要从事建筑工程的施工、安装业务。税务人员于 2014 年 3 月对该公司 2013 年的纳税情况进行了检查。税务人员对“应收账款”检查时发现：“应收账款——B 工程款”年终借方累计余额 100 万元为未结转工程成本利润，经与建筑安装合同、施工进度表核对及现场实地勘察，发现 B 工程按进度应结转工程结算收入 100 万元。由于该企业未按规定结转收入，从而少缴营业税、企业所得税。

分析：建筑施工单位不按期结转工程的成本和收入，导致当年利润减少、少缴纳税收，税务人员应仔细核对会计科目与合同的数据，并进行实地检查，以做到万无一失。

第四节　利润的主要审计问题

一、收入账外，费用账内

【例 12－5】2014 年审计人员接到举报，称中建公司收取家装工程结算款未按规定开具发票，可能存在偷逃税款行为。根据这一线索，审计人员当即决定对中建公司进行现场突击检查。在检查过程中，税务人员发现该公司设置两套账，查获现金流水账一本，已竣工工程收付款控制报表、非税务机关监制的收款收据等。经核实，该公司 2013 年期间收取工程结算款合计 400 万元，大部分为现金收入，但账上申报工程结算收入 100 万元，可见，中建公司收取的工程结算款未全额入账，但购置的材料及人员工资等费用却在账内。

分析：目前，建筑业尤其是装饰业多以现金方式进行款项结算。从该案例可以看出，该公司采取不开发票、不入账、不纳税申报的方法偷逃税。中建公司将装修的经营收入置于账外，而相关费用却在账内核算，使得利润减少。由于企业的收入大部分是账外收入，并且为现金结算，在账上很难发现问题，在审计过程中应重点关注小型施工企业、装修公司使用外购或自制发票代替建筑业发票隐瞒收入的情况。

审计时，首先要根据该行业合理的利润率对其成本收入的真实性进行分析，对收入与成本配比不合理的问题要引起足够的关注；其次，对发生的材料支出和人员成本进行分析，核实其真实性；最后，要积极开展外调工作，从消费单位原始及记账凭证中寻找蛛丝马迹，对有重大疑问的单据要一查到底。

二、出租收入，发放福利

【例 12－6】审计人员对某公司 2014 年税收缴纳情况进行检查，盘点保险柜现金时虽然账款没有出入，但是保险柜里的一份承包合同引起了审计人员注意。这是一份该公司与王某的承包合同，合同显示：从 2012 年开始，王某承租该公司两台车辆，每年上缴一定承租费用，合同期 5 年。但是，审计人员在该公司的账上并未发现承包费收入，财务人员解释为因效益不好，王某一直没有缴纳承包费。经一再查问，审计人员发现，承包费均是以现金的形式交给公司财务，再由财务开具收据，其资金全部用于发放公司福利。

分析：

(1)收入审计的内容。

①确认本期所有已实现的收入是否入账；

②确认收入是否符合正常交易原则；

③确认本期收入是否正确分类；

④确认是否依照税法如实申报应税收入，准确计算各项税款；

⑤确认申报的收入是否符合正常交易原则。

(2)收入的审计要点。

①分析业务收入的变动趋势。将本年收入与各年相比较，据此分析收入变动情况，看有无巨大波动。

②确认业务收入会计处理的准确性。对业务进行抽检，进行从原始凭证到记账凭证、销售、应收账款、库存现金、银行存款、应收票据、存货等明细账的全过程的审查，核实其记录、过账、加总是否正确。

③审查收入的确认是否正确。将消费清单、订单、发票、银行结算票据等进行互相核对，结合货币资金、应收账款、预收账款、存货项目的检查，审查收到对方发票是否已确认收入。

④确认收入计价的合理性。与行业价格进行比较分析，审查是否存在价格明显偏低而无正当理由者，并按税法规定程序进行调整。

以上案例中，该公司未按规定而将出租收入在账外核算，正是这份合同暴露了企业违规的事实。

第十三章　内外合一
——施工企业外币业务相关的账务处理

第一节　记账本位币的确定

一、记账本位币的概念

记账本位币是指企业经营所处的主要经济环境中的货币。主要经济环境，通常是指企业主要产生和支出现金的环境，使用该环境中的货币最能反映企业主要交易的经济结果。例如，我国大多数企业主要产生和支出现金的环境在国内，因此一般以人民币作为记账本位币。

二、施工企业记账本位币的确定

我国《小企业会计准则》中规定，小企业应当选择人民币作为记账本位币。业务收支以人民币以外的货币为主的单位，可以选定其中一种货币作为记账本位币，但是编报的会计报告应当折算为人民币。

并且，小企业记账本位币一经确定，不得随意变更，但小企业经营所处的主要经济环境发生重大变化除外。小企业因经营所处的主要经济环境发生重大变化，确需变更记账本位币的，应当采用变更当日的即期汇率将所有项目折算为变更后的记账本位币。即期汇率，是指中国人民银行公布的当日人民币外汇牌价的中间价。

第二节　外币交易的会计核算

一、外币交易的概念

外币交易，是指企业以外币计价或者结算的交易。企业对于发生的外币交易，应当将外币金额折算为记账本位币金额。外币交易内容如图 13－1 所示。

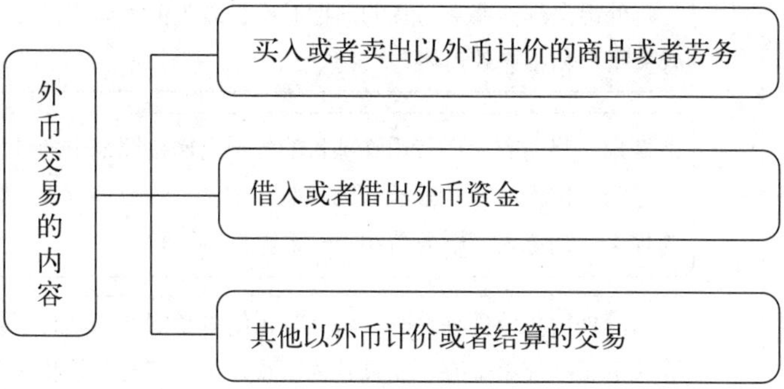

图 13－1　外币交易的内容

二、外币交易的核算程序

外币交易的记账方法有统账制和分账制两种。

统账制是指在发生外币交易日即折算为本位币记账。

分账制是在日常分别用不同货币记账，在资产负债表日分别货币性项目和非货币性项目进行调整：货币性项目按资产负债表日即期汇率折算，非货币性项目按交易日即期汇率折算；产生的汇兑差额计入当期损益。其中，货币性项目是指企业持有的货币资金和将以固定或可确定的金额收取的资产或者偿付的负债。货币性项目分为货币性资产和货币性负债：货币性资产包括库存现金、银行存款、应收账款、其他应收款等，货币性负债包括短期借款、应付账款、其他应付款、长期借款、长期应付款等。非货币性项目，是指货币性项目以外的项目，包括存货、长期股权投资、固定资产、无形资产等。

我国的企业通常采用统账制的方法记账。

（一）账户设置

在统账制方法下，施工企业对外币交易的核算不单独设置科目，对外币交易金额因汇率变动而产生的差额要分情况进行账务处理：

（1）汇兑收益。施工企业发生的汇兑收益，借记有关科目，贷记“营业外收入”科目。

（2）汇兑损失。施工企业可在“财务费用”科目下设置二级科目“汇兑差额”反映。该科目借方反映因汇率变动而产生的汇兑损失，贷方反映因汇率变动而产生的汇兑收益。期末余额结转入“本年利润”科目后一般无余额。当施工企业发生汇兑损失时，借记“财务费用——汇兑损失”科目，贷记“应付利息”“银行存款”等科目。

（二）核算的基本程序

施工企业发生外币交易时，其会计核算的基本程序如图 13－2 所示。

外币交易核算基本程序

- 将外币金额按照交易日的即期汇率折算为记账本位币金额，登记有关账户和相应外币账户
- 期末，将所有外币货币性项目的外币余额按照期末即期汇率折算为记账本位币金额，差额若为收益，记入“营业外收入”科目；若为损失，则记入“财务费用——汇兑差额”科目
- 结算外币货币性项目时，将其外币结算金额按照当日即期汇率折算为记账本位币金额，差额若为收益，记入“营业外收入”科目；若为损失，则记入“财务费用——汇兑差额”科目

图 13－2　外币交易的基本程序

（三）初始确认的账务处理

外币交易在初始确认时，采用交易发生日的即期汇率将外币金额折算为记账本位币金额，也可以采用交易当期平均汇率折算。施工企业收到投资者以外币投入的资本，应当采用交易发生日即期汇率折算，不得采用合同约定汇率和交易当期平均汇率折算。

【例 13－1】某施工企业的记账本位币为人民币，对外币交易采用交易日的即期汇率折算。2013 年 10 月 3 日从境外甲公司购入不需要安装的设备一台，设备价款为 250 000 美元，购入该设备当日的即期汇率为 1 美元＝6.3 人民币元，适用的增值税税率为 17%，款项尚未支付，增值税以银行存款支付。有关的会计分录如下：

借：固定资产——机器设备(250 000×6.3)	1 575 000	
应交税费——应交增值税(进项税额)	267 750	
贷：应付账款——甲公司		1 575 000
银行存款		267 750

（四）期末调整

《小企业会计准则》中规定，企业在资产负债表日，应当按照下列规定对外币货币性项目和外币非货币性项目进行会计处理，如图 13－3 所示。

货币性项目和非货币性项目的会计处理

- 外币货币性项目，采用资产负债表日的即期汇率折算。因资产负债表日即期汇率与初始确认时或者前一资产负债表日即期汇率不同而产生的汇兑差额，计入当期损益
- 以历史成本计量的外币非货币性项目，仍采用交易发生日的即期汇率折算，不改变其记账本位币金额

图 13－3　外币货币性项目和非货币性项目的会计处理

【例 13－2】沿用上例，假定 2013 年 10 月 30 日的即期汇率为 1 美元＝6.5 人民币元，则对该笔交易产生的外币货币性项目“应付账款”，采用期末汇率折算为记账本位币 1 625 000 元人民币(250 000×6.5)，与其交易日折算为记账本位币时的金额 1 575 000 元人民币的差额为 50 000 元人民币，应当计入当期损益，同时调整货币性项目的原记账本位币金额。相应的会计处理为：

借：财务费用——汇兑差额　　50 000

　　贷：应付账款——甲公司　　50 000

第三节　外币财务报表折算

一、外币财务报表的含义

外币财务报表折算是指为特定的目的，将以某种货币表示的会计报表折算成以另一种特定货币表示的会计报表过程。外币财务报表的目的主要有以下两个，如图 13－4 所示。

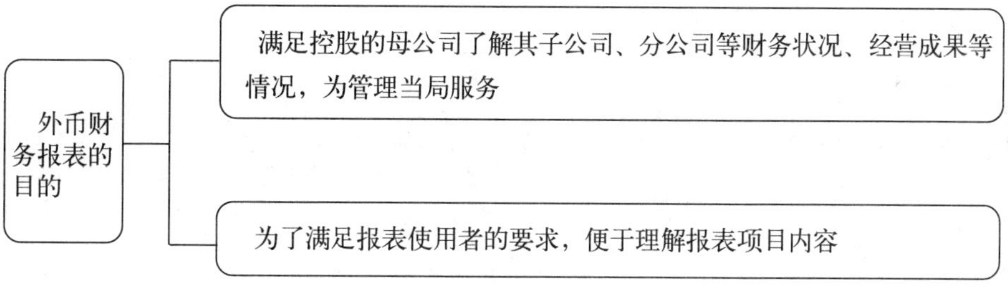

图 13－4　外币财务报表的目的

另外，外币财务报表折算需要解决的主要问题有以下几点，如图 13－5 所示。

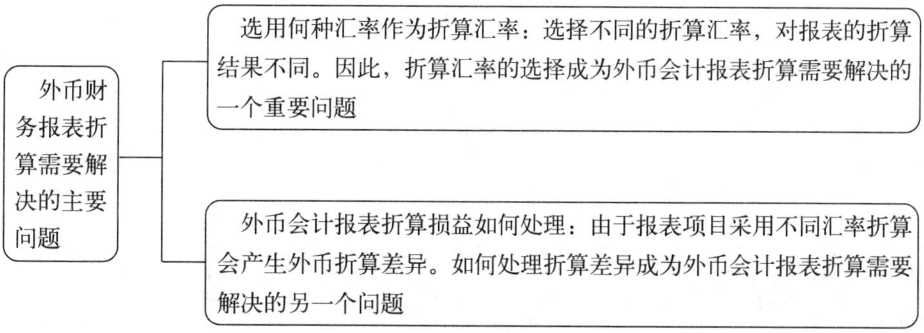

图 13－5　外币财务报表折算需要解决的主要问题

二、外币财务报表的折算

《小企业会计准则》中规定：小企业对外币财务报表进行折算时，应当采用资产负债表日的即期汇率对外币资产负债表、利润表和现金流量表的所有项目进行折算。即小企业所有报表所有科目的金额均采用资产负债表日的即期汇率进行折算，不再区分货币性项目与非货币性项目。这种做法不会产生外币财务报表折算差额，也减少了小企业外币财务报表折算的工作量。

【例 13－3】 丁股份有限公司一境外子公司编报货币为美元。期初汇率为 1 美元＝8.2 人民币元，期末汇率为 1 美元＝8.4 人民币元，当期平均汇率为 1 美元＝8.3 人民币元。股本的历史汇率为 1 美元＝8 人民币元，该子公司上年外币会计报表中股本为 500 万美元，折算为人民币金额为 4 000 万元；上年盈余公积为 50 万美元，折算为人民币金额为 405 万元；上年未分配利润为 120 万美元，折算为人民币金额为 972 万元。

根据上述资料，按我国的有关规定对该子公司的外币报表进行折算。

折算前后会计报表如表 13－1、13－2 所示。

表 13－1　资产负债表(折算前后)

单位：万元

资产	折算前（美元）	折算汇率	折算后（人民币）	负债和所有者资产	折算前（美元）	折算汇率	折算后（人民币）
流动资产：				流动负债：			
货币资金	90	8.4	756	短期借款	45	8.4	378
应收账款	109	8.4	915.6	应付账款	285	8.4	2 394
存货	240	8.4	2 016	其他流动负债	110	8.4	924
其他流动资产	150	8.4	1 260	非流动负债：			
长期债券投资				长期借款	140	8.4	1 176
长期股权投资	120	8.4	1 008	长期应付款	80	8.4	672
固定资产				其他非流动负债	90	8.4	756
固定资产原价	650	8.4	5 460	所有者权益：			
减：累计折旧	100	8.4	840	实收资本	500	8.4	4 200
固定资产账面价值	550	8.4	4 620	资本公积	0		0
在建工程	80	8.4	672	盈余公积	120	8.4	1 008

（续表）

资产	折算前（美元）	折算汇率	折算后（人民币）	负债和所有者资产	折算前（美元）	折算汇率	折算后（人民币）
生产性生物资产				未分配利润	130	8.4	1 092
无形资产	50	8.4	420				
其他非流动资产	30	8.4	252				
资产合计	1 500	8.4	12 600	负债及所有者权益总计	1 500	8.4	12 600

表 13－2　利润表及利润分配表（折算前后）

单位：万元

项目	折算前（美元）	折算汇率	折算后（人民币）
一、营业收入	2 000	8.4	16 800
减：营业成本	1 500	8.4	12 600
营业税金及附加	40	8.4	336
管理费用	100	8.4	840
财务费用	10	8.4	84
加：投资收益	30	8.4	252
二、营业利润	380	8.4	3 192
加：营业外收入	40	8.4	336
减：营业外支出	20	8.4	168
三、利润总额	400	8.4	3 360
减：所得税费用	120	8.4	1 008
五、净利润	280	8.4	2 352
加：年初未分配利润	120	8.4	1 008
六、可供分配利润	400	8.4	3 360
减：提取盈余公积	70	8.4	588
应付利润	200	8.4	1 680
七、未分配利润	130	8.4	1 092

第四节　外币业务的主要税务问题

【例 13-4】某企业设置外币账户，因银行美元资本金账户余额太大，近期美元汇率太高，汇率调整产生的汇兑收益增加了利润总额，实际企业并没有现金流进入。对于这种收益，是否并入收入总额计征企业所得税?

分析:《中华人民共和国企业所得税法实施条例》(国务院令 2007 年第 512 号)第二十二条:企业所得税法第六条第(九)项所称其他收入，是指企业取得的除企业所得税法第六条第(一)项至第(八)项规定的收入外的其他收入，包括企业资产溢余收入、逾期未退包装物押金收入、确实无法偿付的应付款项、已作坏账损失处理后又收回的应收款项、债务重组收入、补贴收入、违约金收入、汇兑收益等。

第三十九条:企业在货币交易中，以及纳税年度终了时将人民币以外的货币性资产、负债按照期末即期人民币汇率中间价折算为人民币时产生的汇兑损失，除已经计入有关资产成本以及与向所有者进行利润分配相关的部分外，准予扣除。

上述两条是相对应的，对于货币性资产产生的汇兑损失可以税前扣除，产生的汇兑收益也是要并入收入总额计征企业所得税的。

第五节　外币业务的主要审计问题

一、没有在资产负债表日对汇兑损益进行调整

【例 13-5】某公司 2014 年期初(即上一年度的资产负债表日—2013 年 12 月 31 日)欧元户人民币余额为 340 095.07 元，但是该公司的欧元余额为 8 886.32 元。审计人员对公司账上当日的欧元对人民币的汇率进行初步测算的结果为 38.27(即 340 095.07/8 886.32)，而实际上 2014 年 12 月 31 日欧元对人民币的汇率为 9.6590。

分析:很显然，该公司财务人员没有于资产负债表日按照财务准则要求和市场汇率，对外汇资产的价值进行损益调整，未能及时、准确、真实地反映公司的流动(外汇)资产价值。

二、多记和少记利息收入

【例 13-6】某公司 2014 年 2 月 26 日第 2049 号记账凭证上利息收入为 22.63 元和 51.69 元，为公司财务人员重复登账。2014 年 3 月 21 日，公司收到利息收入 9.08 欧

元(折合人民币 84.69 元)，但是财务人员对此笔利息收入却没有记账，导致公司欧元银行账户明细账上有 5 笔利息收入，但欧元账户的银行对账单上却只有 4 笔利息收入。

分析：财务人员应对每一笔利息收入按期记账，不得少记收入。

第十四章 展示成果，总结经验
——施工企业报表编制及分析

第一节 财务报表概述

财务报表是指反映企业某一特定日期财务状况和某一会计期间经营成果及资金变动情况的总结性书面文件。它以账簿记录为依据，利用统一的货币计量单位，按照统一规定的格式、内容和编制方法定期编制。

财务报表对于企业的管理者、投资者和潜在的投资者、债权人、国家税务机关等了解企业的财务经营状况等都具有重要的意义。

一、施工企业财务报表的种类和格式

施工企业的财务报表至少应当包括下列组成部分：资产负债表、利润表、附注，也可以根据需要编制现金流量表。

资产负债表和利润表通常按月编制，编制现金流量表的施工企业应该按年编制，如果企业无法按上述时间要求提供，至少应当按年编制财务报表。财务报表的种类和格式如表14－1所示，财务报表的构成如图14－1所示。

表14－1 财务报表种类和格式

编号	报表名称	编报期
会企01表	资产负债表	月报、年报
会企02表	利润表	月报、年报
会企03表	现金流量表	月报、年报

根据我国《小企业会计准则》的规定，资产负债表和利润表是小企业的基本会计报表，而现金流量表是否要编制由企业根据需要自行选择，不作强制性要求。而且按照编报时间的不同，小企业只需编制和报送年底和月度财务报表，对半年度和季度财务报表没有硬性要求。

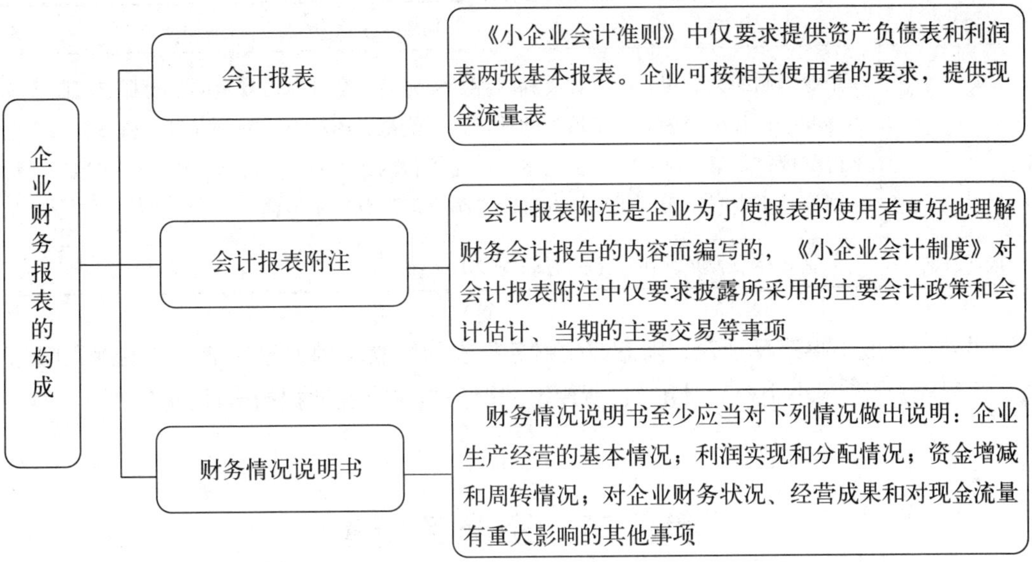

图 14－1　企业财务报表的构成

二、施工企业财务报表的编制要求

为充分发挥财务报表的作用，达到利用报表有效地管理企业的目的，编制财务报表要做到“数字真实、计算准确、内容完整、报送及时”，如表 14－2 所示。

表 14－2　财务报表的编制要求

要求	具体内容
数字真实	为了保证会计报表的数字真实、准确，应做到以下几点： ①报告期内所有的经济业务必须全部登记入账，应根据真实的交易事项和完整、准确的账簿记录编制会计报表，要按照规定的结账日进行结账，不得提前或者延迟。 ②在编制会计报表之前，应认真核对账簿记录，做到账证相符、账账相符、账实相符。发现有不符之处，应先查明原因、加以改正，再据以编制会计报表。 ③在编制会计报表时，要核对会计报表之间的数字。各种会计报表之间以及同一会计报表各项目之间，凡有对应关系的数字都要核对相符；本期会计报表与上期会计报表之间有关的数字应相互衔接，本年度会计报表与上年度会计报表之间的相关指标数字应衔接一致
计算准确	会计报表的指标、数字必须按规定进行计算，做到计算准确无误

（续表）

要求	具体内容
内容完整	企业编制的会计报表，其种类和内容必须完整。会计制度规定的报表都应编制齐全，不得漏编；各种报表上规定填列的项目，不论是表内项目或补充资料，都应填列齐全，不得漏填；若某一项目无指标数字，应在项目内划"—"符号，以免误解。汇编部门在编制汇总报表时，对所属单位的报表必须全部汇总，不得漏汇
报送及时	企业会计报表必须在规定的时间内及时上报

另外，企业不得违反规定，随意改变财务报表的编制基础、编制依据、编制原则和方法，不得随意改变《小企业会计准则》所规定的财务报告有关数据的会计口径。

第二节　资产负债表

一、资产负债表概述

(一)资产负债表的概念及内容

资产负债表，是指反映企业在某一特定日期财务状况的会计报表。它反映企业在某一特定日期所拥有或控制的经济资源、所承担的现时义务和所有者对净资产的要求权。

通过资产负债表，可以反映某一日期资产总额及其结构，表明企业拥有或控制的经济资源及其分布情况；可以提供某一日期的负债总额及其结构，表明企业未来需要用多少利息、劳务、债务清偿以及清偿时间；可以反映所有者所拥有的权益，表明投资者在企业资产中所占的份额。资产负债表是企业最基本的财务会计报表，它的主要内容如图 14－2 所示。

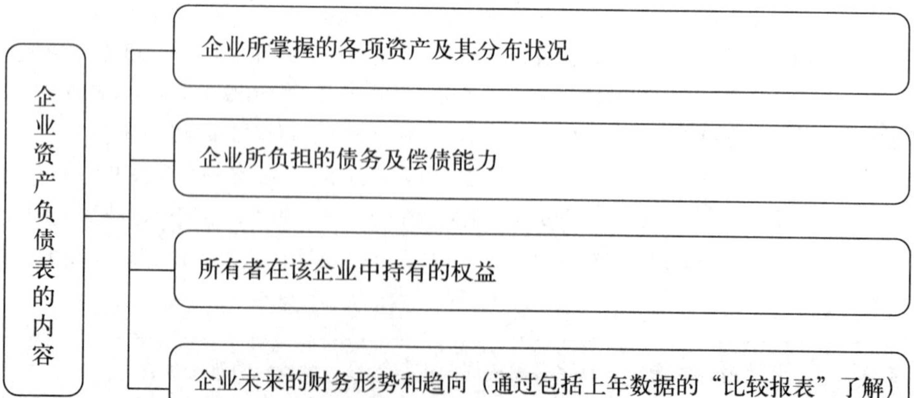

图 14－2　企业资产负债表的内容

（二）资产负债表的结构

资产负债表由表头、基本部分和补充资料三部分组成。表头部分列示报表的名称、编制单位、编制日期、货币计量单位等内容；基本部分由若干报表项目组成，反映资产负债表日企业资产、负债和所有者权益的具体组成内容及其金额；补充资料部分列示有关资产等报表项目的必要补充内容。

资产负债表采用账户式结构，报表分为左右两方，左方列示资产各项目，反映全部资产的分布及存在形态；右方列示负债和所有者权益各项目，反映全部负债和所有者权益的内容及构成情况。资产负债表左右双方平衡，资产总计等于负债和所有者权益总计，即“资产＝负债＋所有者权益”。此外，为了使使用者通过比较不同时点资产负债表的数据，掌握企业财务状况的变动情况及发展趋势，企业需要提供比较资产负债表，资产负债表分为“年初余额”和“期末余额”两栏分别填列。资产负债表的具体格式如表14－3所示。

表14－3　资产负债表

会企01表

编制单位：　　　　＿＿＿年＿＿＿月＿＿＿日　　　　单位：元

资产	行次	期末余额	年初余额	负债和所有者权益	行次	期末余额	年初余额
流动资产：				流动负债：			
货币资金	1			短期借款	31		
短期投资	2			应付票据	32		
应收票据	3			应付账款	33		
应收账款	4			预收账款	34		
预付账款	5			应付职工薪酬	35		
应收股利	6			应交税费	36		
应收利息	7			应付利息	37		
其他应收款	8			应付利润	38		
存货	9			其他应付款	39		
其中：原材料	10			其他流动负债	40		
在产品	11			流动负债合计	41		
库存商品	12			非流动负债：			
周转材料	13			长期借款	42		
其他流动资产	14			长期应付款	43		
流动资产合计	15			递延收益	44		
非流动资产：				其他非流动负债	45		

（续表）

资产	行次	期末余额	年初余额	负债和所有者权益	行次	期末余额	年初余额
长期债券投资	16			非流动负债合计	46		
长期股权投资	17			负债合计	47		
固定资产原价	18						
减：累计折旧	19						
固定资产账面价值	20						
在建工程	21						
工程物资	22						
固定资产清理	23						
生产性生物资产	24			所有者权益(或股东权益)：			
无形资产	25			实收资本(或股本)	48		
开发支出	26			资本公积	49		
长期待摊费用	27			盈余公积	50		
其他非流动资产	28			未分配利润	51		
非流动资产合计	29			所有者权益(或股东权益)合计	52		
资产总计	30			负债和所有者权益（或股东权益)总计	53		

注：本表中各项目之间的勾稽关系为：

行 9≥行 10＋行 11＋行 12＋行 13；

行 15＝行 1＋行 2＋行 3＋行 4＋行 5＋行 6＋行 7＋行 8＋行 9＋行 14；

行 29＝行 16＋行 17＋行 20＋行 21＋行 22＋行 23＋行 24＋行 25＋行 26＋行 27＋行 28；

行 20＝行 18－行 19；

行 30＝行 15＋行 29；

行 41＝行 31＋行 32＋行 33＋行 34＋行 35＋行 36＋行 37＋行 38＋行 39＋行 40；

行 46＝行 42＋行 43＋行 44＋行 45；

行 47＝行 41＋行 46；

行 52＝行 48＋行 49＋行 50＋行 51；

行 30＝行 53＝行 47＋行 52。

二、资产负债表的编制方法

资产负债表内各项目金额，应按统一规定填列年初数和期末数。

(一)"年初数"的填列方法

施工企业资产负债表中的金额栏包括"年初数"和"期末数"两栏。其中，表中的"年初数”栏内各项数字，应根据上年末资产负债表“期末数”栏内所列数字填列。因此，掌握了“期末数”的填列方法，“年初数”的填列问题也就自然而然地解决了。如果本年度资产负债表规定的各个项目的名称和内容同上年度不相一致，应对上年年末资产负债表各项目的名称和数字按照本年度的规定进行调整，填入资产负债表中的“年初数”栏内。

(二)“期末数”的填列方法

“期末余额”栏内各项数字，应根据各科目余额分析填列，具体规定如下。

(1)“货币资金”项目，反映施工企业库存现金、银行存款的合计数。本项目应根据“库存现金”和“银行存款”科目的期末余额合计填列。

(2)“短期投资”项目，反映施工企业购入的各种能随时变现并准备随时变现的、持有时间不超过 1 年(含 1 年)的股票、债券和基金的余额。本项目应根据“短期投资”科目的期末余额填列。

(3)“应收票据”项目，反映施工企业收到的未到期收款也未向银行贴现的应收票据，包括商业承兑汇票和银行承兑汇票。本项目应根据“应收票据”科目的期末余额填列。

(4)“应收账款”项目，反映施工企业因销售商品、提供劳务应向购买单位或个人收取的销货款。本项目应根据“应收账款”的期末余额填列。

(5)“预付账款”项目，反映施工企业按照合同规定预付的款项，包括根据合同规定预付的购货款、租金。本项目应根据“预付账款”科目的期末余额填列。

(6)“应收股利”项目，反映施工企业因股权投资而应收取的现金股利。本项目应根据“应收股利”科目的期末余额填列。

(7)“应收利息”项目，反映施工企业因债权投资而应收取的利息。企业购入到期一次还本付息债券应收的利息，不包括在本项目内。本项目应根据“应收利息”科目的期末余额填列。

(8)“其他应收款”项目，反映施工企业对其他单位和个人应收和暂付的除销货款外的各种款项。本项目应根据“其他应收款”科目的期末余额填列。

(9)“存货”项目，反映施工企业期末在库、在途和在加工中的各项存货的成本，包括各种原材料、在产品、半成品、产成品、商品、包装物、低值易耗品、消耗性生物资产等。本项目应根据“在途物资”“原材料”“生产成本”“库存商品”“包装物”“低值易耗品”“消耗性生物资产”等科目的期末余额合计填列。

(10)“其他流动资产”项目，反映施工企业除以上流动资产项目外的其他流动资产。本项目应根据有关科目的期末余额填列。

(11)“长期债券投资”项目，反映施工企业不准备在 1 年内(含 1 年)变现的各种债权性质的投资成本。本项目应根据“长期债权投资”科目的期末余额填列。

(12)“长期股权投资”项目，反映施工企业不准备在 1 年内(含 1 年)变现的各种股权性质的投资成本。本项目应根据“长期股权投资”科目的期末余额填列。

(13)“固定资产原价”和“累计折旧”项目，反映施工企业的各种固定资产原价及累计折旧。这两个项目应根据“固定资产”科目和“累计折旧”科目的期末余额填列。

（14）“固定资产账面价值”项目，反映施工企业固定资产原价扣除累计折旧后的余额。本项目应根据“固定资产”科目的期末余额减去“累计折旧”科目的期末余额后的金额填列。

（15）“在建工程”项目，反映施工企业尚未完工或虽已完工但尚未办理竣工决算的工程成本。本项目应根据“在建工程”科目的期末余额填列。

（16）“工程物资”项目，反映施工企业为在建工程准备的各种物资的成本。本项目应根据“工程物资”科目的期末余额填列。

（17）“固定资产清理”项目，反映施工企业因出售、毁损、报废等原因转入清理但尚未清理完毕的固定资产的净额，以及固定资产清理过程中所发生的清理费用和变价收入等各项金额的差额。本项目应根据“固定资产清理”科目的期末借方余额填列；如“固定资产清理”科目期末为贷方余额，以“－”号填列。

（18）“生产性生物资产”项目，反映施工企业生产性生物资产的账面价值。本项目应根据“生产性生物资产”科目的期末余额减去“生产性生物资产累计折旧”科目的期末余额后的金额填列。

（19）“无形资产”项目，反映施工企业无形资产的账面价值。本项目应根据“无形资产”科目的期末余额填列。

（20）“开发支出”项目，反映施工企业正在进行的无形资产研究开发项目满足资本化条件的支出。本项目应根据“研发支出”科目的期末余额填列。

（21）“长期待摊费用”项目，反映施工企业尚未摊销完毕的已提足折旧的固定资产的改建支出、经营租入固定资产的改建支出、固定资产的大修理支出和其他长期待摊费用。本项目应根据“长期待摊费用”科目的期末余额分析填列。

（22）“其他非流动资产”项目，反映施工企业除以上非流动资产以外的其他非流动资产。本项目应根据有关科目的期末余额填列。

（23）“短期借款”项目，反映施工企业借入尚未偿还的1年期以下（含1年）的借款。本项目应根据“短期借款”科目的期末余额填列。

（24）“应付票据”项目，反映施工企业因购买材料、商品和接受劳务等日常生产经营活动开出、承兑的商业汇票尚未到期的票面金额。本项目应根据“应付票据”科目的期末余额填列。

（25）“应付账款”项目，反映施工企业购买原材料、商品和接受劳务供应等应付给供应单位或个人的购货款。本项目应根据“应付账款”科目的期末余额填列。

（26）“预收账款”项目，反映施工企业根据合同规定销售产品、商品、提供劳务预收购买单位或个人的购货款。本项目应根据“预收账款”科目的期末余额合计填列。

（27）“应付职工薪酬”项目，反映施工企业应付未付的职工薪酬。本项目应根据“应付职工薪酬”科目期末贷方余额填列。

（28）“应交税费”项目，反映施工企业期末未交、多交或未抵扣的各种税费。本项目应根据“应交税费”科目的期末贷方余额填列；如“应交税费”科目期末为借方余额，以“－”号填列。

（29）“应付利息”项目，反映施工企业尚未支付的借款利息。本项目应根据“应付利息”科目的期末余额填列。

(30)“应付利润”项目，反映施工企业尚未向投资者支付的利润。本项目应根据“应付利润”科目的期末余额填列。

(31)“其他应付款”项目，反映施工企业其他应付和暂收其他单位和个人的款项。本项目应根据“其他应付款”科目的期末余额填列。

(32)“其他流动负债”项目，反映施工企业除以上流动负债以外的其他流动负债。本项目应根据有关科目的期末余额填列。

(33)“长期借款”项目，反映施工企业借入的尚未偿还的1年期以上(不含1年)的借款本金。本项目应根据“长期借款”科目的期末余额填列。

(34)“长期应付款”项目，反映施工企业除长期借款以外的其他各种应付未付的长期应付款项。包括：应付融资租入固定资产的租赁费、以分期付款方式购入固定资产发生的应付款项等。本项目应根据“长期应付款”项目的期末余额分析填列。

(35)“递延收益”项目，反映施工企业收到的应在以后期间计入收入的款项。本项目应根据“递延收益”科目的期末余额填列。

(36)“其他非流动负债”项目，反映施工企业除长期借款、应付债券等非流动负债项目以外的其他非流动负债。本项目应根据有关科目的期末余额填列。

(37)“实收资本(或股本)”项目，反映施工企业各投资者实际投入构成注册资本的资本总额。本项目应根据“实收资本”科目的期末余额填列。

(38)“资本公积”项目，反映施工企业资本公积的期末余额。本项目应根据“资本公积”科目的期末余额填列。

(39)“盈余公积”项目，反映施工企业盈余公积的期末余额。本项目应根据“盈余公积”科目的期末余额填列。

(40)“未分配利润”项目，反映施工企业尚未分配的利润。本项目应根据“本年利润”科目和“利润分配”科目的余额计算填列。未弥补的亏损，在本项目内以“－”号填列。

概括以上填列方式，可总结为以下几种方式，如表14－4所示。

表14－4　资产负债表项目填列方式一览表

序号	填列方式	资产负债表项目
1	根据总账科目余额直接填列	如：应收票据、短期借款等
2	根据总账科目余额计算填列	如：货币资金、存货等
3	根据明细科目余额计算填列	如：应收账款、应付账款等
4	根据总账和明细科目余额分析计算填列	如：长期待摊费用、长期借款等

三、资产负债表编制实例

【例14－1】 M公司是一家施工企业，2014年12月31日各账户期末余额如表14－5所示，请根据账户余额表中的金额编制该企业的资产负债表。

表 14－5 账户余额表

2014 年 12 月 31 日　　单位：元

账户名称	借方余额	账户名称	贷方余额
库存现金	1 000	短期借款	50 000
银行存款	210 000	应付票据	50 000
其他货币资金	3 000	应付账款	30 000
短期投资	100 000	其中：应付 A 单位	20 000
应收票据	100 000	应付 B 单位	10 000
应收账款	31 000	应付职工薪酬——工资	5 600
在途物资	14 000	应付职工薪酬——福利费	784
原材料	43 000	应交税费	15 000
低值易耗品	40 000	其他应付款	860
库存商品	26 000	应付利润	30 000
长期股权投资	68 000	长期借款	120 000
固定资产	800 000	其中：一年内到期借款	20 000
累计折旧	－260 000	实收资本	600 000
在建工程	21 000	资本公积	150 000
无形资产	80 000	盈余公积	30 000
长期待摊费用	14 000	利润分配	208 756
		其中：未分配利润	208 756
合计	1 291 000	合计	1 291 000

根据上述资料，编制 2014 年 12 月 31 日资产负债表，如表 14－6 所示。

表 14－6 资产负债表

会企 01 表

编制单位：M 公司　　2014 年 12 月 31 日　　单位：元

资产	行次	期末余额	年初余额	负债和所有者权益	行次	期末余额	年初余额
流动资产：				流动负债：			
货币资金	1	214 000		短期借款	31	50 000	
短期投资	2	100 000		应付票据	32	50 000	
应收票据	3	100 000		应付账款	33	30 000	
应收账款	4	31 000		预收账款	34	0	

（续表）

资产	行次	期末余额	年初余额	负债和所有者权益	行次	期末余额	年初余额
预付账款	5	0		应付职工薪酬	35	6 384	
应收股利	6	0		应交税费	36	15 000	
应收利息	7	0		应付利息	37	0	
其他应收款	8	0		应付利润	38	30 000	
存货	9	123 000		其他应付款	39	860	
其中：原材料	10	43 000		其他流动负债	40	20 000	
在产品	11	14 000		流动负债合计	41	202 244	
库存商品	12	26 000		非流动负债：			
周转材料	13	40 000		长期借款	42	100 000	
其他流动资产	14	0		长期应付款	43	0	
流动资产合计	15	568 000		递延收益	44	0	
非流动资产：				其他非流动负债	45	0	
长期债券投资	16	0		非流动负债合计	46	100 000	
长期股权投资	17	68 000		负债合计	47	302 244	
固定资产原价	18	800 000					
减：累计折旧	19	260 000					
固定资产账面价值	20	540 000					
在建工程	21	21 000					
工程物资	22	0					
固定资产清理	23	0					
生产性生物资产	24	0		所有者权益(或股东权益)：			
无形资产	25	80 000		实收资本(或股本)	48	600 000	
开发支出	26	0		资本公积	49	150 000	
长期待摊费用	27	14 000		盈余公积	50	30 000	
其他非流动资产	28	0		未分配利润	51	208 756	
非流动资产合计	29	723 000		所有者权益（或股东权益）合计	52	988 756	
资产总计	30	1 291 000		负债和所有者权益（或股东权益）总计	53	1 291 000	

第三节 利润表

一、利润表的性质、作用及结构

(一)利润表的性质和作用

利润表，是指反映施工企业在一定会计期间的经营成果的会计报表。费用应当按照功能分类，分为主营业务成本、营业税金及附加、其他业务支出、销售费用、财务费用和管理费用等。

利润表主要提供有关企业经营成果方面的信息，它的作用如图 14－3 所示。

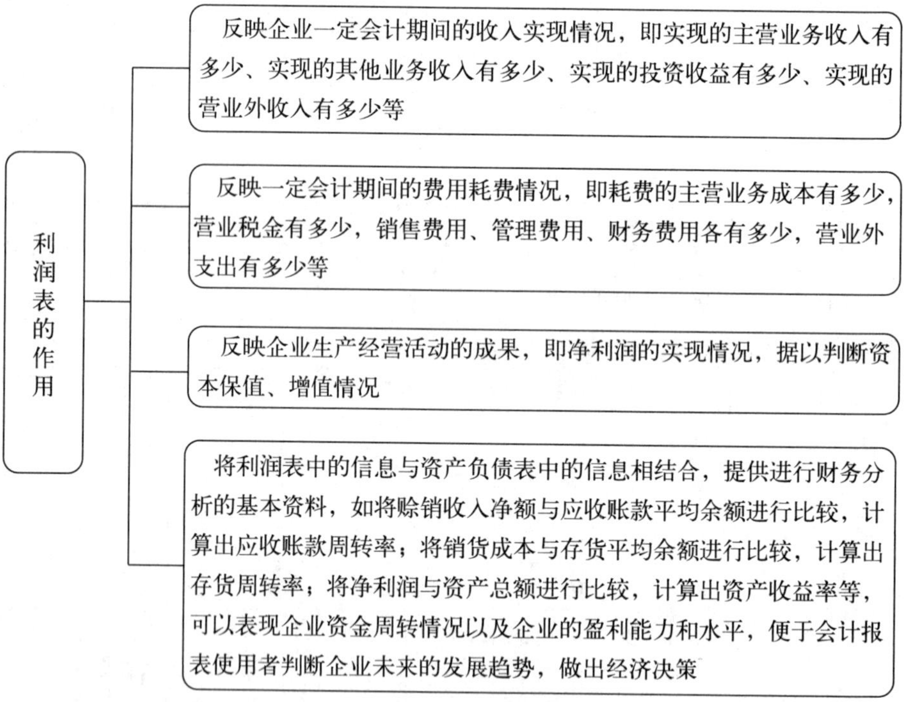

图 14－3　利润表的作用

(二)利润表的结构

利润表按其计算利润的过程不同可分为两种方式，即单步式和多步式。

1. 单步式

单步式是用施工企业一定时期的收入合计减去相关的成本费用合计，得出利润(或亏损)。其理论依据是收入与费用的配比原则，用公式表示为：

$$利润 = 收入 - 费用$$

2. 多步式

多步式是在表中经过多个步骤的不同收入与成本费用相配比计算出施工企业的利润总额。这种方式充分反映出收入与费用配比原则，即不同性质的收入应与不同性质的成本费用相配比，分不同层次计算出施工企业的利润。《小企业会计制度》规定，利润表的标准格式为多步式，如表 14－7 所示。

表 14－7 利润表

会企 02

编制单位：　　　　　　　　　　　　　______年______月　　　　　　　　　　　　　单位：元

项目	行次	本年累计金额	本月金额
一、营业收入	1		
减：营业成本	2		
营业税金及附加	3		
其中：消费税	4		
营业税	5		
城市维护建设税	6		
资源税	7		
土地增值税	8		
城镇土地使用税、房产税、车船税、印花税	9		
教育费附加、矿产资源补偿费、排污费	10		
销售费用	11		
其中：商品维修费	12		
广告费和业务宣传费	13		
管理费用	14		
其中：开办费	15		
业务招待费	16		
研究费用	17		
财务费用	18		
其中：利息费用(收入以“－”号填列)	19		
加：投资收益(损失以“－”号填列)	20		
二、营业利润(亏损以“－”号填列)	21		
加：营业外收入	22		
其中：政府补助	23		
减：营业外支出	24		
其中：坏账损失	25		

（续表）

项目	行次	本年累计金额	本月金额
无法收回的长期债券投资损失	26		
无法收回的长期股权投资损失	27		
自然灾害等不可抗力因素造成的损失	28		
税收滞纳金	29		
三、利润总额（亏损总额以“－”号填列）	30		
减：所得税费用	31		
四、净利润（净亏损以“－”号填列）	32		

注：本表中各项目之间的勾稽关系为：

行 21 = 行 1 － 行 2 － 行 3 － 行 11 － 行 14 － 行 18 + 行 20；

行 3≥行 4 + 行 5 + 行 6 + 行 7 + 行 8 + 行 9 + 行 10；

行 11≥行 12 + 行 13；

行 14≥行 15 + 行 16 + 行 17；

行 18≥行 19；

行 30 = 行 21 + 行 22 － 行 24；

行 22≥行 23；

行 24≥行 25 + 行 26 + 行 27 + 行 28 + 行 29；

行 32 = 行 30 － 行 31。

在多步式利润表中，净利润分三个步骤计算，具体如图 14－4 所示。

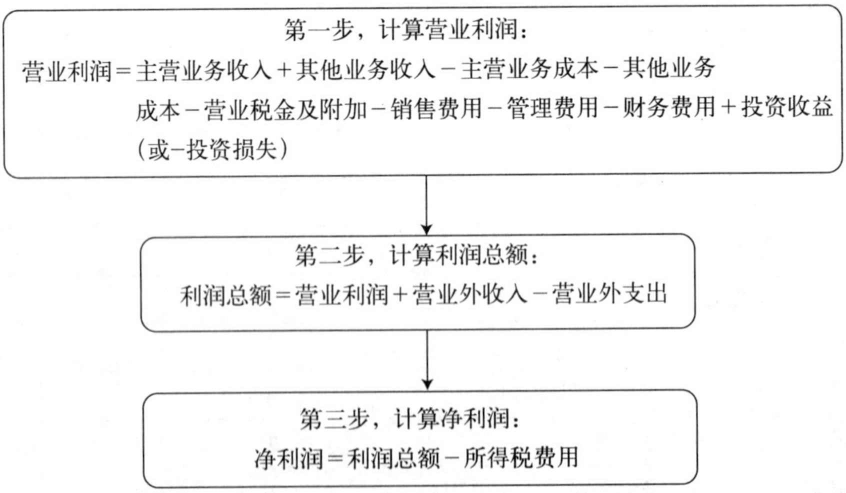

图 14－4　净利润的计算步骤

二、利润表的编制方法

(一)利润表的编制依据

利润表的编制依据主要是当期各有关损益账户的发生额。利润表各项目均需填列“本年累计金额”和“本月金额”两栏，其中“本月金额”栏反映各项目的本月实际发生额；“本年累计金额”栏反映各项目自年初起至报告期末止的累计实际发生额。在编报年度财务报表时，应将“本月金额”栏改为“上年金额”栏，填列上年全年实际发生额。

(二)利润表各项目的内容及填列方法

1.“营业收入”项目

反映施工企业销售商品和提供劳务所取得的收入总额。本项目应根据“主营业务收入”科目和“其他业务收入”科目的发生额合计填列。

2.“营业成本”项目

反映施工企业所销售商品和提供劳务的实际成本。本项目应根据“主营业务成本”科目和“其他业务成本”科目的发生额合计填列。

3.“营业税金及附加”项目

反映施工企业开展日常生产活动应负担的营业税、消费税、城市维护建设税、资源税、土地增值税和教育费附加等。本项目应根据“营业税金及附加”科目的发生额填列。

4.“销售费用”项目

反映施工企业在销售商品或提供劳务的过程中发生的费用。本项目应根据“销售费用”科目的发生额填列。

5.“管理费用”项目

反映施工企业为组织和管理生产经营发生的其他费用。本项目应根据“管理费用”科目的发生额填列。

6.“财务费用”项目

反映施工企业为筹集生产经营所需资金发生的筹资费用。本项目应根据“财务费用”科目的发生额填列。

7.“投资收益”项目

反映施工企业股权投资取得的现金股利(或利润)、债券投资取得的利息收入和处置股权投资、债券投资取得的处置价款扣除成本或账面余额、相关税费后的净额。本项目应根据“投资收益”科目的发生额填列；如为投资损失，以“－”号填列。

8. “营业利润”项目

反映施工企业当期开展日常生产经营活动实现的利润。本项目应根据营业收入扣除营业成本、营业税金及附加、销售费用、管理费用、财务费用，加上投资收益后的金额填列。如为亏损，以“-”号填列。

9. “营业外收入”项目

反映施工企业实现的各项营业外收入金额。包括：非流动资产处置净收益、政府补助、捐赠收益、盘盈收益、汇兑收益、出租包装物和商品的租金收入、逾期未退包装物押金收益、确实无法偿付的应收款项、已做坏账损失处理后又收回的应收款项、违约金收益等。本项目应根据“营业外收入”科目的发生额填列。

10. “营业外支出”项目

反映施工企业发生的各项营业外支出金额。包括：存货的盘亏、毁损、报废损失，非流动资产处置净损失，坏账损失，无法收回的长期债券投资损失，无法收回的长期股权投资损失，自然灾害等不可抗力因素造成的损失，税收滞纳金，罚金，罚款，被没收财物的损失，捐赠支出，赞助支出等。本项目应根据“营业外支出”科目的发生额填列。

11. “利润总额”项目

反映施工企业实现的利润总额。本项目应根据营业利润加上营业外收入减去营业外支出后的金额填列。如为亏损总额，以“-”号填列。

12. “所得税费用”项目

反映施工企业按规定从当期利润总额中扣除的所得税费用。本项目应根据“所得税费用”科目的发生额填列。

13. “净利润”项目

反映施工企业实现的净利润。如为净亏损，以“-”号填列。本项目应根据利润总额扣除所得税费用后的金额填列。

三、利润表编制实例

【例14-2】 M公司2014年截至12月份的有关资料，见表14-8。

表14-8　M公司损益类科目2014年度累计发生净额

编制单位：M公司　　2014年12月　　单位：元

科目名称	借方发生额	贷方发生额
主营业务收入		1 250 000
其他业务收入		50 000
主营业务成本	750 000	

（续表）

科目名称	借方发生额	贷方发生额
其他业务成本	30 900	
营业税金及附加	2 000	
销售费用	20 000	
管理费用	157 100	
财务费用	41 500	
投资收益		31 500
营业外收入		50 000
营业外支出	19 700	
所得税费用	85 300	

根据上述资料，编制M公司2014年度利润表，如表14－9所示。

表14－9　利润表

会企02表

编制单位：M公司　　2014年12月　　单位：元

项目	行次	本期金额	上期金额（略）
一、营业收入	1	1 300 000	
减：营业成本	2	780 900	
营业税金及附加	3	2 000	
销售费用	4	20 000	
财务费用	5	41 500	
管理费用	6	157 100	
加：投资收益（投资损失以"－"号填列）	7	31 500	
二、营业利润（亏损以"－"号填列）	8	330 000	
加：营业外收入	9	50 000	
减：营业外支出	10	19 700	
三、利润总额（亏损总额以"－"号填列）	11	360 300	
减：所得税费用	12	85 300	
四、净利润（净亏损以"－"号填列）	13	275 000	

第四节　现金流量表

一、现金流量表的概念和内容

（一）现金流量表

现金流量表，是指反映施工企业在一定会计期间现金流入和流出的报表。现金，是指施工企业库存现金以及可以随时用于支付的存款和其他货币资金。现金流量表应当区分经营活动、投资活动和筹资活动列报现金流量，每类活动又分为各具体项目。现金流量应当分别按照现金流入和现金流出总额列报。

（二）经营活动产生的现金流量

经营活动是指施工企业在正常业务范围内进行的经济活动，它包括了施工企业投资活动和筹资活动以外的所有交易和事项，就施工企业（即从事房屋建筑、公路、水利、电力、桥梁、矿山等土木工程施工的企业）来说，经营活动主要包括：销售商品、提供劳务、经营性租赁、购买商品、接受劳务、广告宣传、推销产品、交纳税款等等。各类企业由于行业特点不同，对经营活动的认定存在一定差异，在编制现金流量表时，应根据企业的实际情况，对现金流量进行合理的归类。

经营活动产生的现金流量是一项重要的指标，它可以说明施工企业在不动用外部筹得资金的情况下，通过经营活动产生的现金流量是否足以偿还负债、支付股利和对外投资。

（三）投资活动产生的现金流量

投资活动，是指施工企业固定资产、无形资产的购建和短期投资、长期债券投资、长期股权投资及其处置活动。通过投资活动产生的现金流量，可以了解施工企业为获得未来收益和现金流量而导致资源转出的程度，以及以前资源转出带来的现金流入等信息。

（四）筹资活动产生的现金流量

筹资活动是指导致施工企业资本及债务规模和构成发生变化的活动。这里所说的资本，包括实收资本（股本）、资本溢价（股本溢价）。与资本有关的现金流入和流出项目，包括吸收投资、发行股票、分配利润等。这里“债务”是指企业对外举债所借入的款项，如发行债券、向金融企业借入款项以及偿还债务等。

通过筹资活动产生的现金流量，可以分析施工企业的筹资能力，帮助投资者和债权人预计对施工企业未来现金流量的要求权，以及获得前期现金流入而付出的代价。

二、现金流量表的结构

根据企业业务活动的性质和现金流量的来源，现金流量表在结构上将企业一定期间产生的现金流量分为三类：经营活动产生的现金流量、投资活动产生的现金流量和筹资活动产生的现金流量。现金流量表的具体格式如表 14－10 所示。

表 14－10　现金流量表

会企 03 表

编制单位：　　　　　　　　　　　　______年______月　　　　　　　　　　　　单位：元

项目	行次	本年累计金额	本月金额
一、经营活动产生的现金流量：			
销售产成品、商品、提供劳务收到的现金	1		
收到其他与经营活动有关的现金	2		
购买原材料、商品、接受劳务支付的现金	3		
支付的职工薪酬	4		
支付的税费	5		
支付其他与经营活动有关的现金	6		
经营活动产生的现金流量净额	7		
二、投资活动产生的现金流量：			
收回短期投资、长期债券投资和长期股权投资收到的现金	8		
取得投资收益收到的现金	9		
处置固定资产、无形资产和其他非流动资产收回的现金净额	10		
短期投资、长期债券投资和长期股权投资支付的现金	11		
购建固定资产、无形资产和其他非流动资产支付的现金	12		
投资活动产生的现金流量净额	13		
三、筹资活动产生的现金流量：			
取得借款收到的现金	14		
吸收投资者投资收到的现金	15		
偿还借款本金支付的现金	16		
偿还借款利息支付的现金	17		
分配利润支付的现金	18		
筹资活动产生的现金流量净额	19		

（续表）

项目	行次	本年累计金额	本月金额
四、现金净增加额	20		
加：期初现金余额	21		
五、期末现金余额	22		

注：本表中各项目之间的勾稽关系为：

行7=行1+行2－行3－行4－行5－行6；

行13=行8+行9+行10 －行11－行12；

行18=行14+行15－行16－行17－行18；

行20=行7+行13+行19；

行22=行20+行21。

三、现金流量表的编制方法

“本年累计金额”栏反映各项目自年初起至报告期末止的累计实际发生额。本表“本月金额”栏反映各项目的本月实际发生额；在编报年度财务报表时，应将“本月金额”栏改为“上年金额”栏，填列上年全年实际发生额。

（一）经营活动现金流量各项目的内容及填列方法

1.“销售产成品、商品、提供劳务收到的现金”项目

反映施工企业本期销售产成品、商品、提供劳务收到的现金。本项目可以根据“库存现金”“银行存款”和“主营业务收入”科目的发生额分析填列。

2.“收到其他与经营活动有关的现金”项目

反映施工企业本期收到的其他与经营活动有关的现金。本项目可以根据“库存现金”和“银行存款”科目的发生额分析填列。

3.“购买原材料、商品、接受劳务支付的现金”项目

反映施工企业本期购买原材料、商品、接受劳务支付的现金。本项目可以根据“库存现金”“银行存款”“原材料”“库存商品”等科目的本期发生额分析填列。

4.“支付的职工薪酬”项目

反映施工企业本期向职工支付的薪酬。本项目可以根据“库存现金”“银行存款”“应付职工薪酬”项目的本期发生额分析填列。

5.“支付的税费”项目

反映施工企业本期支付的税费。本项目可以根据“库存现金”“银行存款”“应交税费”项目的本期发生额填列。

6.“支付其他与经营活动有关的现金”项目

反映施工企业本期支付的其他与经营活动有关的现金。本项目可以根据“库存现金”

“银行存款”等科目发生额分析填列。

（二）投资活动现金流量各项目的内容及填列方法

1. “收回短期投资、长期债券投资和长期股权投资收到的现金”项目

反映施工企业出售、转让或到期收回短期投资、长期股权投资而收到的现金，以及收回长期债券投资本金而收到的现金，不包括长期债权投资收回的利息。本项目可以根据“库存现金”“银行存款”“短期投资”“长期股权投资”“长期债券投资”等科目的本期发生额分析填列。

2. “取得投资收益收到的现金”项目

反映施工企业因权益性投资和债权性投资取得的现金股利、利润或利息收入。本项目可以根据“库存现金”“银行存款”“投资收益”等科目的本期发生额分析填列。

3. “处置固定资产、无形资产和其他非流动资产收回的现金净额”项目

反映施工企业处置固定资产和无形资产取得的现金，减去为处置这些资产而支付的有关费用后的净额。本项目可以根据“库存现金”“银行存款”“固定资产清理”等科目的本期发生额分析填列。

4. “短期投资、长期债券投资和长期股权投资支付的现金”项目

反映施工企业进行权益性投资和债权性投资支付的现金，包括企业取得短期股票投资、短期债券投资、短期基金投资、长期债券投资、长期股权投资支付的现金。本项目可以根据“库存现金”“银行存款”“短期投资”“长期债券投资”“长期股权投资”等科目的本期发生额分析填列。

5. “购建固定资产、无形资产和其他非流动资产支付的现金”项目

反映施工企业购建固定资产、无形资产和其他非流动资产支付的现金。包括：购买机器设备、无形资产、生产性生物资产支付的现金，建造工程支付的现金等现金支出，不包括为购建固定资产、无形资产和其他非流动资产而发生的借款费用资本化部分和支付给在建工程和无形资产开发项目人员的薪酬。为购建固定资产、无形资产和其他非流动资产而发生的借款费用资本化部分，在“偿还借款利息支付的现金”项目反映；支付给在建工程和无形资产开发项目人员的薪酬，在“支付职工薪酬”项目反映。本项目可以根据“库存现金”“银行存款”“固定资产”“在建工程”“无形资产”“研发支出”“生产性生物资产”“应付职工薪酬”等科目的本期发生额分析填列。

（三）筹资活动现金流量各项目的内容及填列方法

1. “取得借款收到的现金”项目

反映施工企业举借各种短期、长期借款收到的现金。本项目可以根据“库存现金”“银行存款”“短期借款”“长期借款”等科目的记录分析填列。

2.“吸收投资者投资收到的现金”项目

反映施工企业收到的投资者投入的现金。本项目可以根据“库存现金”“银行存款”“实收资本”等科目的记录分析填列。

3.“偿还借款本金支付的现金”项目

反映施工企业以现金偿还各种短期、长期借款的本金。本项目可以根据“库存现金”“银行存款”“短期借款”“长期借款”等科目的本期发生额分析填列。

4.“偿还借款利息支付的现金”项目

反映施工企业以现金偿还各种短期、长期借款的利息。本项目可以根据“库存现金”“银行存款”“应付利息”等科目的本期发生额分析填列。

5.“分配利润支付的现金”项目

反映施工企业实际支付的利润。本项目可以根据“库存现金”“银行存款”“应付利润”等科目的记录分析填列。

四、现金流量表编制实例

在具体编制现金流量表时，可以采用工作底稿法或T型账户法编制，也可以直接根据有关账户记录分析填列。在此，我们主要介绍直接根据有关账户记录分析填列的方法。

【例14-3】泰达公司是一家施工企业，2014年12月31日资产负债表、2014年12月利润表如表14-11和表14-12所示。

表14-11　资产负债表

会企01表

编制单位：泰达公司　　2014年12月31日　　单位：元

资产	行次	期末余额	年初余额	负债和所有者权益	行次	期末余额	年初余额
流动资产：				流动负债：			
货币资金	1	422 000	63 000	短期借款	31	0	100 000
短期投资	2	0	100 000	应付票据	32	0	0
应收票据	3	80 000	100 000	应付账款	33	100 000	500 000
应收账款	4	398 000	597 000	预收账款	34	90 000	100 000
预付账款	5	0	0	应付职工薪酬	35	0	0
应收股利	6	0	0	应交税费	36	41 700	30 000
应收利息	7	0	0	应付利息	37	0	0
其他应收款	8	0	0	应付利润	38	0	0
存货	9	811 000	800 000	其他应付款	39	0	0

（续表）

资产	行次	期末余额	年初余额	负债和所有者权益	行次	期末余额	年初余额
其中：原材料	10	200 000	200 000	其他流动负债	40	0	0
在产品	11	200 000	200 000	流动负债合计	41	231 700	730 000
库存商品	12	211 000	200 000	非流动负债：			
周转材料	13	200 000	200 000	长期借款	42	105 000	100 000
其他流动资产	14	0	0	长期应付款	43	190 000	180 000
流动资产合计	15	1 646 000	1 660 000	递延收益	44	0	0
非流动资产：				其他非流动负债	45	0	0
长期债券投资	16	0	0	非流动负债合计	46	295 000	280 000
长期股权投资	17	290 700	200 000	负债合计	47	526 700	1 010 000
固定资产原价	18	1 810 000	2 000 000				
减：累计折旧	19	730 000	900 000				
固定资产账面价值	20	1 080 000	1 100 000				
在建工程	21	0	200 000				
工程物资	22	0	0				
固定资产清理	23	0	0				
生产性生物资产	24	0	0	所有者权益（或股东权益）：			
无形资产	25	0	0	实收资本（或股本）	48	2 000 000	2 000 000
开发支出	26	0	0	资本公积	49	100 000	0
长期待摊费用	27	55 000	60 000	盈余公积	50	130 000	100 000
其他非流动资产	28	0	0	未分配利润	51	380 000	110 000
非流动资产合计	29	1 425 700	1 560 000	所有者权益（或股东权益）合计	52	2 610 000	2 210 000
资产总计	30	3 136 700	3 220 000	负债和所有者权益（或股东权益）总计	53	3 136 700	3 220 000

表14－12　利润表

会企02表

编制单位：泰达公司　　　　2014年12月　　　　单位：元

项目	行次	本年累计金额
一、营业收入	1	1 000 000
减：营业成本	2	500 000
营业税金及附加	3	0

（续表）

项目	行次	本年累计金额
销售费用	11	0
管理费用	14	50 000
财务费用	18	20 000
加：投资收益（损失以“－”号填列）	20	10 000
二、营业利润（亏损以“－”号填列）	21	440 000
加：营业外收入	22	0
减：营业外支出	24	40 000
三、利润总额（亏损总额以“－”号填列）	30	400 000
减：所得税费用	31	100 000
四、净利润（净亏损以“－”号填列）	32	300 000

泰达公司2014年部分经济业务如下：

①营业成本500 000元中，含有生产经营人员工资费用100 000元。

②管理费用50 000元中，包括折旧费30 000元，待摊费用摊销5 000元，由于管理不善造成的存货盘亏损失3 000元，用货币资金支付其他费用12 000元。

③财务费用20 000元中含有票据贴现息1 000元，计提债券利息10 000元，短期借款利息4 000元（用银行存款支付），计提长期借款利息5 000元。

④投资收益10 000元系转让全部短期投资产生的，转让短期投资实得价款110 000元。

⑤营业外支出40 000元，系出售一台设备产生的，该设备原值为400 000元，已提折旧200 000元，支付清理费用2 000元，出售时实得价款162 000元。

⑥本年用一批存货对外投资，该批存货成本为9 000元，评估价值为10 000元，计税价等于评估价，增值税税率为17%。

⑦本年度用银行存款81 000元购入某公司的股票作为长期股权投资，实际支付的价款中包含已宣告但尚未领取的现金股利1 000元，A公司于本年度已收到现金股利。

⑧本年度发生在建工程人员工资10 000元，并用现金支付。工程项目已经全部完工并交付使用，固定资产本期增加额系在建工程转入。

⑨本年度用银行存款偿还短期借款100 000元。

⑩应交税费项目年初数和期末数只含有增值税和所得税两项内容，其中，增值税有关账户年初数为20 000元，年末余额为31 700元，本年度增值税销项税额为171 700元（含对外投资确认的增值税销项税额1 700元），进项税额71 400元。“应交税费——应交所得税”账户年初余额为100 000元，年末余额仍为100 000元。

⑪资本公积中100 000元系本期投资者追加投资。

⑫期初期末存货均为外购商品。除上述业务外，购销业务的往来项目和存货项目均为正常购销业务。假定泰达公司的货币资金可以随时支用，不考虑增值税、所得税以外的其他税费。

要求：根据上述资产负债表、利润表及有关资料分析编制现金流量表。

经营活动产生的现金流量：

①销售产成品、商品、提供劳务收到的现金 = 营业收入 1 000 000 + 销项税(171 700 - 1 700) + 应收票据(年初 - 年末)(100 000 - 80 000) + 应收账款(年初 - 年末)(597 000 - 398 000) - 1 000(票据贴现利息) + 预收账款(年末 - 年初)(90 000 - 100 000) = 1 378 000(元)。

②购买原材料、商品、接受劳务支付的现金 = 500 000(营业成本) - 100 000(工资费用) + 存货(年末 - 年初)(811 000 - 800 000) + 71 400(进项税) + 9 000(非销售减少存货) + 3 000(盘亏损失) + 应付账款(年初 - 年末)(500 000 - 100 000) = 894 400(元)。

③支付的职工薪酬 = 100 000(元)。

④支付的税费 = (20 000 + 171 700 - 71 400 - 31 700)(本期应交增值税) + 100 000(本期应交所得税) = 188 600(元)。

⑤支付其他与经营活动有关的现金 = 12 000(元)。

投资活动产生的现金流量：

⑥收回短期投资、长期债券投资和长期股权投资收到的现金 = 110 000(元)。

⑦处置固定资产、无形资产和其他非流动资产收回的现金净额 = 160 000(元)。

⑧取得投资收益收到的现金 = 1 000(元)。

⑨购建固定资产、无形资产和其他非流动资产支付的现金 = 10 000(元)。

⑩短期投资、长期债券投资和长期股权投资支付的现金 = 81 000(元)。

筹资活动产生的现金流量：

⑪吸收投资者投资收到的现金 = 100 000(元)。

⑫偿还借款本金支付的现金 = 100 000(元)。

⑬偿还借款利息支付的现金 = 4 000(元)。

根据上述计算结果，编制现金流量表，如表 14 - 13 所示。

表 14 - 13　现金流量表

会企 03 表

编制单位：泰达公司　　2014 年 12 月　　单位：元

项目	行次	本年累计金额	本月金额
一、经营活动产生的现金流量：			
销售产成品、商品、提供劳务收到的现金	1		1 378 000
收到其他与经营活动有关的现金	2		0

（续表）

项目	行次	本年累计金额	本月金额
购买原材料、商品、接受劳务支付的现金	3		894 400
支付的职工薪酬	4		100 000
支付的税费	5		188 600
支付其他与经营活动有关的现金	6		12 000
经营活动产生的现金流量净额	7		183 000
二、投资活动产生的现金流量：			
收回短期投资、长期债券投资和长期股权投资收到的现金	8		110 000
取得投资收益收到的现金	9		1 000
处置固定资产、无形资产和其他非流动资产收回的现金净额	10		160 000
短期投资、长期债券投资和长期股权投资支付的现金	11		81 000
购建固定资产、无形资产和其他非流动资产支付的现金	12		10 000
投资活动产生的现金流量净额	13		180 000
三、筹资活动产生的现金流量：			
取得借款收到的现金	14		0
吸收投资者投资收到的现金	15		100 000
偿还借款本金支付的现金	16		100 000
偿还借款利息支付的现金	17		4 000
分配利润支付的现金	18		0
筹资活动产生的现金流量净额	19		-4 000
四、现金净增加额	20		359 000
加：期初现金余额	21		63 000
五、期末现金余额	22		422 000

第五节　会计报表附注

一、会计报表附注的作用

会计报表附注，是指对在资产负债表、利润表和现金流量表等报表中列示项目的文字描述或明细资料，以及对未能在这些报表中列示项目的说明等。附注是财务报表的重要组成部分。施工企业应当按照规定披露附注信息。

二、会计报表附注的内容

根据《小企业会计准则》的规定，会计报表附注至少应当包括下列内容，如图 14－5 所示。

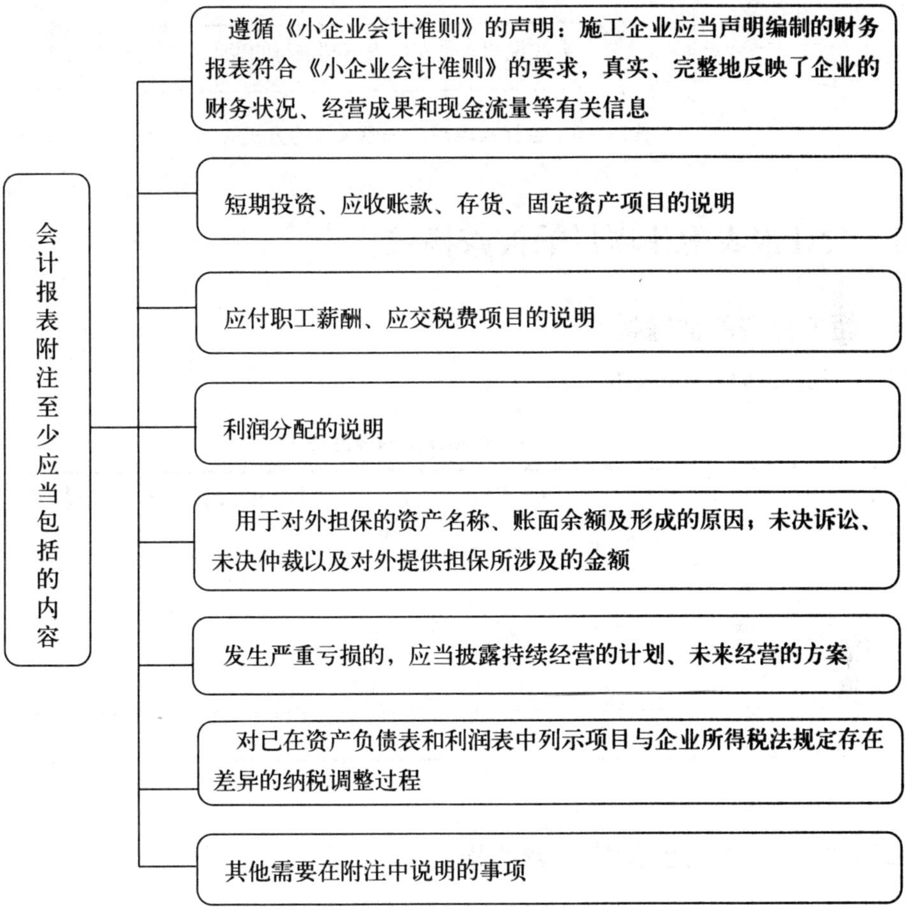

图 14－5 会计报表附注至少应当包括的内容

三、会计报表附注的形式

会计实务中，会计报表附注一般采取以下方式，如图 14－6 所示。

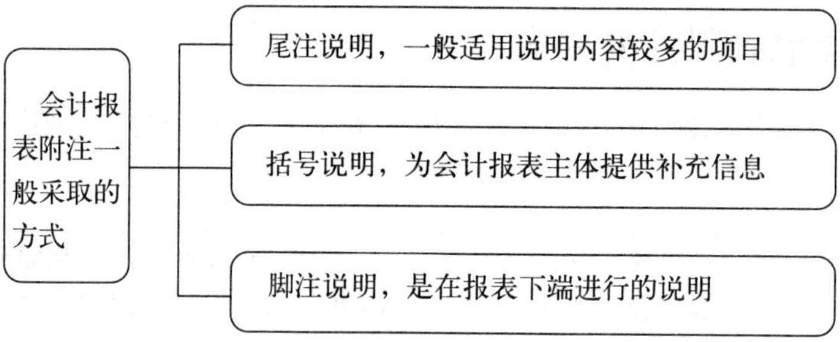

图 14－6　会计报表附注一般采取的方式

四、会计报表附注项目的披露格式

（一）短期投资的披露格式

短期投资的披露格式如表 14－14 所示。

表 14－14　短期投资的披露格式

项目	期末账面余额	期末市价	期末账面余额与市价的差额
1. 股票			
2. 债券			
3. 基金			
4. 其他			
合　计			

（二）应收账款按账龄结构披露的格式

应收账款按账龄结构披露的格式如表 14－15 所示。

表 14－15　应收账款按账龄结构披露的格式

账龄结构	期末账面余额	年初账面余额
1 年以内（含 1 年）		
1 年至 2 年（含 2 年）		
2 年至 3 年（含 3 年）		
3 年以上		
合　计		

(三)存货的披露格式

存货的披露格式如表 14－16 所示。

表 14－16　存货的披露格式

存货种类	期末账面余额	期末市价	期末账面余额与市价的差额
1. 原材料			
2. 在产品			
3. 库存商品			
4. 周转材料			
5. 消耗性生物资产			
……			
合　计			

(四)固定资产的披露格式

固定资产的披露格式如表 14－17 所示。

表 14－17　固定资产的披露格式

项目	原价	累计折旧	期末账面价值
1. 房屋、建筑物			
2. 机器			
3. 机械			
4. 运输工具			
5. 设备			
6. 器具			
7. 工具			
……			
合　计			

(五)应付职工薪酬的披露格式

应付职工薪酬的披露格式如表 14－18 所示。

表 14－18　应付职工薪酬明细表

会小企 01 表附表 1

编制单位：　　　　　　　　　　______年______月　　　　　　　　　　单位：元

项目	期末账面余额	年初账面余额
1. 职工工资		
2. 奖金、津贴和补贴		
3. 职工福利费		
4. 社会保险费		
5. 住房公积金		
6. 工会经费		
7. 职工教育经费		
8. 非货币性福利		
9. 辞退福利		
10. 其他		
合　计		

(六)应交税费的披露格式

应交税费的披露格式如表 14－19 所示。

表 14－19　应交税费明细表

会小企 01 表附表 2

编制单位：　　　　　　　　　　______年______月　　　　　　　　　　单位：元

项目	期末账面余额	年初账面余额
1. 增值税		
2. 消费税		
3. 营业税		
4. 城市维护建设税		
5. 企业所得税		
6. 资源税		
7. 土地增值税		
8. 城镇土地使用税		
9. 房产税		
10. 车船税		
11. 教育费附加		

（续表）

项目	期末账面余额	年初账面余额
12. 矿产资源补偿费		
13. 排污费		
14. 代扣代缴的个人所得税		
……		
合　计		

(七)利润分配的说明

利润分配的说明如表 14－20 所示。

表 14－20　利润分配表

会小企 01 表附表 3

编制单位：　　　　______年度　　　　单位：元

项　　目	行次	本年金额	上年金额
一、净利润	1		
加：年初未分配利润	2		
其他转入	3		
二、可供分配的利润	4		
减：提取法定盈余公积	5		
提取任意盈余公积	6		
提取职工奖励及福利基金*	7		
提取储备基金*	8		
提取企业发展基金*	9		
利润归还投资**	10		
三、可供投资者分配的利润	11		
减：应付利润	12		
四、未分配利润	13		

* 提取职工奖励及福利基金、提取储备基金、提取企业发展基金这 3 个项目仅适用于施工企业(外商投资)按照相关法律规定提取的 3 项基金。

** 利润归还投资这个项目仅适用于小微企业(中外合作经营)根据合同规定在合作期间归还投资者的投资。

五、会计政策、会计估计变更和会计差错更正

会计政策，是指施工企业在会计确认、计量和报告中所采用的原则、基础和会计处理

方法。会计估计变更，是指由于资产和负债的当前状况及预期经济利益和义务发生了变化，从而对资产或负债的账面价值或者资产的定期消耗金额进行调整。前期差错包括：计算错误、应用会计政策错误、应用会计估计错误等。

《小企业会计准则》规定，小企业对会计政策变更、会计估计变更和会计差错更正应当采用未来适用法进行会计处理。未来适用法，是指将变更后的会计政策和会计估计应用于变更日及以后发生的交易或者事项，或者在会计差错发生或发现的当期更正差错的方法。

第六节　财务报表的主要税务问题

一、虚假报销，虚列支出

【例14－4】税务人员在调阅某公司2014年财务报表时发现，在主营业务收入与往年相差不大的情况下，利润却减少了近四分之一。进一步审查发现，该企业利润表项目下的"销售费用"项目有异常变动：销售费用比往年增长1倍以上，其他各月变化不大，但12月份费用净增100万元。经核实，发现该单位以大量未署名或署名个人的餐费、办公用品等名义的发票报销，发票开具时间不仅有12月份的，还有其他月份甚至上一年度的。最终，该企业承认了为少缴税款，以虚假发票报销入账，达到虚列支出的目的。

分析：这种情况属于偷逃税的行为。税务机关应责令该公司调整相关账务，补缴欠缴的所得税，并给予必要的罚款。

二、计提折旧，抵减利润

【例14－5】税务人员稽查某施工公司财务报表时发现该企业资产负债表上固定资产原值年底比年初增加了60万元，应付账款科目金额比年初增加了40万元。该企业一年的利润只有2万元，货币资金也只有5万元，怎么可能购置这么大价值的固定资产。税务人员延伸检查，发现该企业购买的固定资产只是一个仓库，出售方是A房地产企业，但除了购买合同之外，该公司不能提供仓库的产权证明，经对附近门面调查，发现仓库市价不过20万元。税务人员调阅A企业账务，发现其根本没有这笔销售收入。税务人员最终认定，该施工公司存在虚假购买固定资产的问题，主要目的是通过折旧抵减利润。

分析：从这个案例看出，企业作弊的手段越来越多样，为了少缴税款，可谓是使尽浑身解数。在报表审计中，对各报表科目年末及年初资金变化较大的要给以足够的重视，对货币资金、往来款项、主营业务收入、其他业务收入、主营业务成本、期间费用等科目的异常变动应提高警惕。

第七节　财务报表的主要审计问题

一、填制账表，数字颠倒

【例 14－6】税务人员对某公司进行税务稽查，对账账、账表、账实核对时，发现该企业在财务报表上反映的其他业务收入和其他业务成本与账簿上反映的实际数字有很大出入，报表上其他业务收入和其他业务成本反映的数字是 2 万元和 5 万元，而账簿上却是 5 万元和 2 万元。经询问得知，由于未认真核对，导致两个科目数字填列颠倒。

分析：该企业账表不符造成利润不实，应重新编报财务报表，并就真实的报表进行纳税申报，缴纳各项税款。

二、转借资产，私下营运

【例 14－7】审计人员在审计某公司财务报表时发现，该公司共有装卸车辆 10 台，而当年有 5 台车并未在工地上，公司经理说这 5 台车在维修，但查阅相关维修单据，并未发现维修记录。税务人员清查发现，这些车辆转借给 A 公司进行私下营运，所得现金收入未纳入账簿核算。

分析：在这个案例中，该公司以维修车辆名义隐瞒收入，偷逃税款。这种行为明显违反了《中华人民共和国税收征收管理法》和《中华人民共和国营业税暂行条例》的规定，因此，该企业应就其隐瞒的收入调整账务、补记收入，补缴当年欠缴的所得税，而且可能受到相应的罚款处罚。